Rhetorik

Bassermann-Ratgeber

Jürg Studer

Rhetorik

Sprechen
Vortragen
Überzeugen

BASSERMANN

In der gleichen Reihe sind bei Bassermann bereits erschienen:
Gesundheit für die ganze Familie (0040)
Erfolgreiche Kaufmannspraxis (0053)
Erfolgreich Briefe schreiben (0054)
Mathematik verständlich (0069)
Bewerben, Vorstellen, Tests bestehen (0107)
Gute Umgangsformen in jeder Situation (0113)

Die Deutsche Bibliothek – CIP-Einheitsaufnahme

Studer, Jürg:
Rhetorik : Sprechen – Vortragen – Überzeugen / Jürg Studer. –
Niedernhausen/Ts. : Bassermann, 1994
ISBN 3-8094-0114-5

ISBN 3 8094 0114 5

Umschlaggestaltung: Jürgen Szillat
Fotos: Klaus J. Prior, Wiesbaden: S. 77; Studio Erbelding/Zöltsch, Oberursel: S. 95; Wolfgang Detering, Mannheim: S. 125; Kreativ Design Gerd Aumann, Wiesbaden: S. 159; Lutz Dürichen, München: S. 191; Isabella Wirth, Niedernhausen: S. 211; alle übrigen: Zembsch' Werkstatt, München
Zeichnungen: Gisela Häring, Frankfurt: S. 39, 40; Hartmut Dietrich, Wiesbaden: S. 83, 84
Redaktion: Ulrike Mai

Gesamtkonzeption: Bassermann'sche Verlagsbuchhandlung,
D-65527 Niedernhausen/Ts.

817 2635 4453 6271

Inhaltsverzeichnis

Überzeugend sprechen kann jede

Die Kunst der guten Rede ist für die Menschen seit jeher von großer Bedeutung, ob in der Politik oder im privaten Kreis, ob bei einem geschäftlichen Vortrag oder bei einem Jubiläum im Verein – Anlässe gibt es genug, und niemand ist davor gefeit, zu dem einen oder anderen Ereignis die richtigen Worte finden zu müssen. Immer wieder kann man aber feststellen, daß selbst hervorragende Fachleute privat wie beruflich größte Mühe haben, ihre guten Ideen und Vorschläge vor einem größeren Plenum zu vertreten. Dabei ist die Fähigkeit, seine Gedanken vor einem kleinen oder großen Zuhörerkreis frei von Hemmungen klar zum Ausdruck zu bringen, oft der Schlüssel zum beruflichen und gesellschaftlichen Vorwärtskommen. Er öffnet Ihnen zahlreiche Tore, indem Sie Ihre Zuhörer für sich und Ihre Ideen gewinnen. Und indem Sie die Herzen gewinnen, regen Sie Ihre Mitmenschen an und veranlassen sie zu Taten.
Die Kunst, andere durch die richtigen Worte, den richtigen Aufbau und die richtige Betonung zu begeistern und zu

ernen

überzeugen, ist lernbar. Was bei guten Rednerinnen und Rednern oftmals angeboren scheint und vermeintlich mit Leichtigkeit von der Hand geht, ist meistens das Ergebnis von jahrelangem Training. Wer an seiner Persönlichkeit arbeitet und ein Repertoire von Techniken besitzt, kann im Redefall ein volles Register ziehen – und überzeugen. Selbstverständlich haben auch hier Talentierte Vorteile, da sie auf einer höheren Trainingsstufe einsteigen können. Aber sich selber verbessern, so daß man müheloser und wirkungsvoller sprechen kann, dies kann jeder – unabhängig von seinem Erfahrungshorizont!

Die Regeln der Rhetorik, die schon von den großen Rednern der Antike aufgestellt und im Verlauf der Geschichte immer wieder ergänzt und erweitert wurden, gelten auch heute noch.

Erkenntnisse moderner Wissenschaften wie der Psychologie oder der Sprachwissenschaft komplettieren diese Erfahrungen.

Die Psychologie vermittelt uns Erkenntnisse darüber, wie wir ein Publikum oder Gegenüber richtig einschätzen können. Sie bietet uns aber auch die Möglichkeit, unsere eigene Persönlichkeit besser zu erkennen und daraus Rückschlüsse auf unsere Wirkung als Redner zu ziehen. Das hilft uns auch, unsere Körpersprache – der wir uns in der Regel nicht bewußt sind – in unser Redeverhalten einzubeziehen. Die Sprachwissenschaft gibt uns Hilfsmittel in die Hand, mit denen wir unseren Wortschatz erweitern können und Fremd- und Fachwörter oder Redefiguren gezielt einzusetzen lernen. Auch das Training von Sprech- und Atemtechniken gehört in diesen Bereich sowie das Studium von Musterreden.

Ein Redner wirkt durch seine Persönlichkeit

Ganz klar muß jedoch festgehalten werden, daß eine gute Rednerin oder ein guter Redner primär durch Persönlichkeit, Ausstrahlung oder Charisma wirken. Die lernbaren Techniken sind wichtige Hilfsmittel, die dazu beitragen, die Botschaft, die durch eine Rede vermittelt werden soll, auf optimale Weise umzusetzen. Mitentscheidend ist außerdem die persönliche Erscheinung, Sprechweise, Stimmlage und Gestik, das Temperament, ja selbst der Augenausdruck des Redners. Das alles zusammen bestimmt über Erfolg oder Mißerfolg.

Aber nicht nur für Ihren Erfolg als Rednerin oder Redner ist Selbsterkenntnis wichtig. Ohne regelmäßige Standortbestimmung kann kein geistiges, seelisches oder fachliches Wachstum stattfinden. Eine realistische Betrachtung eigener Stärken und Schwächen ist die Basis für eine befriedigende Entwicklung Ihrer Persönlichkeit und damit auch Ihrer gesellschaftlichen und beruflichen Karriere.

Bedenken Sie allerdings, daß die Selbstbeurteilung Grenzen hat. Ihre Farbtüchtigkeit beim Sehen können Sie auch nur beschränkt selbst testen – von allein kommen Sie nie darauf, daß „Ihr“ Rot eben nicht das Rot ist, daß andere Menschen wahrnehmen.

Dieses Lehrbuch will Sie dabei unterstützen, wirkungsvoll und erfolgreich zu sprechen. Es ist an der Praxis orientiert und konsequent gegliedert, so daß es später auch als Nachschlagewerk dienen kann. Es handelt sich also nicht um ein reines Lesebuch, sondern es soll zur Auseinandersetzung und zum Üben anregen.

Mit dem Können wächst das Selbstbewußtsein

Nicht nur Ihre Rede und Ausdrucksfähigkeit wird sich steigern; die daraus gewonnene Selbstsicherheit wird Ihnen auch eine offene und positive Grundeinstellung ermöglichen, die Ihnen neue Fenster nach innen zu Ihrer eigenen Persönlichkeit und nach außen zu Ihren Mitmenschen öffnet.

Auf dieser erlebnisreichen Entdeckungsreise zu sich selbst und auf Ihrem Weg der Selbstentfaltung wünschen wir Ihnen viel Spaß und Erfolg. Denn was gibt es Interessanteres, als Neues über sich selbst zu erfahren und an sich zu arbeiten? Mit diesem Zugewinnen an Erfahrungen und Einsichten in Ihre eigene Persönlichkeit werden Sie leichter als bisher Problemen gegenüber eine positive Haltung einnehmen können, nach dem Motto: „Es wird vielleicht nicht ganz einfach, aber wir werden es schaffen."

Die konkreten Anleitungen zur Einübung guter, gehaltvoller und flüssig vorgetragener Reden, die Sie bei diesem Buch finden werden, soll es Ihnen ermöglichen, Ihre eigene Sprach- und Ausdrucksfähigkeit gezielt zu verbessern. Bei vielen Übungen lohnt es sich, das Erreichte auf seine Wirkung hin von einer Partnerin oder einem Partner überprüfen zu lassen. So lassen sich Schritt für Schritt nachprüfbare Verbesserungen erzielen. Auf eines sei allerdings hingewiesen: Sprechen lernt man zuallererst durch sprechen und nicht aus Büchern – Schwimmen lernt man auch im Wasser. Das konkrete umsetzbare Wissen dieses Buches kann Sie jedoch gerade zu Beginn entscheidend unterstützen.

Rhetorik im Überblick

Was versteht man unter „Rhetorik"?

Was heißt „Rhetorik"? Dieses Wort wurde im Verlauf der Zeit recht unterschiedlich definiert. Für den antiken Philosophen Plato (siehe Seite 17) hieß Rhetorik: „das Gewinnen des menschlichen Geistes durch das Wort", für seinen Schüler Aristoteles war die Rhetorik „die Fähigkeit, unterscheiden zu können, mit welchen Methoden man im Ernstfall unter den jeweiligen Umständen Überzeugung hervorrufen kann". Heute wird die Bedeutung von Rhetorik oft auf die kurze und prägnante Formel „die Kunst des Überzeugens" gebracht.
Rhetorik wird aber auch als „die Wissenschaft, die sich mit der Redekunst beschäftigt" definiert oder in der wohl kürzesten Fassung als „Redekunst". Das heißt mit den Begrif-

fen der modernen Sprachwissenschaft, daß sich die Rhetorik mit der Frage befaßt, wie ein Sprecher (Sender) seine Botschaft ausdrücken und übertragen muß, damit sie beim Zuhörer (Empfänger) die gewünschte Wirkung erzielt (siehe Kapitel „Grundlegendes zur Kommunikation", Seite 44 ff.).
Das aus dem Griechischen stammende Wort bedeutet Redekunst, Beredsamkeit, geordnete und schöne sprachliche Formung der Gedanken, verbunden mit gewählten Ausdrücken und künstlerischem Redeschmuck, durchaus auch in der Absicht, die Zuhörer zu „überreden". Früher standen vor allem die kunstmäßig geübte Rede, deren Regeln, Aufbau, Ausdrucksmittel und Stilformen im Vordergrund. Diese Kunst wurde in der Antike in speziellen Rhetorikschulen gelehrt.
Ein Rhetor (griechisch) oder Rhetoriker ist demnach einer, der sich praktisch (als Redner) oder theoretisch (als Lehrer) mit der Kunst des Redens und den dazu nötigen Voraussetzungen befaßt.

Ein kurzer geschichtlicher Abriß

Die Wurzeln der Rhetorik finden sich in der Antike

Die Rhetorik als Kunst der guten Rede, für die es Regeln gibt und die erlernbar ist, hat ihren Ursprung in der altgriechischen Philosophie. In der Antike unterschied man zwischen der Rede vor Gericht, der politischen Rede und der Festrede auf eine Person. Die Rhetorik war damals ein Bestandteil der Erziehung, während heute die Rhetorik auch in vielen anderen Bereichen wie Wirtschaft und Verwaltung sowie dem Privatleben eine wichtige Rolle spielt.
Schon im Alten Testament sind zahlreiche Textstellen über die Bedeutung des Redens zu finden. So steht zum Beispiel im Buch der Sprüche (18,21): „Tod und Leben steht in der Gewalt der Zunge; wer sie im Zaum hält, genießt ihre Frucht."
Im 4. Jh. v. Chr. waren es die Sophisten, wandernde Lehrer der Wissenschaften und Künste, die sich Verdienste bei der Ausbildung der griechischen Jugend erwarben. Sie erstarrten aber bald im Formalismus: Die rhetorischen Gesetze wurden für sie zur bloßen Technik, ohne Bezug zum Menschen. Sie lösten die Regeln von der Persönlichkeit und vernachlässigten die Wurzeln der Rhetorik im sittlichen, moralischen und ethischen Bereich.
Aus der Zeit vor Christus sind zahlreiche Redner bekannt, die erfolgreich durch das gesprochene Wort auf Zuhörer (Frauen waren in der Regel bei öffentlichen Reden nicht anwesend) einwirken konnten. Sokrates oder Isokrates wären als beispielhafte Rhetoriker zu nennen. Sokrates sah die Sprache im Dienst der Wahrheitsfindung. Für ihn galt es, im Wechselspiel von Frage und Antwort der Wahrheit näherzukommen. Aufgabe des Redners sei es, zu überzeugen und nicht zu überreden.
Einer der berühmtesten und erfolgreichsten Athener Rhetoriker war Isokrates. Er schrieb zahlreiche politische Reden und Gerichtsplädoyers. Von ihm erzählt man sich fol-

gende Anekdote: Den ausladenden und selbstgefälligen Ausführungen eines Jünglings, der in seine Redeschule eintreten wollte, habe er nicht widersprochen, jedoch das doppelte Honorar verlangt. Auf die aufgebrachte Frage des jungen Mannes nach den Gründen dafür soll der Meister geantwortet haben, daß der zukünftige Schüler noch zu lernen habe, den Mund zu halten!

Ein wichtiger Name in der Geschichte der Rhetorik ist der des griechischen Philosophen Plato. Er lebte 427–347 v. Chr. In seinen Dialogen – Plato verfaßte fast seine gesamten philosophischen Werke in Dialogform – weist er die Notwendigkeit einer sittlichen-ethischen Grundhaltung des Redners nach. Über die Rhetorik hinaus waren Platos Lehren für die westliche Kultur und Ethik, auch für das Christentum, auf dessen frühe Interpreten seine Schriften großen Einfluß hatten, von Bedeutung.

War Plato vor allem als Theoretiker für die Rhetorik bedeutsam, so steht ein anderer Grieche bespielhaft für die rednerische Praxis. Es war sein Schüler Aristoteles (384–322 v. Chr.).

Rhetorische Brillanz durch eisernes Training

Demosthenes, 384–322 v. Chr., bildete sich nach einigen rhetorischen Mißerfolgen selbst zum Redner aus. Mit äußerst diszipliniertem Training und ungeheurer Willenskraft verbesserte er seine mangelnde Sprechleistung (lispeln, schwache Stimme), verminderte seine Redeangst und kam schließlich zu der Erkenntnis: Das wichtigste der Rede ist erstens der Vortrag, zweitens der Vortrag und drittens der Vortrag. Demosthenes, der viel von den Schauspielern übernahm, trainierte seine Sprechfähigkeit unter anderem damit, daß er mit einem Kieselstein im Mund das Rauschen der Meeresbrandung zu übertönen suchte.

In der Antike wurden auch die fünf wichtigsten Punkte für einen Redner definiert:

1. Die Stoffsammlung (inventio)
2. Die Gliederung (dispositio)
3. Die sprachliche Formulierung (elocutio)
4. Die Einprägung der Rede (memoria)
5. Der Vortrag (pronuntiatio)

Insbesondere die Römer lernten von den Griechen und entwickelten ihr rhetorisches Lehrgebäude weiter. Marcus Porcius Cato (234–149 v. Chr.) wurde wegen seiner Wortgewalt fast sprichwörtlich. Zwar blieb von seinen rund 150 Reden keine einzige erhalten; aber die Wendung, mit der er jede seiner Reden im Senat beschloß: „Ceterum censeo carthaginem esse delendam“ oder „Übrigens bin ich der Meinung, daß Karthago zerstört werden muß“ (... was später auch geschah), wird heute noch zitiert.

Rhetoriker, Philosoph, Politiker: Cicero

Eine der schillernsten Figuren unter den rhetorischen Größen seiner Zeit soll Marcus Tullius Cicero (106–43 v. Chr.) gewesen sein. Dem Zeitgenossen und Gegenspieler von Gaius Iulius Caesar gelang der Aufstieg vom Rechtsanwalt zum römischen Konsul. Als Schriftsteller schrieb er mehrere philosophische Bücher. Von ihm stammt die Aussage: „Zwei Dinge vermögen einem Menschen höchstes Ansehen zu verleihen: Feldherrenkunst und Beredsamkeit.“ Als Mensch und Charakter soll er zwiespältig, als Politiker unklar und opportunistisch gewesen sein. Seine Gegner konnte er mit Hilfe seiner Rhetorik gesellschaftlich diffamieren. Seine Eitelkeit entfremdete ihn dem Volk. Nach Caesars Tod wandte er sich gegen Marcus Antonius (82–30 v. Chr.), den Statthalter Roms. Auf dessen Geheiß wurde er schließlich hingerichtet.

Einer der großen Kirchenväter, Johannes I. von Konstantinopel (344–407 n. Chr.), erhielt aufgrund seiner Beredsamkeit den Beinamen Chrysostomus – zu deutsch Goldmund. Er war der Meinung, daß jede Rede der Belagerung der Seele des Hörers gleiche.

Im Mittelalter prägten die Kloster- und Predigtschulen die Rhetorik. Das wirksam gesprochene Wort galt als Kunst und wurde für die Verbreitung des Glaubens genutzt. Daneben fand die Rhetorik praktische Bedeutung und erfreute sich großer Beliebtheit bei Plädoyers vor Gericht.

Der politische Bereich der Rhetorik wurde in Italien durch die rund 10 000 Studierenden der Universität Bologna, der ältesten Hochschule Europas, unterstrichen (um 1 200 n. Chr.). Die Rhetorik galt neben Grammatik, Dialektik,

Arithmetik, Geometrie, Musik und Astronomie als eine der „Sieben Freien Künste“.
In der Zeit des Barocks erschienen dann die ersten Rhetorikbücher in deutscher Sprache – vorher waren sie wie fast aller Stoff der Wissenschaft in griechischer oder lateinischer Sprache verfaßt. Leider ging seit dem Mittelalter viel des damaligen Wissens verloren.
Die Französische Revolution brachte Redner wie Gabriel de Mirabeau (1749–1791), Maximilien Robespierre (1758–1794), Georges Jacques Danton (1759–1794) und Napoleon I. (1769–1821) hervor.
In Deutschland ist besonders Otto von Bismarck (1815–1898) trotz seiner ungünstigen sprechtechnischen Voraussetzungen als guter Redner zu erwähnen. Er glich seine Schwierigkeiten durch persönliche Ausstrahlung und geistige Brillanz aus.
Während der russischen Februar-Revolution und danach peitschten die demagogischen Redner Lenin, Trotzki oder Stalin das Volk auf.

Rhetorik im Dienst des politischen Terrors

Die Rhetorik im Nationalsozialismus ist einmal mehr ein Beweis für die Möglichkeiten dieser Kunst, zugleich aber auch das Negativbeispiel schlechthin für die gewissenlose Anwendung eines als nützlich erkannten Instrumentes. Mit seiner Hilfe hetzten Hitler und Göbbels die deutsche Bevölkerung in den Zweiten Weltkrieg mit seinen grauenhaften Folgen. Dieses Erbe belastet die Rhetorik noch immer.
Der Schwerpunkt der heutigen Rhetorik liegt im Bereich der Wirtschaft, wobei es in erster Linie um funktionierende Kommunikation durch gut formulierte Sachargumente geht. Eine leichtverständliche und motivierende Sprache soll zu Gedanken und Taten veranlassen.
Wenn heute im Gegensatz zu früheren Zeiten die Rhetorik in Politik und Militär zugunsten der Wirtschaft und des Privatlebens in den Hintergrund getreten ist, so werden doch die Erkenntnisse und Techniken der klassischen Rhetorik nach wie vor angewendet. Denn weniger als je zuvor kann man in der heutigen, auf Kommunikation ausgerichteten Zeit auf gutes und überzeugendes Reden verzichten.

Sprechsituationen

Wie viele Begriffe gibt es für Situationen, in denen Menschen sprechen? Die nachfolgende Zusammenstellung, die man sicher noch erweitern könnte, soll einen ersten Eindruck von der Vielfältigkeit menschlichen Sprechens vermitteln:
Absprache – Anerkennungsgespräch – Ansprache – Auseinandersetzung – Aussprache – Befragung – Begrüßung – Beratung – Bericht – Besprechung – Bewerbungsgespräch – Brainstorming – Darbietung – Debatte – Dialog – Diskussion – Disput – Eröffnung (im Sinne von Mitteilung) – Erörterung – Erwägung – Flirt – Gedankenaustausch – Geplauder – Gespräch – Hearing – Instruktion – Interview – Kaffeekränzchen – Kaminfeuergespräch – Kanzelrede – Kolloquium – Konferenz – Kontroverse – Konvent – Kreuzfeuerinterview – Kritikgespräch – Lobrede – Meeting – Meinungsaustausch – Mitteilung – Motivationsrede – Parlamentsdebatte – Personalgespräch – Polemik – Predigt – Pressegespräch – Pro- und Contra-Gespräch – Problemlösungsgespräch – Qualifikationsgespräch – Rapport – Rechenschaftsbericht – Rede – Rede und Gegenrede – Redeschlacht – Referat – Reportage – Rezitation – Rücksprache – Sitzung – Smalltalk – Standortgespräch – Standpauke – Streit – Streitgespräch – Termin – Therapiegespräch – Toast – Unterhaltung – Unterredung – Überlegung – Verabredung – Verhandlung – Verhör – Verkaufsgespräch – Verlautbarung – Vieraugengespräch – Vorlesung – Vortrag – Wortgefecht – Zusammenkunft – Zwiegespräch.
Je nach Art und Anlaß lassen sich die Sprechsituationen einteilen. Zum Beispiel nach der Anzahl der sprechenden Personen, nach dem Redeanlaß oder nach dem von dem jeweiligen Sprecher angestrebten Ziel. In diesem Buch werden die verschiedenen Redesituationen nach der Art der Kommunikationssituation gegliedert und ausführlich besprochen.

Voraussetzungen für einen guten Redner

Stoffbeherrschung, Sprachvermögen, Überzeugungskraft zeichnen den guten Redner aus

Ein guter Redner kennt den vorzutragenden Stoff gut und ist vorbereitet. Er

- spricht über Gebiete, in denen er sich auskennt,
- hat sich Gegenargumente und Fragen vorher überlegt,
- ist in seiner Materie sattelfest,
- kennt sein Publikum oder kann es zumindest relativ schnell einschätzen,
- hat sein persönliches Redeziel und den Ablauf vor Augen,
- hat seine Rede optimal gegliedert.

Ein guter Redner kann sich ausdrücken. Er

- verfügt über einen ausreichenden Wortschatz,
- benützt Fremdwörter oder Fachausdrücke, soweit sie verständlich und nötig sind,
- setzt zuhörerangepaßte Wörter in bezug auf die Branche oder das Vorwissen des Publikums ein,
- ist stilsicher,
- gibt Zitate und Sprichwörter richtig und gegebenenfalls mit Quellenangabe wieder.

Ein guter Redner kann überzeugen und wirkt sicher. Er

- ist engagiert bei der Sache und weckt dadurch Interesse,
- motiviert sein Publikum für sein Anliegen.

Ein guter Redner kennt und nützt technische Hilfsmittel, die den Vortrag unterstützen. Diese

- steigern das Erinnerungsvermögen,
- sparen Redezeit, indem sie Sachverhalte verdeutlichen,
- erhöhen die Glaubwürdigkeit,
- lassen den Redner informiert und vorbereitet wirken.

Die folgenden Kapitel werden zeigen, wie man diese Voraussetzungen erwerben kann.

Die Sprache – wichtigstes Element

Ziel jedes Sprechens ist es, verstanden zu werden. Dieser Satz klingt nach einer Binsenweisheit, die sich von selbst versteht. Aber wie erfüllt man diese scheinbar so einfache Forderung? Wie macht man sich verständlich? Und wie erreicht man, daß die – im Zweifelsfall recht komplizierten – Gedankengänge, die man in einer längeren Rede einem Publikum vortragen will oder muß, nachvollziehbar werden? Daß sie bei den Zuhörern ankommen und darüber hinaus auch noch hängenbleiben?
Optimales Verstehen hängt hauptsächlich von folgenden Kriterien ab:

- einfache und treffende Ausdrucksweise
- klare Gliederung
- flüssiger Stil
- korrekte Aussprache

Die nachfolgenden Abschnitte nehmen diese Punkte auf und erläutern sie.

der Rhetorik

Einfache und treffende Ausdrucksweise

Es ist eine alte Weisheit, daß ein Redner einfach sprechen muß. Hören Sie einmal einer Radiosprecherin oder einem Fernsehmoderator genau zu, die machen es vor. Die gewählten Wörter sollen eindeutig, geläufig, konkret und allgemein verständlich sein. Fremdwörter und Modewörter sind zu vermeiden und Fachwörter nur dann zu benutzen, wenn sie den Zuhörern bekannt sind.
Wer einfach sprechen will, muß (sprachliche) Bilder verwenden. Das geht unter die Haut. Als Beispiele:

statt:	besser:
Ich bin nicht so ganz sicher.	Darauf wette ich keinen roten Heller.

statt:	besser:
Wir werden alles tun, damit Sie zufrieden sind.	Wir werden Himmel und Hölle für Sie in Bewegung setzen.

Die mündliche Sprache erfordert kurze und einfache Hauptsätze ohne unendlich verschachtelte Nebensätze. Dadurch wird das Hören und damit das Verstehen erleichtert oder überhaupt erst ermöglicht.

Eine einfache Sprache ist auch für komplizierte Themen wichtig

Einfach sprechen heißt aber auch, etwas ohne angehängte Erklärungen, Verdeutlichungen und Erläuterungen zu sagen. Der Politiker Franz Josef Strauß soll einmal gesagt haben: „Man muß einfach reden, aber kompliziert denken – nicht umgekehrt!"

Glauben Sie, Julius Caesar würde heute noch zitiert werden, wenn er gesagt hätte: „Unter Überblickung der Lage war mir, nach Beschreitung des Ortes des Geschehens, die Erringung eines Sieges möglich?" Die Formel: „Ich kam, sah und siegte!" ist einfacher und einprägsamer! Genauso wie der Volksmund nicht sagt: „Die morphologischen Dimensionen subterrarer Agrarprodukte variieren reziprok zur mentalen Kapazität ihrer Produzenten", sondern: „Die dümmsten Bauern ernten oft die größten Kartoffeln!"

Sprichwörter sind Beispiele, wie mit wenigen Wörtern etwas treffend gesagt werden kann, was merkbar und weitererzählbar wird und damit die Zeit überdauert.

Übersetzen Sie zu Übungszwecken die folgenden einfachen Sprichwörter in komplizierte Sätze:

- „Wer nicht hören will, muß fühlen."
- „Der Krug geht solange zum Brunnen, bis er bricht."
- „Auch ein blindes Huhn findet manchmal ein Korn."
- „Kräht der Hahn auf dem Mist, ändert sich's Wetter oder es bleibt, wie es ist."

Sie können diese Übung mit selbst erfundenen Beispielen fortsetzen. Sie zeigt, daß die einfachere, bildhaftere Variante die ausdrucksstärkere ist.

Es lohnt sich, seinen Wortschatz auszubauen. Wer treffend sprechen kann, trifft eben besser! Treffend ist ein Wort nur dann, wenn es dem Thema angemessen ist, vom Zuhörerkreis verstanden wird und zu Ihrer Persönlichkeit paßt. Einfaches Sprechen ist also mit treffendem Sprechen verbunden. Wählen Sie zweckmäßige Wörter aus. Aufgrund der Wortwahl geben Sie sich oft schon als Befürworter oder Gegner einer Sache zu erkennen. So wird in der Schweiz zwischen KKW und AKW unterschieden. Befürworter sprechen von Kernkraftwerk (KKW) – Gegner von Atomkraftwerk (AKW).
Ein anderes Beispiel: Wird Wein mit Zucker angereichert oder wird der Rebensaft aufgezuckert? Es gibt unzählige solcher Begriffspaare. Einige finden Sie nachfolgend:

- wirtschaftliche Stagnation – Nullwachstum
- flexibler Arbeitsmarkt – Aufhebung des Kündigungsschutzes
- mehr Wettbewerb – Lohnsenkung
- Demonstranten – Chaoten
- Preisfreigabe – Abschaffung von Subventionen
- Deregulierung – Abbau von Umweltschutz
- Redimensionierung – (Personal-)Entlassung
- Kündigung – Freisetzung

Schon durch die Wortwahl drückt man Meinungen aus

Haben Sie nicht auch schon bereits mit Ihrer Wortwahl Ihre Position bekanntgegeben? Haben Sie eigene Erfahrungen? Achten Sie einmal auf die Begriffswahl in der Werbung. Gerade hier werden Wörter sehr sorgfältig und überlegt ausgewählt, da mit dem Wort eine bestimmte emotionale Bedeutung verbunden sein muß. „Flanell" ist für ein Waschmittel vom Wortklang her eher geeignet, als für eine Bohrmaschine. Oder würden Sie einen neuen Weichkäse „Geruchi" taufen? Automobilfirmen geben für die Kreation eines neuen Autonamens riesige Summen aus. Der Name muß ja in zahlreichen Sprachen aussprechbar sein und soll möglichst ein neutrales Wort sein, damit es später in der Werbung mit allerlei positiven Begriffen gefüllt werden kann. Twingo, Vectra, Calibra oder Xedos sind solche lan-

cierten Kunstwörter. Flops, wie das Mitsubishi-Auto Pajero, was auf spanisch „Selbstbefriedigung“ heißt, kann sich eigentlich niemand leisten.
Bedenken Sie daher, welche Emotionen Sie bei Ihren Zuhörern durch Ihre Wortwahl auslösen könnten. Jedes Wort löst Gefühle aus, bei der Zuhörerin oder dem Zuhörer allerdings vielleicht andere als bei Ihnen selbst. Von Ihrem Lebenspartner oder Ihrem Chef kennen Sie wahrscheinlich die meisten Reiz- und Lieblingswörter. Doch welche Wörter verwenden Dritte gern oder ungern?
Indem Sie sich die mögliche emotionale Wirkung Ihrer Worte bewußtmachen, können Sie Reizwörter vermeiden und statt dessen schon mit der Wortwahl eine positive Haltung Ihrer Zuhörer hervorrufen.

Durch die Satzstellung verändert sich der Sinn

Aber nicht nur die Wahl der Wörter ist von Bedeutung, sondern auch deren Stellung innerhalb des Satzes. Urteilen Sie selbst. Die nachfolgenden Sätze bestehen nahezu aus den gleichen Wörtern – dennoch ist ihre Aussage jeweils unterschiedlich, wobei es sich manchmal nur um Nuancen, manchmal aber um beträchtliche Unterschiede handelt. Eine entsprechende Betonung, begleitet von Mimik und Gestik, vertiefen diesen Eindruck noch. Nachfolgend die Beispiele:

- Erklären Sie mir bitte, wie diese Stereoanlage funktioniert.
- Würden Sie mir bitte einmal erklären, wie diese Stereoanlage funktioniert.
- Könnten Sie mir vielleicht einmal erklären, wie diese Maschine funktioniert.
- Wie wäre es, wenn Sie mir mal die Funktion dieser Stereoanlage erklären würden!?
- Vielleicht erklären Sie mir einmal die Funktion dieser Stereoanlage.
- Los, nun sagen Sie mir (endlich), wie diese Stereoanlage funktioniert!
- Soll ich nun raten, wie das Ding funktioniert?

Der Inhalt des Satzes ist klar: Jemand möchte die Funktion eines Gerätes erklärt bekommen. Aber je nach Hinzufügen oder Weglassen beziehungsweise Umstellen einzelner Wörter handelt es sich um eine reguläre Wunschäußerung, eine zunehmend gereizte Aufforderung oder letztlich um die Unmutsäußerung darüber, daß die gewünschte Erklärung nicht erfolgt.

Betonungen verdeutlichen, was gemeint ist

Sprechen Sie den folgenden Satz mehrmals hintereinander, indem Sie jeweils ein anderes Wort stärker betonen, so werden Sie feststellen, wie unterschiedlich die Bedeutung damit für die Zuhörerschaft wird. Der Satz lautet: „Ich muß Ihnen dies kaum erklären!" Wenn beispielsweise das „ich" betont wird, bekommt die Aussage eine andere Bedeutung, als wenn das „kaum" gewichtet wird.

Neben der reinen Wortbedeutung hat eben jede Äußerung noch einen weiteren Aspekt, der sich aus dem Zusammenhang, in dem die Aussage gemacht wird, aus der Betonung der Wörter, der Mimik und der Gestik des Sprechenden ergibt und der den Zuhörern zusammen mit dem faktischen Gehalt vermittelt wird. Unsere Erfahrungen aus anderen Redesituationen helfen uns, das Gehörte zu interpretieren. Wichtig für gutes Reden ist neben der Berücksichtigung der emotionalen Wirkung von Wörtern vor allem auch der Umfang Ihres Wortschatzes.

Ihr Wortschatz muß mindestens so umfangreich sein, daß Ihnen ein treffender, für Ihre Zuhörer verständlicher Ausdruck zur Verfügung steht. Für viele Wörter gibt es mehr als einen einzigen Ausdruck, so daß Sie den für Ihre Redesituation treffendsten wählen können. Diese sogenannten Synonyme kann man in speziellen Wörterbüchern nachschlagen. Die folgenden Beispiele sollen verdeutlichen, wie vielfältig die Ausdrucksformen für einen Sachverhalt sein können:

Wort	Mögliche Synonyme (sinnverwandte Wörter)
Zwischenfall	Episode, Vorfall, Zwischenspiel, Einlage, Ereignis, Abenteuer, Intermezzo, Auftritt, Szene, Situation, Wendung

knapp
1) spärlich, dürftig, karg, dünn, schütter, licht, gelichtet, dünngesät
2) mager, wenig, ärmlich, dürftig, kümmerlich, eng, notdürftig, kaum, genug, nur eben, beschränkt, eingeengt
3) straff, faltenlos, knappsitzend, enganliegend, hauteng

gehen
1) einen Fuß vor den andern setzen, sich fortbewegen, sich begeben, sich wenden, sich verfügen, einen Weg einschlagen, zurücklegen, betreten, begehen
2) schreiten, wandeln, wallen, spazieren, spazierengehen, lustwandeln, schlendern, bummeln, flanieren, stapfen, stiefeln, trotten, traben, schweifen, trippeln, tänzeln, stelzen, stöckeln, gleiten, seinen Weg ertasten, zotteln, schleichen, trödeln, trampeln, treten, stampfen, trappeln, schlurfen, tapsen, zockeln, latschen

tapfer
1) mutig, kühn, beherzt, furchtlos, wacker, tüchtig, brav, heldenhaft, wehrhaft, forsch, heroisch, mannhaft, stramm, unerschrokken, unverzagt, couragiert
2) verwegen, unbedenklich, unternehmend, keck, selbstsicher, wagemutig, waghalsig, schneidig, draufgängerisch, tollkühn, vor nichts zurückschrecken, löwenherzig

Notieren Sie zu den folgenden Wörtern möglichst viele Synonyme: Pfarrer, billig, Polizist, sagen, Fernseher, Zeitung, reklamieren, werben, Auto, Haus, verkaufen, Zug.

Wie erweitert man seinen Wortschatz?

Der regelmäßige Gebrauch eines Synonymwörterbuches oder häufiges Lesen erweitert Ihren Wortschatz und verhilft Ihnen zu einer lebendigen Sprache. Der treffendste Begriff ist immer der beste Begriff.

Präzise Wörter führen zu klaren Stellungnahmen und verhindern schwammiges Gerede. Überprüfen Sie Ihre Aussagen einmal unter diesem Gesichtspunkt.

Wortschatzübungen haben also viel mit Rhetorik zu tun. Denn nur das, wofür man Wörter hat, kann man sprachlich auch ausdrücken. Nur in Wörtern kann gedacht werden, und Gefühle werden im Gespräch in Wörter übersetzt. Daher ist die Verbesserung des sprachlichen Ausdrucksvermögens von zentraler Bedeutung.

Ober- und Unterbegriffe dienen der Präzisierung

Zur prägnanten Sprache und zum scharfen Denken gehört das Bilden von Ober- und Unterbegriffen. Wir brauchen diese, um Begriffe genauer zu definieren. Zum Beispiel den Oberbegriff „Zug" mit seinen möglichen Unterbegriffen „Dampfzug", „elektrischer Zug", „Dieselzug" oder „Magnetbahn". Diese genauere Bestimmung hilft zu strukturieren. Auf ähnliche Weise kann man entgegengesetzte Begriffe verwenden (redselig – schweigsam, abstrakt – konkret).

Klare Begriffsdefinitionen helfen Ihren Zuhörern, den Sinn Ihrer Worte richtig zu erfassen. Mißverständnisse, weil zum Beispiel in einer Diskussion die Gesprächsteilnehmer unter einem Begriff Verschiedenes verstehen, können damit vermieden werden. Zudem zwingt uns das Definieren, präzis zu formulieren, statt mit Modewörtern um uns zu schlagen. Wenn Sie Ihre Definitionen vorbereitet haben, kommen Sie im Gespräch auch nie in Verlegenheit, weil Sie plötzlich etwas genau beschreiben müssen.

Vorsicht ist bei emotionsgeladenen Wörtern wie Gerechtigkeit, Liebe, Mitbestimmung oder Freiheit geboten. Oft nehmen wir solche Begriffe sehr leichtfertig in den Mund, haben aber nur unklare Vorstellungen über ihre Bedeutung. Hakt dann jemand nach und verlangt eine genaue Definition, kann es leicht zu einer peinlichen Situation für den Redner kommen.

Eine Definition erklärt den Zuhörern, was der Redner genau mit einem bestimmten Begriff meint. Als Begriffsinhalt wird die Summe aller Merkmale bezeichnet, die dem zu beschreibenden Objekt gemeinsam sind. Definitionen sind zeit- und personenabhängig. So hieß Gesundheit bei den alten Griechen noch Genußfähigkeit, im Mittelalter wurde es mit Glaubensfähigkeit gleichgesetzt, und heute bedeutet es für die meisten Menschen Arbeitsfähigkeit.

Wie definieren wir? Eine Definition ist dann korrekt, wenn wir das Wort kurz und knapp beschreiben. Suchen Sie für einen Begriff, den es zu definieren gilt, den Oberbegriff, und zeigen Sie den spezifischen Unterschied auf. Kompliziert? Nein. So kann Aktie definiert werden als „Wertpapier (Oberbegriff) mit einer variablen Rendite (spezifisches Merkmal, das die Aktien von anderen Wertpapieren wie zum Beispiel dem Pfandbrief unterscheidet)". Es versteht sich, daß das Wort, das definiert werden soll, nicht in der Erklärung vorkommen darf (ein Wohnhaus ist ein Haus). Die Beschreibung darf nur auf das zu definierende Wort zutreffen und hebt den Unterschied zu allen übrigen Wörtern heraus. Wählen Sie positive Formulierungen. Negative Formulierungen (Gesundheit ist die Absenz von Krankheit) oder Beschreibungen des Gegenteils (weil das Haus größer als eine Hundehütte ist, ist es ein Hochhaus) sind zu vermeiden.

Beispiele veranschaulichen das Gesagte

Sie können auch ein Beispiel nennen, um den Begriff zu erklären. Dann kann allerdings nicht mehr von einer Definition, sondern lediglich von einer genaueren Umschreibung gesprochen werden. Diese wird oft genügen. Solche Beispiele sollen der Veranschaulichung dienen. Von der Art „ein Hund ist Nachbars Fifi" wären sie aber eher unzweckmäßig.

Klare Gliederung

Gelegentlich ist es zweckmäßig, Ihre Vortragsstruktur in Ihrer Rede darzulegen. Sie dient damit für die Zuhörerinnen und Zuhörer quasi als Gerippe, das durch die geäußerten Gedanken mit Fleisch und Blut gefüllt wird. Das Beschreiben des Aufbaus Ihrer Rede kann folgendermaßen eingeleitet werden:

- „Dazu zwei Anmerkungen. Zu Anmerkung Nummer 1: ...“
- „Ich greife drei Aspekte heraus. Zum ersten: ...“
- „Gehen wir die Probleme zeitlich richtig geordnet durch. Um 8 Uhr war ..., dann um 9 Uhr ... und um 10 Uhr ...“
- „Von Frau Kramer haben Sie eine Einführung ins Thema erhalten. Sehen wir uns nun gemeinsam die beiden Alternativen an. Zuerst wollen wir über ... und anschließend über ... sprechen.“
- „Aus der Fülle von Themen greife ich nur drei heraus. Es sind: 1. ..., 2. ... und 3. ... Nun zu Punkt 1.“

Ein logischer Aufbau erleichtert das Verständnis

Wenn Sie Ihren Vortrag so gliedern, erleichtern Sie sich die Vorbereitung und den Zuhörerinnen und Zuhörern das Verstehen. Wählen Sie daher einen logischen Aufbau.

Flüssiger Stil

Der Stil ist die Form, das äußere Gewand. Grundsätzlich sollte man folgende Punkte beachten:

1. Vermeiden Sie eine Aneinanderreihung von Substantiven. Gebrauchen Sie statt dessen so oft es geht Verben – diese wirken anschaulicher und lebendiger. „Erwägen“ ist besser als „in Erwägung ziehen“, und „beweisen“ ist besser als „unter Beweis stellen“.
2. Formulieren Sie aktiv und positiv; vermeiden Sie Passivkonstruktionen und Verneinungen.
   Besser ist somit: „Ich begrüße Sie“ als „Ich freue mich, Sie begrüßen zu dürfen“. Ebenso ist „es ist warm“ klarer als „nicht kalt“.
3. Sie sollten immer grammatikalisch korrekt sprechen. Wählen Sie lieber einfache, aber richtige Satzkonstruktionen als schwierige, die Sie nicht richtig beherrschen.

4. Sprechen Sie möglichst anschaulich und so, daß sich die Zuhörerinnen und Zuhörer in dem Gesagten wiedererkennen.
5. Vermeiden Sie Füllwörter (äh, nicht wahr, und so) oder Abschwächungen.

Abschwächungen sind Formulierungen oder Beiwörter, die den Gehalt einer Aussage mindern oder teilweise zurücknehmen. Oft werden diese Sätze mit dem Konjunktiv, der Möglichkeitsform, eingeleitet. „Ich würde ..." oder „Ich könnte ..." sind typische abschwächende Einleitungen.
Beispiele für Abschwächungen, die man vermeiden sollte:

- „Ich möchte dazu vielleicht noch sagen: Ich glaube nicht, daß wir das realisieren können, oder?"
  Besser: „Das können wir nicht realisieren."
- „Unter Umständen könnte es sein, daß wir uns mit verschiedenen Fragen befassen müssen."
  Besser: „Mit diesen Fragen müssen wir uns befassen."
- „Liebling, wollen wir heute ins Kino gehen? Wir könnten natürlich auch zu Hause bleiben, wenn Du Filme nicht magst."
  Besser: „Liebling, wollen wir heute ins Kino gehen?"
- „Ich möchte eventuell noch mit dem Hund einige Zeit nach draußen gehen."
  Besser: „Ich gehe mit dem Hund rund 30 Minuten spazieren."
- „Also, ich möchte vielleicht noch rasch einiges besprechen."
  Besser: „Sehen wir uns diese Sachen an."

Kompetenz durch eindeutige Aussagen

Sagen Sie direkt, was Sie beabsichtigen, denken oder tun – ohne diese Füllwörter. Nur in ganz wenigen Situationen sind Abschwächungen wirklich am Platz, wie beispielsweise bei Aussagen über Persönliches oder bei Gefühlsäußerungen.
Wer unnötige Abschwächungen vermeidet, gewinnt an Kompetenz und Sicherheit.

Angenehme Aussprache dank optimaler Atmung

Die Sprechtechnik

Sprechen und Hören stehen in engem Zusammenhang

Wer sprechen will, braucht ein gutes Gehör. „Warum?" werden Sie denken. Wissenschaftliche Forschungen haben einen engen Zusammenhang zwischen einem guten Gehör und einer guten Stimme sowie dem Zuhörvermögen ergeben. Man weiß also heute, daß die Qualität phonetischer Betätigung (sprechen oder singen) von der Qualität des Hörens abhängt. So können Taube das Sprechen nur mühsam erlernen und bringen es nie zur Perfektion. Der Mensch spricht und singt auf denjenigen Frequenzen, die er selber hört. Was bedeutet das? Jeder Sprechton ist ein Mischton, der aus verschiedenen Frequenzen besteht. Die Stärke eines Tones wird durch die unteren Frequenzen, die Schönheit und Harmonie eines Tones jedoch durch die oberen Frequenzen bestimmt. (Frequenz ist die Anzahl der Schwingungen pro Sekunde und wird in Hertz gemessen. Die tiefen Töne haben weniger Schwingungen als die höheren Töne.) Eine schöne Stimme setzt somit voraus, daß der betreffende Redner über ein gutes Gehör verfügt! So konnte man bei dem italienischen Opernsänger Enrico Caruso, einem der begnadetsten Sänger überhaupt, feststellen, daß er mit steigenden Frequenzen immer besser hörte. Lassen Sie daher zuerst Ihr Gehör testen, und schulen Sie das Hörvermögen, wenn Sie Ihre Sprechtechnik verbessern wollen. Vielleicht geht dann auch Ihr Lern- und Sprechvermögen in Fremdsprachen markant nach oben.

Wenn man Profi-Telefonistinnen am Telefon hat, Radio- oder Fernsehsprecherinnen und -sprechern zuhört, respektive Mitarbeiterinnen und Mitarbeiter für eine Telefonaktion (Marketing, Verkauf, Umfrage) sucht, lernt man die Bedeutung einer „guten" Stimme verstehen. Einer angenehmen Stimme hört man gerne zu – und so haben wissenschaftliche Untersuchungen ergeben, daß die Einschätzung des Sprechers und des Inhaltes einer Rede massiv durch die Art und Weise des Sprechens geprägt wird. Man wäre fast versucht zu sagen, es käme nicht darauf an, was gesagt wird, sondern nur wie es gesagt wird. Es gibt also gute Gründe, an der eigenen Aussprache zu feilen.

Wer nicht als langweilige Sprecherin oder monotoner Sprecher in die Geschichte eingehen will, muß alle Register ziehen, die ihm zur Verfügung stehen. Und eine sprechende Person hat deren viele. In Abstufungen von lautem Poltern bis zu leisem Sprechen, ja fast Flüstern können Sie je nach Anlaß variieren. Sie können bewußt langsam sprechen oder die Wörter schnell – aber bitte immer noch verstehbar – und präzise abfolgen lassen. In einem guten klassischen Musikstück wird auch mit der Lautstärke, dem Tempo, der Tonhöhe und den verschiedenen Instrumenten gearbeitet. Als Sprecherin oder als Sprecher steht Ihnen eine ähnliche Bandbreite zur Verfügung. Nutzen Sie diese.

Die Rede lebt vom Wechsel. Entscheiden Sie sich daher nicht, heute nur schnell zu reden. Schnell wird nur im Kontrast zu weniger schnell oder gar langsam wahrgenommen und wirkt nur dann.

Im Regelfall geht es nicht um eine perfekte Schauspieleraussprache – dies ist ja nicht Ihr Beruf. Es geht jedoch darum, Ihre Stimmbänder möglichst zu schonen und für die Zuhörerinnen und Zuhörer eine angenehme Sprecherin oder ein angenehmer Sprecher zu sein. Dadurch wird man erfolgreicher. In jedem Fall sollen Sie gut artikulieren. Ihre Aussprache sollte deutlich und verständlich sein. Nuscheln, verschluckte (End-)Silben, näseln, stottern oder lispeln erleichtern den Zuhörern die Aufgabe nicht.

Wichtig: eine deutliche Aussprache

Stottern, die Wiederholung von Lauten, Silben oder Wörtern, bedingt durch eine Blockade beim Aussprechen, ist eine altbekannte Sprachstörung. Bereits im Alten Testament ist die Rede davon, daß Moses eine „schwere Zunge" gehabt hätte. Ein Hinweis auf den ersten Stotterer in der Literatur? Der berühmte Redner Demosthenes bemühte sich um Selbstheilung; er versuchte am Strand durch Brüllen die Meereswellen zu übertönen und förderte seine Zungenfertigkeit, indem er mit Kieselsteinen im Mund sprach. Selbsthilfegruppen oder therapeutische Sitzungen sind zeitgemäßere Methoden, um bei störenden Sprachproblemen Abhilfe zu finden.

Auch genügende Resonanz (Stimmvolumen) bringt Sicherheit und Überzeugungskraft. Ihr ganzer Körper muß beim Aussprechen mitschwingen und so die Botschaft ausdrükken. Mit der Stimme machen Sie Stimmung.

Eine sympathische Stimme muß einem nicht zwingend in die Wiege gelegt worden sein, sondern läßt sich erlernen. Voraussetzung dafür ist ein gewisses seelisches Gleichgewicht, ein grundsätzlicher Einklang von Körper, Seele und Geist. Darüber hinaus nützt ein konsequentes Training: Ein Tonband, ein Stimmtherapeut, ein Sprechtrainer oder auch ein Schauspieler hilft weiter. Gesangsausbildung nützt für das rhetorische Vorwärtskommen allerdings nur wenig. Die regelmäßige Selbsteinstufung auf einem Beurteilungsraster (gegensätzliche Begriffe werden auf einer Punkteskala einander gegenübergestellt) dient schon eher dem rednerischen Weiterkommen. Ein solcher Raster kann auch auf andere Personen, beispielsweise auf einen Radiosprecher, angewendet werden. Auf diese Weise sammelt man Plus- und Minuspunkte am Beispiel einer anderen Person.

Am Beispiel anderer Sprecher kann man viel lernen

Leiden Sie unter Heiserkeit beim Sprechen? Das ist oft ein Zeichen falscher Sprechtechnik. Regen Sie Ihre Speichelbildung mit saftreichen Früchten oder Fruchtsäften an, und meiden Sie ölige oder süße Speisen, da beide die Rachenhöhle austrocknen.

Ihre eigene Aussprache können Sie durch einen Freund oder eine Freundin oder selbst aufgrund einer Tonbandaufzeichnung überprüfen. Im folgenden werden die wichtigsten Beurteilungskriterien vorgestellt:

Tempo

Das Tempo ist eines der Hauptgestaltungsmittel eines Sprechers. Das gewählte Grundtempo hängt vom Thema, der Situation und den Zuhörern ab.

Insbesondere am Anfang und am Ende einer Rede muß langsam und ausgesprochen deutlich gesprochen werden. Zu Beginn muß die Aufmerksamkeit gewonnen werden, am Schluß wird die Handlungsaufforderung mitgegeben. Bei größeren Veranstaltungen muß langsamer gesprochen werden als im kleinen Kreis.

Schnelles Sprechen vor einem großen Publikum ist ein häufiger Fehler

Sehr schnelles Sprechen, oftmals verbunden mit undeutlicher Aussprache und leiser Stimme, deutet auf Unruhe, Rastlosigkeit und Unsicherheit des Referenten hin.
Das Tempo ist ebenfalls ein Gestaltungsmittel; es muß aber der momentanen Aufnahmekapazität der Teilnehmer und dem Informationsgehalt entsprechen, das heißt der jeweiligen Sprechsituation angepaßt werden.
Folgende Tempovariationen sind möglich und sollten in Ihr Beurteilungsraster Aufnahme finden: stockend, langsam, mittel, schnell, hastig, dynamisch, flüssig, rhythmisch/abgehackt, pausenlos, lange Pausen, Wortdehnungen.

Lautstärke (Phon)

Ihr grundsätzliches Ziel ist es, daß Sie von jedermann mühelos verstanden werden. Die Lautstärke dient neben dem Tempo zum Hervorheben von Aussagen durch Veränderung. Ungeeignet ist eine konstante Lautstärke (sowohl laut wie leise). Sie wirkt ermüdend und beraubt den Sprecher der Möglichkeit durch Veränderung etwas hervorzuheben (lautes oder bewußt sehr leises Sprechen!). Nicht immer muß das Wichtige lauter gesprochen werden; auch wenn die Stimme bewußt gesenkt wird, fördert das die Aufmerksamkeit der Zuhörer.
Mögliche Lautstärkevariationen sind: flüstern, leise, normal, laut, brüllen.

Betonung/Modulation

Bedeutungsvolles wird speziell betont und dadurch unterstrichen.
Nehmen Sie Abstand von übermäßiger Betonung der Anfangs- oder Endsilben der Wörter beziehungsweise des Satzanfanges oder des Satzendes. Ein solches übermäßiges Be-

tonen der Schlußsilben sollte nur zu Übungszwecken geschehen, wenn die Sprecherin oder der Sprecher die Tendenz hat, die Schlußsilben zu verschlucken.
Betont werden vor allem tragende Aussagen oder Wörter, die die Gliederung des Vortrages verdeutlichen (erstens, zweitens, drittens; einerseits, andererseits). Starke Wortdehnungen wirken meist gekünstelt und sind daher zu vermeiden.
Das Auf und Ab der Stimme ist zu modulieren, da die Stimme sonst monoton (wie bei gleichmäßiger Lautstärke) erlebt wird. Der Tonfall umfaßt das wechselnde Tempo, die Lautstärke, Tonhöhe und Pausen. Streßsituationen führen häufig zu einer Verringerung der Modulation.
Betonungskriterien sind: nur Abschlußwort oder Satzbeginn betont, Anfangs- und Schlußsilben der Wörter betont, übertrieben einzelne Wörter beziehungsweise Sätze betont, dynamisches, gleichmäßiges oder monotones Sprechen, leiern, nuscheln.

Stimmlage

Tiefe oder hohe Stimmen – beide haben ihre Berechtigung

Tiefere Stimmen, meist mit einem größeren Resonanzkörper einhergehend, sprechen die meisten Menschen mehr an als hohe; sie wirken sonorer und glaubwürdiger. Allerdings sind hohe Stimmen bei gleicher Lautstärke besser verständlich als tiefe (daher ist es in einem großen Saal wichtiger, daß man höher, als daß man lauter spricht).
Ein wirksames Mittel, um die Aufmerksamkeit des Publikums zu fesseln, ist die kontinuierliche Steigerung der Tonhöhe und des Sprechtempos bis zum Doppelpunkt vor dem entscheidenden Satz – nach einer kurzen Wirkungspause kommt dann die Kernaussage. Ansonsten ist die Stimme am Satzende zu senken.
Ein wechselnder Tonfall (Modulation) ist sinnvoll und nötig. Lampenfieber führt meist zu einem kleinerem Auf und Ab der Stimme, dem man bewußt entgegenwirken sollte.
Mögliche Ausprägungen sind: hoch – mittel – tief, schrill, angepaßt – unangepaßt sowie Absenken der Stimme am Satzende.

Artikulation/Verständlichkeit

Ihre Aussagen sollen klar gesprochen und damit akustisch gut verständlich sein.
Wertungskriterien sind: deutlich, überdeutlich, nuschelnd, Verschlucken einzelner (End-)Silben, näselnd, stotternd, lispelnd, Hochsprache, Dialektfärbung, Dialekt.

Timbre

Darunter verstehen wir die Klangfarbe der Stimme, die Gefälligkeit.
Mögliche Ausprägungen der Stimme sind: schrill, hell, mittel, dunkel, spröde, kippend, melodisch, schreiend, rauchig, vulgär, donnernd, dünn, besondere Eigenart.

Emotionaler Bezug (Enthusiasmus)

„Glaubt" der Redner, was er sagt? Ist er begeistert, und strahlt er dies auch aus? Ist die Stimme daher überzeugend, vertrauenerweckend und glaubwürdig? Dieser emotionale Aspekt sollte periodisch überprüft werden, da er in hohem Maße den Eindruck, den ein Redner auf sein Publikum macht, bestimmt und damit zum Erfolg oder Mißerfolg einer Rede beiträgt.
Mögliche Beurteilungskriterien sind hier: gewinnend, überzeugend, aggressiv, zynisch, teilnahmslos, besondere Eigenarten.

Die Atmung

Die Atmung – in einem Buch über Redetechnik? Bestimmt. Sprechen ist tönendes Ausatmen. Je besser nun Ihre Atemtechnik ist, desto besser ist auch die Sprechtechnik. Zudem besteht zwischen richtigem Atmen und körperlichem Wohlbefinden ein enger Zusammenhang.
Das Beherrschen einer sinnvollen Atemtechnik, das man in Kursen erlernen kann, verringert auch das Lampenfieber. Denn Angst verspannt; umgekehrt mildert gezielte Entspannung vorhandene Angstzustände.

Bestimmt haben auch Sie schon Rednerinnen und Redner erlebt, die oft und geräuschvoll nach Luft schnappen und – einmal in Fahrt gekommen – zu ersticken drohen. Oder Sie kennen Personen, deren hohe und kreischende Stimme längeres Zuhören zur Strapaze werden läßt. Solche Menschen haben keine sinnvolle Atemtechnik erlernt, sie atmen – und reden – falsch.

Wie atmen wir am zweckmäßigsten? Wer durch die Nase statt durch den Mund einatmet, filtert die Luft, wärmt sie vor und befeuchtet sie gleichzeitig. Das schont auch die Stimmbänder, die dafür dankbar sind. Gut ist es auch, wenn sich beim Ein- und Ausatmen nicht nur der Brustkorb bewegt, sondern zusätzlich auch die Bauchdecke. Die Bauchdecke wölbt sich nach außen, wenn das Zwerchfell nach unten gedrückt und dadurch der Lunge mehr Platz verschafft wird. Ihre Sprechatmung ist ideal, wenn Sie laut sprechen können und dabei lediglich vier- bis sechsmal pro Minute Luft holen. Die Zeitspanne zwischen zwei Atemzügen hängt entscheidend von der Menge der eingeatmeten Luft ab. Atmen Sie nur in den oberen Brustkasten ein,

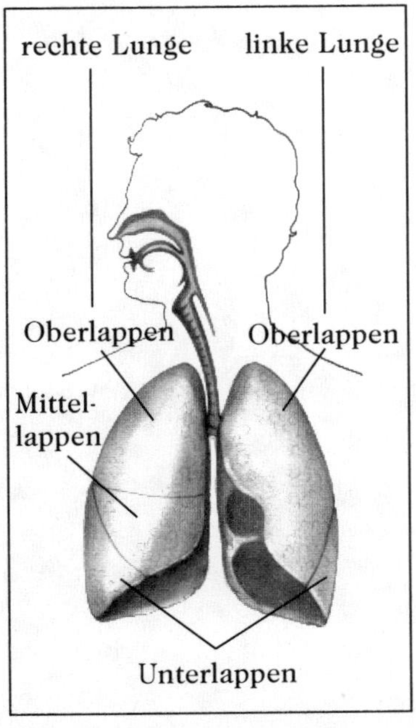

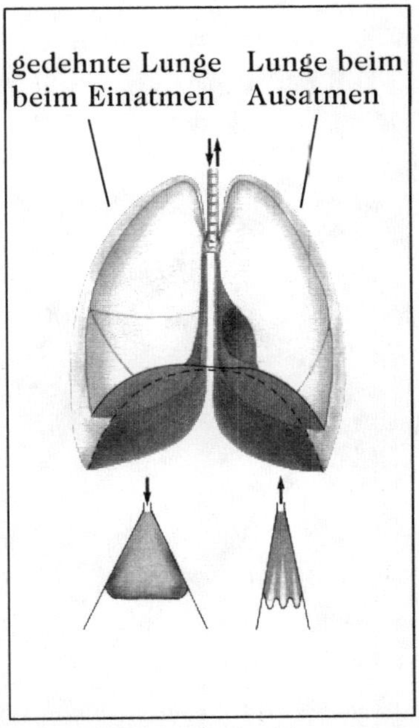

Links: Der Weg der Atemluft durch die Luftröhre in die Lunge. Rechts: Die Lunge beim Ein- bzw. Ausatmen. Als Vergleich unten ein Blasebalg

nehmen Sie etwa 2 Liter Luft auf. Ergiebiger und gesünder ist die Voll- oder auch Tiefatmung. Damit können Sie, indem Sie bis „in den Bauch einatmen“ und die untersten Rippen aufdehnen, die doppelte Luftmenge aufnehmen. Dieses bewußte und tiefe Atmen kann geübt werden. Anfänglich erfordert richtige Atmung ständige Aufmerksamkeit und wird die alte, falsche Form der Atmung nur gelegentlich überlagern, mit der Zeit jedoch geschieht das richtige Atmen so automatisch wie vorher das falsche. Diese Umstellung auf ein tiefes Ein- und Ausatmen, auf das Geschehenlassen der Atmung, hilft weiter. „Es atmet mich“, wäre man versucht zu sagen, statt „ich atme“. Als weitere Übung können Sie mehrmals ganz langsam einatmen und dann schnell ausatmen oder umgekehrt. Beim Gehen läßt sich diese Übung gut durchführen, indem Sie die Schritte als Rhythmus nehmen. Keinesfalls sollte Ihnen allerdings dabei schwindlig werden – sonst unterbrechen Sie die Übung und machen später damit weiter.
Die eingeatmete Luftmenge ist jedoch nicht nur für die bessere Sauerstoffzufuhr und ein gesteigertes körperliches

Links: Das Zwerchfell wird beim Einatmen nach unten gedrückt. Rechts: Das Zwerchfell beim Ausatmen

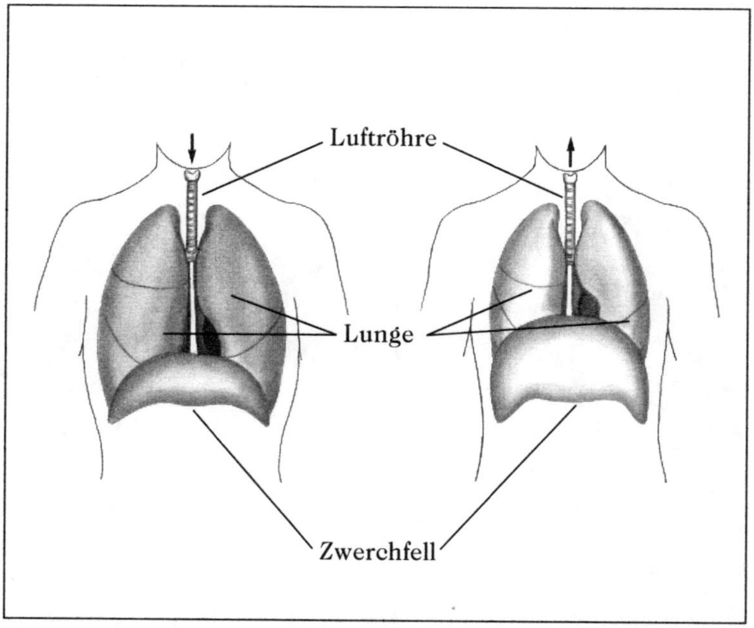

Wohlbefinden wichtig, sondern gibt der Rednerin oder dem Redner mehr Ausatmungsluft für das Sprechen. Daher ist das dosierte und kontrollierte Ausatmen noch viel wichtiger als das Einatmen. Beim Ausatmen entscheidet sich Lautstärke, Tempo und Stimmhöhe.

Das Ausatmen ist für das Sprechen entscheidend

Immer wieder fragen sich Redner, ob eine Pause eher vor dem Aus- oder dem Einatmen einzulegen ist. Auch hier geht probieren über studieren: Versuchen Sie doch, an welcher Stelle es für Sie am angenehmsten ist. Dieser Test wird wahrscheinlich zur Folge haben, daß Sie ganz von allein dort pausieren, wo es sinnvoll ist: nämlich nach dem Ausatmen.

Sprechtechniktraining

Nach soviel Theorie zu Sprech- und Atemtechnik stellt sich die Frage: Welche konkreten Trainingshinweise für die Verbesserung der Sprechtechnik gibt es? Mit den folgenden praktischen Übungen – von denen sich einige beispielsweise auch beim Autofahren durchführen lassen – können Sie Ihre Sprechtechnik verbessern:

- Sammeln Sie Zungenbrecher wie die folgenden, und trainieren Sie deren korrekte Aussprache:
  „Fischers Fritz fischt frische Fische."
  „Zwischen zwei Zwetschgenzweigen sitzen zwei zwitschernde Schwalben."
  „Der Metzger wetzt das Metzgermesser."
  „Grasgrüne Räuber rollen rote und rosa Räder den Rain rauf und runter."
  „Wir Wiener Waschweiber würden weiße Wäsche waschen, wenn wir wüßten, wo warmes Wasser wäre."
- Üben Sie die korrekte Aussprache von Vokalen, indem Sie die Tonfolge maa, mee, mii, moo, muu, mää, möö, müü, mei, meu, mau (nicht gesprochen als m-a-a, m-e-e usw.) bilden.
- Erzählen Sie Geschichten oder Witze, indem Sie verschiedene Personen mit unterschiedlichen Stimmlagen sprechen lassen.

- Sprechen Sie einen Text von rund zehn Minuten auf ein Tonband. Unterstreichen Sie darauf im schriftlichen Text die wichtigsten Wörter und Aussagen, und kontrollieren Sie anhand der Tonbandaufzeichnung, ob diese entsprechend zum Ausdruck kommen. Wiederholen Sie darauf die Übung nochmals mit dem gleichen Text.
- Sprechen Sie einen rund zehnminütigen Text – am besten ebenfalls mit Tonbandkontrolle – flüsternd vor. Das zwingt zu besonders deutlicher Aussprache.
- Sprechen Sie einen Zeitungsartikel, den Sie ein- oder zweimal gelesen haben, möglichst wörtlich frei nach.
- Analysieren Sie die Aussprache von Rezitationen, Vorträgen oder Fernsehreden.

Für Versprecher sollten Sie sich nicht entschuldigen und sie nur dann korrigieren, wenn Grund zur Annahme besteht, daß Sie falsch oder überhaupt nicht verstanden wurden. Ansonsten sind Versprecher zu übergehen.

Der wirkungsvolle Einsatz von Pausen

Die gekonnte Rednerin oder der gewiefte Redner zeichnen sich dadurch aus, daß sie Pausen wirkungsvoll einzusetzen wissen. Pausen setzen heißt, das Lampenfieber überwunden zu haben und eine sinnvolle Atemtechnik zu beherrschen. Viele Personen, die Lampenfieber haben, sprechen pausen-los, da sie die Stille nicht ertragen.

Pausen einlegen oder schweigen können zeigt Stärke – und nicht Schwäche, wie wir gemeinhin annehmen. Es beweist, daß Sie sich dem Erwartungsdruck Ihrer Zuhörer nicht zu unterwerfen brauchen. Nur ein ängstlicher Redner spricht unentwegt oder überbrückt eine Denkpause beispielsweise mit Füllwörtern wie „äh“ oder „ähm“.

Pausen sind ein nicht zu unterschätzendes Gestaltungsmittel

Pausen bringen für die sprechende Person sowie für Zuhörerinnen und Zuhörer Vorteile. Sie bieten der Rednerin oder dem Redner Gelegenheit, Luft zu holen und gegebenenfalls einen Blick auf Manuskript oder Stichwortkarten zu werfen. Dem Publikum geben die Pausen Gelegenheit, das Gesagte zu überdenken. Die Pause erzeugt zusätzliche Spannung, wenn sie vor der zentralen Aussage eingeschaltet wird. Eine Wirkungspause nach der zentralen Aussage läßt deren Gewichtigkeit für einen Augenblick im Raum stehen. So prägt sie sich ein, „hallt" in den Ohren der Zuhörer „nach". Darüber hinaus dienen Pausen zur Trennung von Abschnitten oder Aufzählungspunkten, was den Referenten auch Zeit zum Atemholen bietet.

Überprüfung von Pausen mit dem Tonbandgerät

Überprüfen Sie Ihre Pausentechnik anhand einer Tonbandaufzeichnung. Welches ist Ihre längste Pause? Wie lange dauerte sie? Wo wurden Pausen sinnvoll eingesetzt? Wo wären noch Pausen angebracht gewesen?

Daß Schweigen eine Stärke sein kann, wurde bereits gesagt. In einem harten Gespräch oder einer Auseinandersetzung „verliert" oft derjenige, der als erster nach einer Pause wieder zu reden beginnt. Denn Schweigen kann auch eine Antwort sein. Heinrich Böll sagte: „Schweigen ist ein Argument, das kaum zu widerlegen ist."

Die nachfolgenden Zitate und Situationsbeschreibungen sollen die eindringliche Wirkung der Pause – der Stille – bewußtmachen:

- „Es herrschte eine so eindringliche Stille, daß sie wie die Niagarafälle in meinen Ohren dröhnte."
  (Von Henry Miller in „Wendekreis des Krebses".)
- Eine typische Szene aus dem Westernfilm: Tumulthaftes Durcheinander in einem Saloon. Plötzlich verstummt der Lärm mit einem Schlag, weil er, der einsame Held, die Türe auftritt und in die Bar kommt.
- Auf einer Party: Plötzlich ist ein (peinliches) Schweigen eingetreten. Keiner traut sich, diesen Bann zu brechen, indem er etwas sagt oder sich auch nur rührt.
- Sie betreten das Büro des Chefs. Er schweigt und schaut Sie fordernd an.
- Auf die Frage des Kunden nach dem Abschluß des Vertrages, ob ihm da noch ein Rabatt eingeräumt werden könne, schweigt der Verkäufer und schaut ihn lediglich fragend an ob einer solch deplazierten Frage.

Grundlagen des Sprechens

Grundlegendes zur Kommunikation

Wir sprechen heute oft von Kommunikation, ob in der Informatik (der Wissenschaft von Computern), in der Werbung oder im Privatleben. Im weitesten Sinne versteht man darunter Informationsübertragung von einem Sender zu einem Empfänger über eine Leitung sowie dessen Rückmeldung (Feedback). Im engeren – sprachwissenschaftlichen – Sinn meint man mit dem Sender die Sprecherin oder den Sprecher, mit Empfänger die Zuhörerin oder den Zuhörer (und oft auch gleichzeitig Zuschauerin oder Zuschauer). Was kompliziert klingt, ist eigentlich ganz einfach: Eine Sprecherin (zum Beispiel Anna; Senderin) sagt etwas („Hast du noch Durst?“; Information) über einen bestimmten Weg (Luft, mündlich; Leitung) zu einem Zuhörer (Pe-

ter; Empfänger), und dieser reagiert (mit „Ja“ und Kopfnikken; Feedback). Als Skizze dargestellt sieht das so aus:

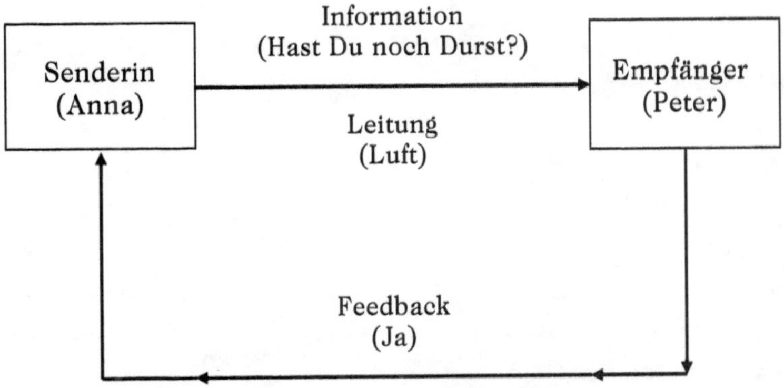

Informationen werden immer über eine Leitung übertragen, sei dies die Luft in einem persönlichen Gespräch, das Telefon oder ein Brief beziehungsweise in der Datenverarbeitung der Datenaustausch über ein Kabel. Wir wollen uns hier, da es uns um die Rede geht, vorrangig mit dem Informationsaustausch in einer unmittelbaren Sprechsituation beschäftigen, das heißt Redner und Zuhörer (Sender und Empfänger) befinden sich im gleichen Raum.

Die Information ist in diesem Fall das direkt gesprochene Wort (verbal); zusätzliche Informationen werden dem Zuhörer durch Haltung, Gestik und Mimik übermittelt (nonverbal). Der verbalen Information sind wir uns meist bewußt – aber der nonverbalen? Der Sender codiert seine Informationen so, daß sie beim Empfänger möglichst die gewünschte Wirkung erzielen. Das ist nicht immer leicht, vor allem wenn er den oder die Empfänger nicht oder nur vage kennt.

Sprechen und verstanden werden sind nicht immer dasselbe

Durch den Empfänger wird die gehörte und gesehene Information entschlüsselt und umgesetzt. Er ordnet ihr aufgrund seiner Erfahrung und seines Wissens Bedeutung zu. Er interpretiert die Information. Gewisse Punkte überhört er vielleicht, andere glaubt er gehört zu haben, weil er sie an dieser Stelle erwartet. Verständlich, daß Sender und Empfänger nicht immer das gleiche unter einem bestimmten Wort oder einem bestimmten Satz verstehen. Mißverständnisse sind unter solchen Umständen leicht möglich. Mit der Frage „Wie meinte er wohl diese Aussage?“ ist dem Rätselraten Tür und Tor geöffnet. Welcher Aspekt stand im Vordergrund? Ging es dem Sender primär um die Sache, oder war sein Anliegen eher reine Selbstdarstellung? Was sagte er über unsere Beziehung aus? Was forderte er?

Die Reaktion des Empfängers auf die Information wird Feedback genannt. Das Feedback des Empfängers kann verbal oder nonverbal oder beides sein. Es zeigt dem Sender, daß die gesendete Information angekommen ist. An der Art des Feedbacks kann der Sender oft bereits erkennen, wie seine Rede verstanden wurde und gegebenenfalls Mißverständnisse korrigieren.

Zusammengefaßt bedeutet das also:

Sender steht für Sprecher, Referent, Präsentator, Redner.

Empfänger steht für Zuhörer, Teilnehmer, Partner – oder unfreiwillige Zuhörer.

Die wichtigsten Begriffe aus der Kommunikationstheorie

Leitung steht für den Kanal, den Weg, das Mittel, über das die Information übertragen wird.

Information steht für Botschaft, Tatsache, Aussage, Meldung, Appell, Mitteilung in Sprache, Schrift, Bild, Zeichen; sie kann verbal (Wörter, Sätze, Laute) und/oder nonverbal (Haltung, Mimik, Gestik) sein.

Feedback steht für Rückkoppelung, Rückmeldung, Reaktion, Antwort (verbal oder nonverbal).

Menschen kommunizieren permanent auf irgendeine Art und Weise miteinander. Einer Kommunikation kann man sich nicht verweigern, und wer nichts – auch mit dem Körper – sagen will, sagt eben genau dadurch auch etwas aus, nämlich, daß er keine aktive Kommunikationsaufnahme will und in Ruhe gelassen werden möchte. Denken Sie an eine Situation in einem Fahrstuhl, in der jedermann an die Decke oder auf den Boden starrt. Selbst wenn Sie im Lift „nicht sprechen", sprechen sie eben gerade auch dadurch. Paul Watzlawick, ein berühmter Kommunikationswissenschaftler, sagte einmal: „Man kann nicht nicht kommunizieren!"

Inwieweit die Kommunikation absichtlich oder unabsichtlich zustande kommt, spielt für uns hier keine Rolle. Unterschieden werden kann:

nonverbal/zufällig:	Blickkontakt, Lächeln beim Spazierengehen, im Zug oder Wartezimmer
nonverbal/ absichtlich:	Gogo-Girl, promenierender Playboy, Umarmung, vielsagender Blick, „den Vogel zeigen"

verbal/zufällig:	Gespräch in Zug, Tram oder Bus, am Skilift, mit einem Anhalter
verbal/absichtlich:	Verkaufs- oder Mitarbeitergespräch, Sitzung, Vortrag

Der Kommunikationskreislauf ist nicht immer offensichtlich – aber vorhanden

Kommunikation ist immer ein Kreislauf. Eine wirkliche Einwegkommunikation ohne irgendwelche Reaktionen des Empfängers gibt es nicht. Selbst vermeintliche Einwegkommunikationen entsprechen der Definition bei näherer Betrachtung nicht. So erhält eine Firma Bestellungen aufgrund eines Inserates, der Radiosender Höreranrufe als Reaktion auf eine Sendung oder der Marketingleiter Zahlen der Publikumsbefragung. Monologsituationen gibt es streng genommen nur im Selbstgespräch.

Kommunikation bedeutet in vielen Fällen – über eine reine Weitergabe von Informationen hinaus – eine Einflußnahme auf den Gesprächspartner. Denn in den meisten Redesituationen will man ja etwas erreichen, eine Idee vermitteln, eine Handlung veranlassen, den Partner von einer Sache überzeugen.

Daher ist einer der zentralen Punkte im Rahmen der Kommunikation das Wertesystem. Das Wertesystem ist Ihr Rucksack an Erfahrungen, Ansichten und Beurteilungen, den Sie durch das Leben tragen. Der Rucksack anderer Personen ist – verständlicherweise – anders zusammengestellt, allerdings wird es bei zwei Personen, die aus dem gleichen Kulturkreis – etwa Westeuropa – stammen, in der Regel zumindest teilweise Übereinstimmung geben. Nur in diesem Bereich, in dem Ihr Wertesystem mit demjenigen Ihres Partners übereinstimmt, ist eine Verständigung möglich. Daß diese auch erreicht wird, dafür ist in erster Linie die jeweilige Sprecherin oder der Sprecher verantwortlich. So kann die Aussage je nach Übereinstimmungsgrad zwischen Sprecher und Zuhörer wie folgt verstanden werden:

vollständig teilweise überhaupt nicht

Entsprechend dürften sich Konflikte und Mißverständnisse in wachsendem Maße einstellen.

Informationsübermittlung – Informationsverlust

„Stille Post" ist ein gutes Beispiel für Informationsverlust

Wer spricht, muß sich darüber im klaren sein, daß ein Teil des Gesagten nicht beim Zuhörer ankommt. Das erleben wir alle tagtäglich. Sicher kennen Sie das Kinderspiel „Stille Post" oder „Telefonspiel". Mehrere Personen sitzen in einem Kreis. Einer flüstert dem Nachbarn einen Satz oder eine kurze Geschichte ins Ohr. Dieser erzählt sie dem Nächstsitzenden leise weiter. Die letzte Person in der Kette erzählt die gehörte Geschichte nun laut. Von dem anfänglich Gesagten ist nicht mehr viel übrig. Wesentliches fehlt, dafür ist Neues hinzugekommen.
Das ist auch im Kommunikationsfluß einer größeren Firma so. Der Generaldirektor verkündet seinen Direktoren etwas. Über zahlreiche Hierarchiestufen geht die Botschaft bis zu jedem einzelnen Mitarbeiter und jeder einzelnen Mitarbeiterin. Aber hier kommt oftmals ein ganz anderer Sinn an, als in der ursprünglichen Aussage lag.
Die Darstellung auf der folgenden Seite veranschaulicht diese Verminderung des Informationsgehaltes.
Was bleibt da also noch hängen? Von der ganzen großen Menge des Gedachten bleibt beim Hörer für die konkrete Umsetzung recht wenig übrig. Denn gesagt heißt nicht gehört, gehört heißt nicht verstanden, und verstanden heißt nicht ausgeführt!

Ergebnisse aus der Lernpsychologie haben ergeben, daß der Mensch mit seinem Kurzzeitgedächtnis höchstens in der Lage ist, Informationen 20 Sekunden lang zu speichern. Kein Satz sollte länger als 20 Sekunden dauern!

Die vier Sprachebenen

Ein und dieselbe Aussage findet, in Anlehnung an Schulz von Thun, grundsätzlich immer auf vier verschiedenen Ebenen statt, die allerdings unterschiedlich gewichtet sein können. Das hängt von der Hauptaussage des Redners ab. Diese vier Ebenen werden sowohl sprachlich als auch nonverbal übermittelt.

Vom Gedanken bis zur Umsetzung ist ein verlustreicher Weg zurückzulegen

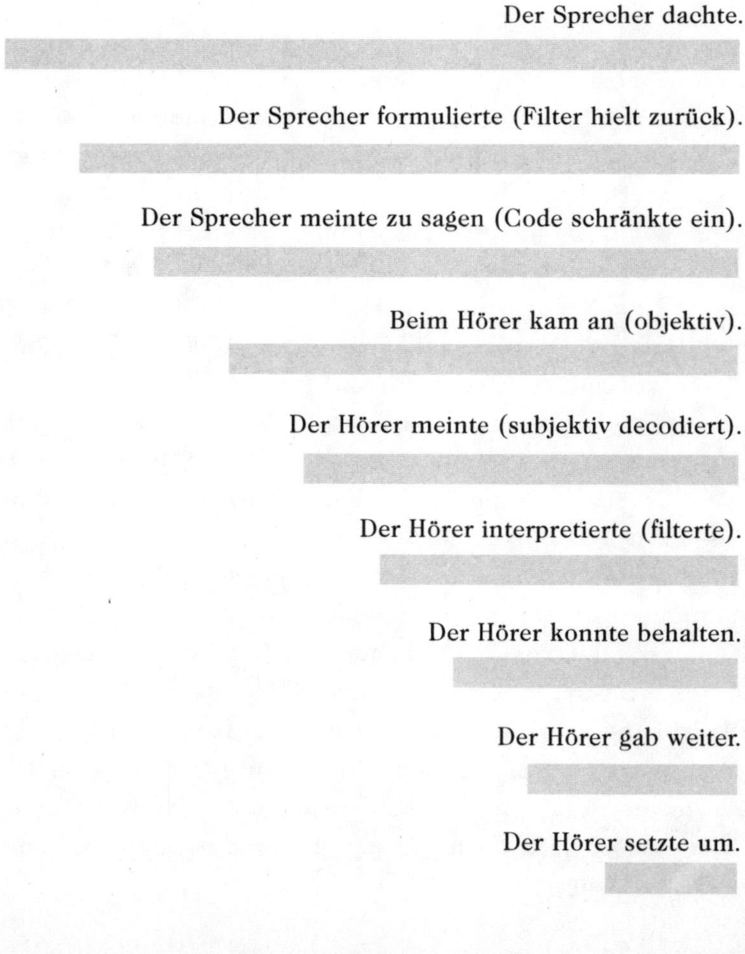

Die folgende Aufstellung zeigt, worum es sich handelt:

Information	Thema, Fakten, Sachebene
Appell	Wunsch, Bitte, Hilfsangebot, Befehl, Aufforderung, Anweisung
Selbstoffenbarung	Wie sehe ich mich? Wie fühle ich mich? Meine Ansichten und Werte, Urteile, Meinungen (Ich-Botschaft)
Kontaktvergewisserung	Wie stehen wir zueinander? Beziehungsebene, Vertrauen, Rang, soziale Stellung, Über-/ Unterlegenheit

Was ist alles in einem einzigen Satz enthalten?

Was hier vielleicht sehr theoretisch klingt, sei an einem Beispiel erläutert. Stellen Sie sich vor, ein Paar sitzt abends vor dem Fernseher, und die Frau sagt zu ihm: „Liebling, siehst du noch lange fern?“ In dieser Frage stecken zahlreiche Aspekte. Die reine Wissensfrage im grammatikalischen Sinn erfordert eine Antwort wie: „eine halbe Stunde, eine oder zwei Stunden“. Das ist der Aspekt der Information. Vielleicht steckt indirekt aber in der Frage auch die Aufforderung: „Hör endlich auf damit! Es ist doch dumm von dir, so lange in die Glotze zu starren.“ Hier zeigt der Tonfall, ob ein versteckter Appell in der Frage enthalten war. Aber auch der Aspekt „Ich langweile mich. Unterhalte mich! Ich wüßte meine Zeit besser zu nutzen“ könnte mitschwingen. Was die Frau über sich selber preisgibt, ist die Selbstoffenbarung. Als letztes könnte auch der Aspekt eine Rolle spielen: „Hast du mich nicht mehr gern, da du in die Röhre guckst, statt dich mit mir zu beschäftigen?“ Das wäre die Kontaktvergewisserung.

Verbale Sprache wie Körpersprache, vor allem aber der Tonfall und die Betonung zeigen dem Empfänger – mehr oder weniger deutlich –, welcher Aspekt im Vordergrund steht, das heißt für den Sprecher oder die Sprecherin am wichtigsten ist.

Zwei weitere Beispiele:
Der Geschäftsfreund sagt zum Werkstattleiter: „Seit wann ist eigentlich eure Fräsmaschine im Einsatz?“
Denkbare Aspekte dieser Frage sind:

Sprachebenen in der Geschäftswelt

Information:	Ab welchem Jahr, 1991, 1992 ...?
Appell:	Wirf die alte Anlage endlich weg, und kaufe eine neue.
Selbstoffenbarung:	Ich wüßte schon, was für dich gut ist.
Kontaktvergewisserung:	Bestimmt vertraust du mir. Wir sprechen zusammen, weil wir uns als kompetente Partner akzeptieren.

Der Firmeninhaber fragt eine jüngere Bewerberin im Vorstellungsgespräch: „Ist es denkbar, daß Sie einmal mit einem reduzierten Pensum arbeiten möchten?“
Denkbare Aspekte dieser Frage sind:

Information:	Ja oder nein?
Appell:	Stimmen Sie zu. Das ist Bedingung für die Anstellung.
Selbstoffenbarung:	Es wäre denkbar, daß Sie nächstens schwanger werden. Ich erlaube mir daher diese indirekte persönliche Frage.
Kontaktvergewisserung:	Ich denke, so etwas wissen Sie bereits heute.

Sie denken, daß dies nur bei Fragen gilt? Dem ist nicht so. Bei Fragen sind die verschiedenen Aspekte in der Regel deutlicher erkennbar. Sie gelten jedoch für alle Aussagen. Suchen Sie einmal für die folgenden drei Sätze die denkbaren Aspekte:

1. „Ich habe keine Zeit. Das kann ich unmöglich erledigen!“
2. „Hervorragend, Frau Sommer, wie Sie das gelöst haben.“
3. „Nein, davon bin ich bestimmt nicht müde.“

Wenn Sie nachfolgend Ansätze zur „Lösung“ finden, ist damit nicht gemeint, daß dies die einzige richtige Lösung ist. Wie gesagt, Stimmlage und Körpersprache sagen der angesprochenen Person, wie die Aussage genau gemeint ist.

Zu Nummer 1: „Ich habe keine Zeit. Das kann ich unmöglich erledigen!"
Information: Die mir zur Verfügung stehende Zeit reicht dazu nicht aus.
Appell: Hilf mir, ich komme nicht dazu, meine gesamte Arbeit zu erledigen; bitte gib mir nicht noch weitere Arbeit.
Selbstoffenbarung: Ich gebe zu, ich bin überfordert.
Kontaktvergewisserung: Könnten wir dies gemeinsam erledigen?

Zu Nummer 2: „Hervorragend, Frau Sommer, wie Sie das gelöst haben."
Information: Die Arbeit ist gut erledigt worden.
Appell: Machen Sie weiter so!
Selbstoffenbarung: Nach meinem Wertesystem ist dieses Resultat hervorragend. Ich kann das beurteilen.
Kontaktvergewisserung: Dieses Lob fördert das Vertrauen und die Sicherheit in unserer Beziehung.

Zu Nummer 3: „Nein, davon bin ich bestimmt nicht müde."
Information: Ich bin noch fit.
Appell: Gib mir noch mehr Arbeit.
Selbstoffenbarung: Ich ertrage noch mehr Arbeit.
Kontaktvergewisserung: Diese Frage können wir untereinander offen diskutieren. Ich antworte dir ehrlich.

Alle Aspekte wahrzunehmen erfordert viel Übung

Für den Zuhörer kann es sehr wichtig sein, alle Aspekte einer Botschaft wahrzunehmen. Denken Sie an das Beispiel der jüngeren Bewerberin. Häufig ist das aber in der kurzen Reaktionszeit, die uns normalerweise zur Verfügung steht, recht schwierig.

Feedback wahrnehmen – Feedback geben

Es wurde bereits davon gesprochen, wie wichtig das Feedback für die menschliche Kommunikation ist. Aufgrund der Reaktion, die ein Sprecher auf seine Worte erhält, kann er

Wie sehen wir uns selbst – wie sehen uns die anderen?

feststellen, ob er verstanden wurde, und gegebenfalls Mißverständnisse berichtigen. Aber Feedback hat noch eine andere Funktion: es zeigt uns, wie wir auf unsere Gesprächspartner wirken, und wir können daraus Rückschlüsse auf uns selbst, auf unsere Persönlichkeit, ziehen. Vergessen Sie nicht, daß das Bild, welches Sie von sich selbst haben, nicht zwingend mit dem übereinstimmt, das sich andere Personen von Ihnen machen. Anhand des von zwei amerikanischen Psychologen entwickelten „Johari-Fensters" kann dies verdeutlicht werden:

	mir selbst bekannt	mir selbst unbekannt
anderen bekannt	1	3
anderen unbekannt	2	4

Es werden hier vier Teile Ihrer Persönlichkeit gezeigt. Davon ist ein Teil sowohl Ihnen als auch Ihren Mitmenschen bekannt, ein Teil nur Ihnen selbst (den Sie vielleicht auch nicht offenbaren wollen), ein Teil nur Ihren Mitmenschen und ein Teil weder Ihnen noch Ihren Mitmenschen. Somit zeigt Feld 1 denjenigen Teil, der Ihnen und anderen bekannt ist, die sogenannte Arena. Feld 4 denjenigen Teil, der weder Ihnen noch anderen bekannt ist, den sogenannten „blinden Fleck". Feld 2 ist Ihnen, jedoch nicht Dritten, Feld 3 ist Dritten, jedoch nicht Ihnen bekannt.
Ein Beispiel soll diese Theorie veranschaulichen. Jedermann weiß, und Sie würden das auch jedermann mitteilen, daß Sie braune Haare haben, 1.85 m groß sind und von Beruf Kaufmann (Feld 1). Nur Sie selbst wissen vielleicht, daß Sie oft Störungen der Sehschärfe haben oder sich zum gleichen Geschlecht hingezogen fühlen. Anderen möchten Sie dies tunlichst verbergen (Feld 2). Ihre Mitmenschen erleben Sie als arrogant und unbelehrbar, während Sie selbst diese schlechten Eigenschaften gar nicht wahrnehmen (Feld 3). Weder Ihnen noch Dritten ist aber Ihre ganz leichte Sprachstörung oder Ihr Herzfehler bewußt (Feld 4).

Jeder Aspekt Ihrer Persönlichkeit läßt sich somit einem dieser vier Felder zuteilen.
Durch ein Feedback von dritten haben Sie die Chance, etwas über sich zu erfahren, was Ihnen vielleicht bisher verborgen blieb, also in das Feld 3 des Johari-Fenster fällt. Feedback kann somit ein Spiegel sein, der zeigt, wie man von den anderen gesehen wird. So wie der Spiegel Ihnen keine Vorschriften über die Frisur macht, so gibt Ihnen auch der Feedbackgeber keine Anweisungen oder gar Befehle. Er zeigt lediglich Ihr Bild, das Sie bedenken sollen. Er hilft zu erkennen, wo man eventuell nicht so erlebt wird, wie man sich selbst sieht oder zu wirken glaubt. So bin ich im Zweifel gar nicht der lustige Unterhalter, für den ich mich immer gehalten habe. Eine Anpassung oder Verhaltensänderung, die sich aus dem neuen Aspekt der eigenen Persönlichkeit ergibt, kann – muß aber nicht – erfolgen. Auf keinen Fall sollte man gleich die gesamte Persönlichkeit umkrempeln wollen, was in der Regel sowieso nicht von Erfolg gekrönt ist.
Wichtig ist aber das Feedback auf die Wirkung einer Persönlichkeit immer dann, wenn daraus Rückschlüsse auf die Wirkung des eigenen Redeverhaltens gezogen werden können. Hier sollte jeder, der beruflich oder privat viel mit Menschen reden muß, auf jeden Fall besonders aufmerksam sein, um entsprechend erfolgreich kommunizieren zu können.

Positives Feedback ist von großer Wichtigkeit

Was hört der Mensch neben dem eigenen Namen am liebsten? Eine positive Reaktion, ein Lob, ein Dankeschön oder ein Kompliment. Wir alle streben nach Beachtung und Anerkennung. Das Anerkennungsbedürfnis ist ein menschliches Grundbedürfnis. Jeder möchte sich wertvoll fühlen. So wie wir uns selber über ein positives Feedback freuen, so sollten wir anderen solche positiven Rückmeldungen geben. Ein Lob motiviert, gibt neue Kraft, muntert auf, tröstet und stärkt damit das Selbstvertrauen. Nichts ist dabei herzlicher, als sich mitzufreuen. Ihre Reaktion zeigt dem Partner, wie er erlebt wird. (Wann könnten Sie die nächste Gelegenheit nutzen?)

Über die Zufriedenheit in einem Betrieb entscheidet häufig nicht Lohn und Position, sondern Anerkennung für die Leistung der Mitarbeiter durch Vorgesetzte und Arbeitskolleginnen und -kollegen.

Kritik tut weh – Nichtbeachtung aber auch!

Kritik, im Gegensatz zum Feedback, das oft spontan, ja unbewußt erfolgt, ist die bewußte und überlegte positive oder negative Beurteilung einer Person oder ihrer Leistungen. Kritik ist kein bloßer Spiegel, sondern erhebt Anspruch auf Verhaltensveränderung beim Empfänger der Kritik. Aber selbst eine schmerzhafte negative Kritik wie Tadel oder Geringschätzung ist oft besser als überhaupt keine Reaktion. Kinder demonstrieren uns das, indem Sie sich solange unmöglich benehmen, bis sie endlich die Aufmerksamkeit der Eltern auf sich gezogen haben.

Ein Gesprächspartner wäre im Fall einer ausbleibenden verbalen Reaktion rein auf die Interpretation von Mimik und Gestik angewiesen, was häufig zu Fehlinterpretationen führt und den Sprechenden verunsichert.

Tips für das Geben von Feedback oder Kritik:

- Beschreiben Sie, was sie beobachtet haben und wie es auf Sie gewirkt hat.
- Seien Sie offen und ehrlich, aber nicht verletzend.
- Ihre Reaktion muß der Situation und dem Verhalten des Gesprächspartners angepaßt sein.
- Reagieren Sie rasch mit Feedback.

In einem Gespräch oder einer Diskussionsrunde mit mehreren Teilnehmern spielt die direkte Bezugnahme auf eine Frage oder Aussage eine wichtige Rolle. Sie soll dem Vorredner zeigen, daß das von ihm Gesagte verstanden und geschätzt wird, und gleichzeitig die Überleitung zum eigenen Redebeitrag bilden. Das heißt, sie übernimmt eine Brückenfunktion zwischen den Aussagen verschiedener Redner, die zugleich eventuellen weiteren Gesprächsteilnehmern oder Zuhörern das Verständnis erleichtert. Dieses Aufgreifen des vorher Gesagten, sollte oft – vor allem bei komplizierten Sachverhalten –, aber nicht ständig stattfinden, besonders, wenn es mit einem Dank an den Vorredner verbunden ist, der sonst leicht schematisch wirkt. Wir wollen diese Reaktion auf den Vorredner „Quittung“ nennen.

Folgendes kann eine solche Quittung enthalten:

1. Ein Dank an den Vorredner befriedigt sein Anerkennungsbedürfnis. Gleichzeitig ist es eine Aufmunterung, sich anschließend wieder ins Gespräch einzuschalten.
2. Durch die Wiederholung der Frage oder Aussage mit eigenen Worten stellen Sie sicher, daß Sie das Gesagte richtig verstanden haben. Zudem wird es für die gesamte übrige Zuhörerschaft verständlicher (besonders in einem großen Saal oder wenn der Vorredner seinen Beitrag mit Fachwörtern gespickt hat), und die Wiederholung gibt Ihnen Zeit, sich die Antwort zu überlegen. Nutzen Sie diese Denkpause.

Die Wiederholung des vorher Gesagten erleichtert das Verständnis

Die Quittung sollte aber kein Eigenleben haben. Man soll das dahinterstehende System nicht bemerken. Es ist lediglich der Anknüpfungspunkt zu Ihrer eigenen Aussage.
Beispiele für mögliche Quittungen:

- „Danke für den Hinweis. Es ist richtig, daß ... “
- „Darum werde ich oft gebeten. Leider kann auch ich Ihnen keine fertige Lösung präsentieren. Ich meine, das müßte jedoch in folgende Richtung gehen: ... “
- „Dies ist für mich ebenfalls der entscheidende Faktor.“
- „Herr Keller, Sie sprechen wohl den wichtigsten Punkt an!“

Feedback, das sollten die vorangegangenen Erläuterungen gezeigt haben, ist ein unverzichtbarer Bestandteil verschiedenster Redesituationen, der – bewußt und richtig eingesetzt – das Funktionieren menschlicher Kommunikation fördert und erleichtert.

Zustimmung erhalten – aber wie?

Wenn, wie bereits gesagt wurde, reden mit überzeugen wollen zu tun hat, wenn man die Rhetorik sogar die „Kunst des Überzeugens" nennt, kann darunter nicht einfach das Überstülpen der neuen Ansicht über das Bisherige verstanden werden. Dem Redenden sollten verschiedene Möglichkeiten bekannt sein, mit denen man eine Änderung des Denkens oder Verhaltens erreichen kann. Es sind drei Punkte, die Zustimmung bringen können, wobei es von der Situation und dem Verhältnis der Gesprächspartner zueinander abhängt, welche zur Anwendung kommen. Es handelt sich um Unterwerfung, Identifikation und Internalisierung. Mit der Unterwerfung beugt sich der Gesprächspartner einem äußeren Druck aus Angst vor Sanktionen (Bestrafung) oder in der Hoffnung auf eine Belohnung. Dieser Fall wird nur dann Anwendung finden, wenn das Verhältnis zwischen den Gesprächspartnern nicht gleichberechtigt ist. Die Identifikation ist eine Überzeugung, die von innen kommt. Der Partner stimmt mit dem Redenden überein, weil er seine Wertestruktur übernommen hat oder bereits besitzt. Die dritte Art ist die Internalisierung, wobei der Zuhörer der Ansicht des Sprechers nicht nur zustimmt, sondern sie zu seiner eigenen macht.

Verschiedene Wege, Zustimmung zu erhalten

Jemand dazu zu bringen, eine zusätzliche Arbeit zu tun, könnte somit auf verschiedenen Wegen erreicht werden. Urteilen Sie selbst, welches die beste Form ist:

- „Entweder Sie erledigen diese Arbeit noch heute, oder ich werde Ihnen die Beförderung verweigern."
- „Wenn Sie diese Arbeit noch heute erledigen können, schlage ich Sie zur Beförderung vor."
- „Diese Arbeit ist äußerst wichtig. Wenn Sie das noch heute erledigen könnten, kann Herr Schulz bis morgen mittag die Offerte ausarbeiten. Damit haben wir eine sehr große Chance, den Auftrag zu bekommen."

Wovon hängt der Erfolg eines Redners ab, der sein Gegenüber mit Argumenten überzeugen will?

- Davon, wieweit das Neue mit den bisherigen Ansichten des Gesprächspartners oder des Publikums übereinstimmt.
- Von der Sachkompetenz des Redners.
- Von seiner Beliebtheit, Glaubwürdigkeit, Unabhängigkeit.
- Von seiner sozialen Stellung, seinem Prestige, seiner persönlichen Attraktivität und Autorität.
- Wieweit Gefühle angesprochen werden.
- Von der Vortrags- und Sprechart.
- Von Kontaktfreudigkeit und Wärme des Sprechers.
- Von Selbstsicherheit und Selbstwertgefühl des Referenten und der Zuhörer.
- Von der Bedeutung des Themas für die Zuhörer.
- Wieweit etwas anerkannten/bewährten Werten entspricht.
- Von Preis oder Mühe eventueller Konsequenzen.
- Davon, in wieweit sich die Zuhörer Vorteile versprechen.

So erhält man leicht Zustimmung – aber auch mit den richtigen Mitteln?

Es gibt viele Möglichkeiten, die Zustimmung eines Publikums zu erhalten. So bekommt Zustimmung, wer dem Publikum nach dem Mund spricht oder ihm seine Bedürfnisse oder Interessen aufzeigt beziehungsweise die Fehler anderer (Gegner) vor Augen führt. Auch wer im Namen des Publikums Forderungen stellt oder Ansprüche anmeldet („Steht uns Hauseigentümern nicht endlich eine steuerliche Entlastung zu?"), kann mit aktiver Zustimmung rechnen. Auch Gefühle schüren („Wer sichert Ihre Renten im Alter? Müßten wir dazu nicht ... ?") führt oftmals zum Ziel. Wer sich auf sozial hochstehende Personen oder Institutionen beruft („Hat nicht gerade auch unser Bundespräsident vorgeschlagen, daß ... ?"), kann ebenfalls mit Beifall rechnen. Nicht zuletzt kann man Zustimmung gewinnen, indem man die Vorurteile der Zuhörerinnen und Zuhörer verstärkt, sie in ihrer Ansicht bestärkt und sie verbal gegen wirkliche oder auch nur angebliche Angriffe in Schutz nimmt. Allerdings sind aus diesem Strauß der Möglichkeiten nicht alle zur fairen Kommunikation zu zählen, mit manchen begibt man sich in den Bereich der Demagogie. Wer Zustimmung erhalten will, muß begeistern und motivieren, weil er selbst begeistert und motiviert ist.

Aktiv zuhören

Wer gut reden will, muß auch zuhören können. Wer aktiv zuhören kann, erfährt viel Wesentliches und ist ein begehrter Gesprächspartner. Das klingt selbstverständlich, aber auch zuhören will gelernt sein.

Daß gutes Zuhören sehr viel mit Sprechen zu tun hat, hat der griechisch-römische Philosoph Epiktet (55–135 n. Chr.) vielleicht gemeint mit seiner Aussage: „Der Mensch hat zwei Ohren und nur eine Zunge, damit er doppelt soviel hören kann, wie er spricht." Nicht jede Rednerin oder jeder Redner wird Sie gleichermaßen fesseln können. Hängt der Grad des Zuhörens jedoch nur von den Fähigkeiten des Sprechenden ab? Können Sie als Zuhörerin oder Zuhörer nichts dazu beitragen?

Bis zum Ende zuhören zu können ist eine Kunst

Zahlreiche Erkenntnisse über das Zuhören, wie die, daß wir Menschen zu vorschnellem Urteilen neigen, weil wir nicht richtig oder nicht zu Ende zuhören, gehen auf den amerikanischen Psychotherapeuten Carl R. Rogers zurück. Ihm verdanken wir das weiter unten dargestellte Modell und zahlreiche Techniken, die „Unart des schlechten Zuhörens" zu vermeiden. Nachvollziehendes Zuhören, ohne gleich zu werten, ist das Portal für Verständnis. Das heißt, eine Aussage einmal aus der Sicht des Sprechers anzusehen und sich zu überlegen, wie er die Aussage wohl gemeint hat. In welchem Rahmen steht sie? Wie kommt er zu dieser Aussage? Empathie nennt man die Fähigkeit, sich in andere hineinzuversetzen. Das klingt einfach. Wollen Sie ein Experiment wagen? Beim nächsten angeregten Gespräch am Stammtisch, im Geschäft oder unter Freunden schlagen Sie vor, daß künftig keiner seine Meinung äußert, bevor er nicht die Aussage des Vorredners wiederholt hat. Sie werden merken, daß Sie sich und ihren Gesprächspartnern eine der schwierigsten Aufgaben aufgebürdet haben. Für zahlreiche Menschen scheint es sogar unmöglich zu sein, sich an diese Vorgabe im Gespräch zu halten. Aber das

Funktionieren dieses kleinen Experimentes würde belegen, daß echte Kommunikation und menschliche Anteilnahme möglich wäre. Anteilnahme heißt dabei nicht, daß Sie mit der Meinung des Sprechers übereinstimmen müssen. Es heißt nur, daß Sie seine Ansicht genau verstanden haben und seinen Standpunkt daher wiedergeben können. Aber damit wären wir der Lösungsfindung oftmals einen entscheidenden Schritt näher.

Viele Faktoren tragen dazu bei, ob Sie zuhören oder nicht

Der Grad Ihrer Zuhörbereitschaft hängt von zahlreichen Faktoren ab. Wenn Sie sich dem Referenten verpflichtet fühlen, beispielsweise weil es Ihr Bruder oder Ihr Chef ist, werden Sie bestimmt aktiver zuhören als bei fremden Personen. Je mehr Interesse Sie der Sprecherin oder dem Sprecher als Person entgegenbringen, desto interessierter dürften Sie wohl ebenfalls sein. Auch wenn Sie dem Veranstalter gegenüber verpflichtet sind, beeinflußt dies die Zuhörbereitschaft positiv, genauso, wenn Sie am Thema interessiert sind und neue Erkenntnisse gewinnen möchten. Erinnern Sie sich nur an Ihre Schulzeit zurück. Die spannenden Themen haben Sie im Flug gelernt – langweilige Themen wollten und wollten Ihnen nicht in den Kopf, weil Sie dafür kein Interesse hatten. Sie waren nicht motiviert. Motivation, die einen Nutzen in Aussicht stellt, ist immer ein besseres Mittel, um Aufmerksamkeit zu erhalten, als die Drohung mit Nachteilen.

Zusätzlich beeinflußt es Ihr Zuhörverhalten, wenn Sie am Schluß einen aktiven Diskussionsbeitrag leisten wollen oder selbst zu der Thematik Stellung beziehen müssen.

Der ganze Vorgang des Zuhörens wickelt sich in vier aufeinanderfolgenden Schritten ab. Es sind die folgenden Phasen:

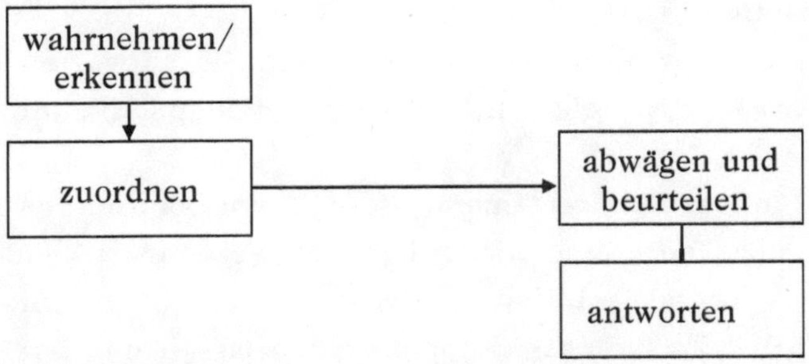

Zu den einzelnen Phasen des Zuhörens im Detail:

Wahrnehmen/erkennen

Akustisches Aufnehmen ist die Grundlage für das Verstehen

Zuerst muß das Gesagte akustisch verstanden werden. Störquellen wie Lärm, nuschelnde Aussprache des Sprechers oder die eigene Müdigkeit muß der Zuhörer überwinden, damit er die Aussagen des Sprechers aufnehmen kann.
Das bedeutet: Fragen Sie nach, wenn Sie etwas (akustisch) nicht verstanden haben. Konzentrieren Sie sich auf die Sprecherin oder den Sprecher und deren Aussagen, unterbrechen Sie nicht unnötig, und ermutigen Sie die sprechende Person durch Signale Ihrer Aufmerksamkeit wie Blickkontakt und Körperhaltung zum Weitersprechen.

Zuordnen

In dieser Phase sollten Sie sich fragen, wie wohl die Aussage gemeint ist. Stellen Sie das Gesagte, wenn möglich, in einen Zusammenhang mit anderen Aussagen des Redners und mit dem, was Sie über sein Wertesystem wissen. Indem Sie das tun, bemühen Sie sich um den Sinn der Aussage, nicht, wie er sich Ihnen darstellt, sondern wie ihn der Sprecher verstanden hat und verstanden wissen wollte. Sie versuchen, frei von Ihren Werten die Aussage zuzuordnen.

Abwägen und beurteilen

Als nächster Schritt wird die zunächst wertfrei aufgenommene und zugeordnete Nachricht abgewogen, bewertet und beurteilt. Sie überlegen sich Ihre Stellungnahme. Wie möchten Sie reagieren?

Antworten

Jetzt können Sie reagieren, das heißt, Sie antworten. Sie äußern Ihre Ansicht – Ihre Zustimmung oder Ablehnung.

„Geduldiges Zuhören“ meint, Respekt vor der anderen Person zu zeigen. Gerade in der heute teilweise unerträglichen Hektik können wir ein effizientes Gespräch nur führen, wenn wir Gesprächspartner ausreden lassen und uns um echtes Verständnis bemühen: Wiederholungen und Mißverständnisse können so vermieden werden.

Übung: Aktives Zuhören (Pingpong)

Mit dieser Übung, trainiert in der Familie, bei Freunden oder in einer speziellen Lerngruppe, können Sie ein wertfreies Zuhören schulen. Zudem vergrößert sie den Wortschatz und Ihr Formulierungsvermögen. Und sie hilft, voreiliges Reagieren in den Griff zu bekommen, indem man vor der eigenen Reaktion dem Partner gut zuhört und das Gehörte sorgfältig abwägt.

Thema: Frei wählbar (möglichst kontrovers mit gegensätzlicher Rollenverteilung)

Vorgehen:

1) Jemand beginnt mit einer kurzen Aussage zum gewählten Thema.
2) Der Partner hört zu, fängt mit einer Quittung an (siehe Seite 53 ff.) und wiederholt die Aussage sinngemäß. Dazu sind möglichst eigene Wörter zu wählen.
3) Der erste Sprecher bestätigt mit „korrekt", wenn die wiederholte Aussage stimmt, oder verlangt eine Wiederholung, wenn sie unpräzis oder gar falsch ist.
4) Gegebenenfalls muß die Wiederholung ergänzt werden, bis der erste Sprecher einverstanden ist.
5) Jetzt werden die Rollen vertauscht, und der ehemalige Zuhörer setzt als Sprecher seine eigene Aussage entgegen. Anschließend geht es bei Punkt 2 weiter.

Hinweis: Besonders wertvoll ist diese Übung, wenn Sie sie mit einem Tonband festhalten können, um nachher den Gesprächsverlauf zu überprüfen.

Übung: Zuhören und reagieren

Mit der folgenden Übung können Sie das aktive Zuhören schulen und verbessern:
Vier bis acht Personen sitzen in einem Kreis. Jemand beginnt, eine Geschichte zu erzählen und stoppt nach rund einer Minute plötzlich. Der Partner rechts muß die begonnene Geschichte nahtlos weiterführen. Dann stoppt er ebenfalls und sein Nachbar erzählt weiter. Die Geschichte kann so über mehrere Runden weiterentwickelt werden.

Goldene Regeln der erfolgreichen Rede

Nachdem wir uns im vorangegangenen Kapitel mit den Grundlagen des Sprechens beschäftigt haben, sollen jetzt die Voraussetzungen für erfolgreiche Reden im Zentrum stehen.

Beschränken auf Wesentliches

Kein Publikum dankt Ihnen zeitliche oder inhaltliche Überforderung

„Lieber über wenig viel, als über viel wenig berichten." Diese Regel heißt, daß wir uns auf das Nötige konzentrieren und alles Unnötige daher unbarmherzig weglassen. Martin Luther meinte einst: „Tritt frisch auf, mach's Maul auf, hör bald auf!" Sprechen auch Sie nur so lange, wie Sie etwas zu sagen haben. Konzentrieren Sie sich auf Wesentliches. Brillanz können Sie durch die Folgerichtigkeit der Gedankengänge und durch treffende Argumente beweisen, nicht aber durch Zurschaustellung Ihres gesamten Wissens. Damit wäre auch Ihr Publikum überfordert, denn es braucht Zeit, neuen Gedankengängen zu folgen und sie zu verdauen.

Wer glaubt, kurze Reden seien schnell vorbereitet, irrt. Gerade in der Beschränkung auf das Wesentliche liegt ein großer Aufwand. Winston Churchill sagte: „Wenn ich nur zehn Minuten sprechen darf, so brauche ich eine Woche zur Vorbereitung. Steht mir eine Stunde zur Verfügung, so brauche ich zwei Tage. Habe ich aber unbegrenzt Redezeit, so kann ich sofort mit Sprechen beginnen.“

Ungenügend vorbereitet kann eine Rede schnell entgleisen

Eine Rede ohne Vorbereitung endet oft fatal. Da kommt Ihnen plötzlich während des Sprechens ein weiterer Gedanke in den Sinn – und noch ein Nebengedanke und noch einer. So dauert die Rede nicht nur sehr lange, sondern sie ist oft substanzlos. Das Wichtige geht im Nebensächlichen unter, eine Gliederung ist nicht erkennbar, der Redner manövriert sich mit immer neuen spontanen Einfällen, die zum Thema passen oder nicht, immer mehr in eine Sackgasse. Solche Sackgassen werden oft eingeleitet mit:

- „Das ist ja wie ...“
- „Da fällt mir gerade noch ein ...“
- „Wir hatten auch einmal/ich war auch einmal ...“
- „Da kommt mir noch in den Sinn ...“
- „Es gibt noch andere Beispiele. Ich erinnere mich ...“

Manchmal merkt ein Redner selbst, daß er sich zu verzetteln beginnt. Eine Rückkehr aus der Sackgasse ist dann beispielsweise mit folgenden Aussagen möglich:

- „Aber weitere Beispiele sind wohl nicht nötig ...“
- „Ich glaube, diese Beispiele haben deutlich gezeigt, daß ...“
- „Aber ich brauche nicht weiter in Details zu gehen ...“

Eine Rede ist keine Schreibe

Die geschriebene Sprache neigt zu komplizierten Satzkonstruktionen, zu unzähligen Nebensätzen und zu ausführlichen Erläuterungen. Daher kommt der an sich trivialen Weisheit, daß eine Rede keine Schreibe sein sollte, noch immer große Bedeutung zu. Wer sein mühsam notiertes und ausformuliertes Manuskript zum Rednerpult schleppt

Abgelesene Reden ermüden schnell das Publikum

und vorträgt, darf sich nicht wundern, wenn die Zuhörerinnen und Zuhörer nicht folgen können. Die gesprochene Sprache ist eine andere als die geschriebene Sprache. Und wirklich nur ganz wenige Menschen können die mündliche Sprache optimal aufschreiben. Wörtlich ausformulierte Vorträge sind somit nicht nur in der Vorbereitung sehr aufwendig, sondern ermüden die Zuhörerinnen und Zuhörer beim Halten ungemein. Ein emotionales Feuer springt bei auswendig gelernten oder abgelesenen Vorträgen selten über.
„Man muß die Gesichter der Zuhörer beobachtet haben, wenn ein vermeintlicher Redner das Podium besteigt und zunächst ein schweres Manuskript auf das Pult legt. Man darf sicher sein, daß die Mehrheit der Zuhörer nicht auf die Rede hört, sondern betrübt verfolgt, wie langsam sich das Verhältnis der vorgelesenen zu den noch nicht vorgelesenen Manuskriptblättern wandelt." (Emil Dovifat, Begründer der Publizistik)
Arbeiten Sie, statt mit fertig ausformulierten Manuskripten, lieber mit Stichwortkarten. Auf diese Weise wird nicht jede Formulierung gleich gelungen sein, aber Ihre Redeweise wirkt lebendig und verständlich. Lediglich Anfang und Schluß einer Rede sowie Zitate können auf Stichwortkarten wörtlich ausformuliert sein. Mit jeder Übung wird Ihnen dann das lebendige Formulieren leichter und leichter fallen, und Sie werden merken, wie die anfängliche Distanz zwischen den Zuhörern und Ihnen immer kleiner wird.
Nur in äußerst seltenen Fällen ist ein wörtliches Manuskript nötig. Denkbare Beispiele: Antrittsrede eines Staatspräsidenten, Pressecommuniqué einer Firma oder Partei, Verteidigungsrede vor Gericht.

Humor und Schlagfertigkeit

Humor entspannt kritische Situationen und läßt hinter der Sache, um die es geht, den Menschen spürbar werden. Nahezu jede Rede verträgt Humor und wird dadurch lebendiger. Außerdem bietet das kurze Lachen dem Publikum

einen Augenblick der Entspannung, bevor es wieder konzentriert der Ansprache folgen muß.
Eine positive Lebenseinstellung ist neben Schlagfertigkeit und Kontrastsinn Basis für eine humorvolle Sprache. Ein Mensch, der Humor hat, wird auch über sich selbst herzlich lachen und damit viele Sympathien wecken. Bei seinem Publikum wird ein humorvoller Redner besser ankommen, als ein tiefernster. Man wird sich bei Ihnen wohlfühlen.
Eine Rede mit Humor zu würzen, heißt allerdings eines nicht, nämlich Witze zu erzählen! Überlassen Sie das der Stammtischrunde! Rednerinnen und Redner gewinnen damit kein Profil.
Schlagfertigkeit ist trainierbar. Der große Staatsmann Winston Churchill soll einmal von dem Dramatiker Georges Bernard Shaw zwei Karten für die Uraufführung eines seiner Stücke erhalten haben mit einer Notiz, in der stand: „Die eine ist für Sie, die andere für einen Freund – sofern Sie einen haben." Churchill war verhindert und bat Shaw um Karten für die nächste Vorstellung – „sofern es eine gibt". Wer so den Gegner mit den eigenen Waffen schlagen kann, ist an Schlagfertigkeit kaum zu überbieten.

Menschliche Wärme

„Der Verstand ist der Diener des Gefühls." Wir Menschen handeln oft nach unserem Gefühl, „aus dem Bauch heraus". Gefühle machen menschlich, und wer menschlich wirkt, wirkt auch als Persönlichkeit. Wer Gefühle zeigen und ausleben kann, bereichert sein Leben. Eine solche Persönlichkeit wird auch als Redner überzeugen. Denn häufig ist es entscheidender, wie Sie etwas sagen, als was genau Sie sagen. Zeigen Sie daher je nach Redeanlaß in angemessener Form Begeisterung, Ärger oder Hoffnung.

Ein Redner ist kein Automat, er hat Gefühle und darf sie zeigen

Zeigen Sie den Leuten, wie Sie emotional zu einer Sache stehen. Denn auch das will ein Zuhörer wissen und nicht nur die Fakten. Legen Sie – wo es hinpaßt – Gefühl in Ihre Aussagen. Ein Liebesgedicht wird anders gesprochen als eine militärische Befehlsausgabe. Zur Übung können Sie verschiedene Textarten, wie beispielsweise ein Liebesgedicht, die Antrittsrede des neuen Bürgermeisters oder einen Informationsvortrag mit einem Tonbandgerät aufnehmen. Hören Sie die Texte kritisch ab. Wird aufgrund der Stimmung ersichtlich, was Sie als Sprecherinnen oder Sprecher sagen wollten? Oder wirkt der ganze Text langweilig und monoton?

Nutzen stiften

Der Zuhörer will von einer Rede profitieren

In den westlichen Industriegesellschaften ist der Nützlichkeitsgedanke stark ausgebildet. Wir sind alle Egoisten – oder Individualisten, höflicher ausgedrückt. Wir bewegen uns nur, wenn es uns etwas nützt. Wir kaufen einen Gegenstand, wenn er uns Nutzen verspricht. Wir handeln, wenn es unsere Bedürfnisse befriedigt.

Diese Nutzenüberlegungen sollten in der Argumentation einer Rede nicht fehlen. Selbstverständlich ist zum Beispiel in einem Verkaufsgespräch – aber nicht nur da – der Nutzen des Partners gemeint. Welche Informationen gewinnt er aus meinen Aussagen? Wofür kann er die Informationen brauchen? Es muß sich für die Zuhörer lohnen, Ihnen zuzuhören. Die Zeit soll für sie gut investierte Zeit sein. Und sei es auch nur deshalb, weil Sie ein guter Unterhalter sind. Bei allen Ausführungen sollte sich der Redner daher über die Interessenlage und Erwartungshaltung seiner Zuhörerinnen und Zuhörer im klaren sein. Er muß sie kennen, um sie mit seiner Rede zu treffen oder – auch diese Möglichkeit gibt es – um die Erwartungen seines Publikums bewußt zu enttäuschen.

Zielbewußtes Reden

Denken Sie immer an Ihr Redeziel. Ihm wird alles andere untergeordnet. Verfolgen Sie es beharrlich, aber nicht stur.

Das bedingt eine geschmeidige Anpassung, und es fordert viel Flexibilität sowie Überblick. Ihr Ziel muß, damit es erreichbar ist, realistisch gesetzt sein. Soweit möglich, sollte es auch überprüfbar sein.
Wer sein Ziel aus den Augen verliert, braucht sich nicht zu wundern, wenn er es nicht mehr erreicht – selbst wenn er seine Anstrengungen verdoppelt!
Aus dem Ziel ergibt sich die Handlungsaufforderung gegen Ende des Vortrages. Hier stellen Sie nochmals eindeutig und unmißverständlich fest, was das Resultat Ihrer Ansprache ist, was nun zu tun oder zu unterlassen sei. Sie möchten doch nicht zu jenen Rednern gehören, bei denen man selbst nach einer Stunde noch nicht weiß, worauf sie hinaus wollen.

Angemessene Sprache

Nicht immer verstehen Sender und Empfänger dasselbe unter den gebrauchten Wörtern. Die gemeinsame Sprache ist manchmal schwierig zu finden. Doch nur in diesem Bereich des Gemeinsamen ist echtes Verstehen möglich (siehe auch im Kapitel „Grundlegendes zur Kommunikation“, Seite 44 ff.). Gesagtes, das nicht in diesem Bereich liegt, geht am Zuhörer vorbei.
Der Redner ist dafür verantwortlich, daß er für das Publikum die richtige Sprache wählt. Vor einer Bauernversammlung eine Rede zu halten verlangt eine andere Sprache als vor dem Verwaltungsratsgremium einer Handelsbank. Und vor dem örtlichen Frauenverein sprechen Sie ebenfalls anders als im Tennisclub. Vergewissern Sie sich daher, welche Sprachebene Sie wählen müssen und ob Sie ihrer überhaupt mächtig sind.

Es gibt viele Arten von Zuhörern – der Redner sollte die seinen kennen

Wählen Sie Fach- und Fremdwörter sehr sorgfältig aus und setzen Sie diese nur dort ein, wo sie nötig und verständlich sind.

Die WIR-Form

Treten Sie nicht belehrend und moralisierend auf, das will heute niemand mehr hören, sondern schließen Sie sich in die Aussagen ein. Insbesondere wenn Sie unangenehme Wahrheiten zu verkünden haben, sollten Sie sich nicht ausschließen.

Sie erreichen damit, daß sich die Zuhörerinnen und Zuhörer als zusammengehörend empfinden und leichter mit dem Gesagten identifizieren. Man spricht auch vom WIR-Gefühl, das aufkommt, einer Art kollektiver Identität, einer Gemeinschaft. Besonders in Konfliktsituationen entschärft die WIR-Formulierung im Gegensatz zur dominanten und belehrend wirkenden ICH-Formulierung, die Situation gewaltig. Durch die rhetorische Frage kann die Wirkung nochmals gesteigert werden. Die rhetorische Frage ist ja formal in einen Fragesatz gekleidet, erwartet aber keine spezielle Beantwortung.

Der Redner steht nicht außerhalb – deshalb das WIR

Die folgenden Beispiele verdeutlichen dies:

- „Wir müssen den Gürtel enger schnallen."
- „Wir produzieren zuviel Abfall."
- „Wir essen wohl alle über die Festtage zuviel."

Statt der Formulierung: „Sie alle machen Fehler", bei der der Sprecher sich ausschließt, ist „Wir alle machen Fehler", bei der sich der Sprecher einschließt, vorzuziehen. Am besten wäre die Formulierung: „Machen wir nicht alle Fehler?" Der Sprecher ist in dieser rhetorischen Frage ebenfalls eingeschlossen.

Lebendige und anschauliche Sprache

Verwenden Sie eine lebendige, anschauliche Sprache, die mit Verben statt Substantiven auskommt. Aktive Formulierungen sind besser als passive Satzkonstruktionen (vergleiche hierzu das Kapitel „Flüssiger Stil", Seite 31 ff.). Abstrakte Gedankenmodelle müssen konkretisiert an Beispie-

len erläutert werden. Einzelheiten und Einzelschicksale bewegen und laden zur Identifikation ein. Solcherart ausgeschmückte Bilder gehen unter die Haut und bilden Meinungen. Lesen Sie eine Boulevardzeitung, und Sie sehen, wie eine lebendige und anschauliche Sprache publikumswirksam umgesetzt wird.
Erzählen Sie – statt einfach Fakten aufzulisten. „Frierend harrten wir 5 Stunden im Dunkeln aus" ist besser als „Wir warteten". Auch „Im Gehege trottete ein mächtiger, alter Elefantenbulle ..." klingt spannender als „Dort ging ein Elefant ...". Die Schlagzeile „Ganz Luzern weint um die älteste Holzbrücke Europas" bringt mehr Beachtung als die emotionslose Formulierung „Eine Holzbrücke brannte ab".

Redefiguren – pfiffige Darstellungsmittel

Jeder Mensch benutzt Redefiguren – aber nicht jeder weiß es

Hervorragende Gestaltungsmittel jeder Ansprache sind die sogenannten Redefiguren. Sie helfen, den Inhalt anschaulicher zu machen, da sie verdeutlichen und Spannung erzeugen. Früher wurden diese Formen vor allem aus ästhetischen Gründen kultiviert und bis zur Perfektion gebracht. Man verstand sie als Schmuckelemente einer Rede. Wer diese Redefiguren kennt und anwendet, kann auch heute noch seine Wirkung stark verbessern. Wir alle beherrschen solche Stilmittel – auch wenn uns das bisher gar nicht bewußt war und wir ihre Namen nicht gekannt haben. Achten Sie künftig einmal bei anderen Sprechern oder auch bei sich selbst auf den Gebrauch von Redefiguren. Wir verwenden diese Formen tatsächlich häufig in der Umgangssprache, wie die nachfolgenden Beispiele zeigen. In Klammern steht immer der deutsche und oft auch der lateinische Name der jeweiligen Redefigur.

„Tja, Südengland. Während meiner Ferien habe ich doch hier immer ..."
(Abschweifung/Exkurs)

„Unserem Fußballclub geht es wie mir, er ist sehr schnell mit dem Geldzählen fertig."
(Andeutung, Anspielung)

„Da war doch mal ein Bauer, der meinte, seine Kuh fresse aus lauter Gewohnheit. Diese Gewohnheit wollte er ihr abgewöhnen. Er setzte sie daher jeden Tag auf eine kleinere Freßration – und gerade als er bei Null angelangt war, verstarb sie."
(Anekdote)

„Die ersten werden die letzten sein."
(Antithese, Paradoxon)

„Sie kennen meine Frau. Da wissen Sie selber, wie sie darüber denkt ..."
(Auslassung, Ellipse)

Redefiguren sind Teil der Alltagssprache

„Das sind ja Wucherzinsen!"
(Ausruf, Exclamatio)

„Sehen Sie, das ist genauso wie bei den Tieren. Jedes Säugetier sucht Artgenossen."
(Ähnlichkeit, Analogie)

„Lassen Sie mich das konkretisieren. Wenn ..."
(Beispiel)

„Herr Grendelmeier ist ein schlauer Fuchs."
(Bild, Metapher)

„Dazu kommt mir die folgende Geschichte in den Sinn. Da war doch unlängst ..."
(Erzählung, Narration)

„In Tschernobyl hat sich ein Vorfall ereignet." Diese Formulierung schwächt ab, gegenüber „Katastrophe" oder „Unfall."
(Euphemismus, Schönrednerei, Verharmlosung)

„Es stimmt, daß dieses Gerät teurer ist. Aber ich empfehle es Ihnen, weil es die dreifache Lebensdauer eines der anderen Apparate hat."
(Gegensatz, Antithese)

„Kennen Sie die lustige Begebenheit vom Kirchturm? Da hat einmal ... "
(Humor)

„Geld, nein das würde ich nicht aufheben, wenn ich es auf der Straße finden würde."
(Ironie, Verdrehung)

„Probleme mit dem Rücken kommen oft von schlechtem Sitzen. Schlechtes Sitzen ist oft auf die falschen Sitzmöbel zurückzuführen. Die führen zu einer Deformierung der Rükkenwirbel, und eine kaputte Wirbelsäule verursacht dann Schmerzen."
(Kette)

„Die Bäume ächzten und barsten krachend im Sturm."
(Lautmalerei, Onomatopöie)

„Norwegen hat beim Langlauf Gold gewonnen" (statt: „Die norwegische Nationalmannschaft der Herren hat die Goldmedaille im Langlauf gewonnen.")
(Mitverstehen, Synekdoche)

„Ich kam, sah und siegte!" sagte Julius Caesar.
(Raffung, Asyndeton)

„Wer kann sich das heute noch leisten?"
(Rhetorische Frage)

„Als Lehrer habe ich Ihnen das Buch nicht gegeben, damit Sie es unter das Kopfkissen legen. Ich habe es Ihnen gegeben, damit Sie es lesen und studieren."
(Richtigstellung)

Durch geschickte Wendungen weckt man das Interesse

„Beim Autofahren gilt: Wer langsam fährt, kommt schnell ans Ziel."
(Scheinwiderspruch, Paradoxon)

„Wir haben unsere Preispolitik dynamisch gestaltet (statt ... die Preise erhöht)."
(Schönfärbung, Euphemismus)

„Sie wissen nicht, wo das Krankenhaus Bürgerheim ist? Sie sind mir ein Taxifahrer."
(Spott, Sarkasmus)

„Der Krug geht so lange zum Brunnen, bis er bricht."
(Sprichwort)

„Unsere Pralinen sind nicht einfach aus irgendeiner Schokolade gemacht, nur die allerbesten Zutaten wurden dafür verwendet."
(Steigerung, Klimax)

„Der Nord-Süd-Dialog könnte besser sein."
(Umschreibung, Periphrase)

„Wir fanden es auf der Bergspitze nicht so kalt. Es waren ja auch lediglich −2 Grad Celsius und ein ganz angenehmer Wind."
(Untertreibung)

„Ein feineres Essen werden Sie im Leben nicht mehr bekommen."
(Übertreibung, Hyperbel)

„Sehen Sie, das ist beim Staat genauso wie bei Privatleuten;

man kann einfach nicht mehr Geld ausgeben, als man im Portemonnaie hat."
(Vergleich)

„Loben Sie doch Ihren Computer auch einmal, wenn er gut gearbeitet hat!"
(Vermenschlichung, Anthropomorphismus, Personifizierung)

Die Sprache wird abwechslungsreicher und lebendiger

„Sie werden sich fragen, warum ich bisher dieses Thema noch nie angeschnitten habe. Ich will es Ihnen erzählen. Doch zuvor sage ich Ihnen, wie es dazu kam."
(Verzögerung)

„Meine Gegner behaupten immer wieder, daß so etwas in dieser Zeit nicht möglich wäre. Hat aber nicht gerade das Projekt Spidi gezeigt, daß man solch eine Aufgabe innerhalb von 3 Monaten durchziehen kann?"
(Vorwegnahme von Einwänden, Prokatalepse)

„Ich habe Hunger und werde wohl hungrig bleiben müssen, wenn Sie mir nicht bald etwas gegen das nagende Hungergefühl servieren."
(Wiederholung, Repetition)

„Er war ein typischer Pfarrer, seriös, gradlinig, ethisch denkend und sozial."
(Worterläuterung, Diäresis)

„Lieber Konsens statt Nonsens!"
(Wortspiel)

„Unser Chef sagte anläßlich des Weihnachtsessens: „ ... "
(Wörtliche Rede)

„Dumme Gedanken hat jeder, aber der Weise verschweigt sie."
(Wilhelm Busch, deutscher Zeichner und Dichter; Zitat)

Körpersprache

Nachdem wir uns bislang weitgehend auf die sprachlichen Aspekte der Kommunikation konzentriert haben, ist das folgende Kapitel einem anderen – aber nicht weniger wichtigen – Gebiet gewidmet, der Sprache unseres Körpers. Eine Rednerin oder ein Redner wirken neben der gesprochenen Sprache durch eine Vielzahl weiterer Faktoren. Zusammengenommen ergibt dies folgende Darstellung:

Sprache (verbal)	Wörter
Stimmausdruck (paraverbal)	Laute
Körpersprache (nonverbal)	Blickkontakt Mimik Gestik Haltung Habitus Kleider

Es ist immer der ganze Mensch am Kommunikationsprozeß beteiligt. Neben der Sprache vermittelt der Körper eine Vielzahl von Signalen durch Kleider, Habitus, Haltung, Gestik, Mimik oder Blickkontakt.
Die Körpersprache, bedeutend älter als die gesprochene Sprache und die älteste Ausdrucksform der Menschheit, ist uns heute fast zu einer Fremdsprache geworden, deren Signale wir nicht mehr verstehen.
Dennoch sprechen wir permanent mit dem Körper und sind dabei sehr wirkungsvoll. Wissenschaftler der Kinesik (Körpersprache) sind der Ansicht, daß in einem Gespräch rund die Hälfte oder noch mehr der Informationen über Körpersignale aufgenommen werden. Denken Sie nur an ein Pantomimenstück, einen Stummfilm oder an Ihre erste große Liebe. Wären Wörter damals nicht störend gewesen? Für uns ergibt sich daraus die Erkenntnis, daß ein Redner nicht nur Zuhörer hat, sondern in hohem Maß auch Zuschauer. Sowohl die nichtsprachliche wie auch die sprachliche Kom-

munikation verläuft auf vier Ebenen (siehe das Kapitel „Die vier Sprachebenen“, Seite 50 ff.).

Gestik und Mimik begleiten das Sprechen und werden registriert

Wissenschaftliche Untersuchungen, vor allem aus dem Bereich der Pädagogik, lassen die Vermutung zu, daß die Art der jeweiligen Gesten oder Bewegungen vielleicht gar nicht so wichtig ist, sondern daß es darauf ankommt, daß überhaupt angemessene, glaubwürdige Bewegungen das Reden begleiten. Die Gestik trägt wahrscheinlich dazu bei, daß der Sprecher lebendiger und intensiver wahrgenommen wird. Positive Impulse auf den Lernerfolg von Schülern aufgrund von Gesten und Bewegungen des Lehrenden konnten mehrfach nachgewiesen werden.

Es gibt also genügend Gründe, sich intensiver mit der nonverbalen Sprache zu befassen, mit ihren Bestandteilen und damit, wie wir sie erkennen, verbessern und durch sie wirken können. Dabei scheint es weniger wichtig zu sein, genaue Klassierungen vorzunehmen und Einzelmerkmale zu analysieren, sondern eher den Gesamteindruck wirken zu lassen, der mehr als die Summe der Einzelfaktoren ist.

Wer schon in Ländern mit einer anderen kulturellen Tradition gereist ist, weiß, daß bestimmte Gesten in diesen Kulturen andere Bedeutungen haben als bei uns. So gilt es im Osten als außerordentlich unhöflich, mit dem Finger auf eine andere Person zu zeigen. Auch zum Heranwinken eines Kellners im Restaurant wird in diesen Regionen besser nicht ein oder mehrere Finger genommen, sondern die ganze Hand. An anderen Orten, beispielsweise in Honduras oder den Philippinen, gibt man einen gut hörbaren Zischlaut von sich, wenn man die Bedienung in einer Gaststätte wünscht. In Brasilien macht man mit dem Hochziehen der Augenbrauen oder einem leichten Zupfen am Ärmel des Kellners auf sich aufmerksam.

Die Zeichensprache ist weltweit nicht eindeutig. Wir schütteln den Kopf, wenn wir etwas verneinen – in Indien wird damit bejaht. Die Zahl Zwei würden wir durch Aufklappen von Daumen und Zeigefinger der einen Hand darstellen. Die Japaner drücken sich durch Herunterklappen der Finger aus – beginnend beim kleinen Finger. Somit wird die

Zahl Zwei in Japan durch den heruntergeklappten kleinen Finger und den Ringfinger ausgedrückt, Mittelfinger, Zeigefinger und Daumen bleiben aufgerichtet.
Körpersprachliches hat auch in die Wortsprache Eingang gefunden. „Einen dicken Hals bekommen" oder „rot werden" sind Beispiele dafür. Daß zwischen „Hand" und „handeln" ein Zusammenhang besteht, „liegt auf der Hand". Auch bei „begreifen" muß man kaum lange studieren, und einen „Standpunkt verlassen" kann sehr klar auch körpersprachlich gesehen werden. Das Englische hat mit „somebody" und „nobody" zwei schöne körpersprachliche Begriffe (some = irgendein, no = (hier) kein; body = Körper).
Wir strahlen mit unserem Körper dauernd – bewußt und unbewußt – Signale aus. Darauf erhalten wir Antworten, Reaktionen auf Fragen, von denen wir vielleicht nicht wußten, daß wir sie überhaupt gestellt haben. Denn unsere Mitmenschen reagieren auf uns –, so wie wir auf sie wirken und wie sie uns – wiederum bewußt oder unbewußt – verstehen.
Situationslosgelöste, ständig wiederkehrende Gesten bezeichnet man als Marotten. Sie werden unbewußt ausgeführt und werden vom Handelnden selbst nicht mehr wahrgenommen. Dieses permanente Zurechtrücken der Brille, das Reiben der Nase oder des Ohrs, das Räuspern oder das Lecken der Lippen kann dem Zuschauer mit der Zeit ganz gehörig auf die Nerven gehen. Solche Marotten irritieren und lenken ab. Daher sollte man sie sich abgewöhnen – gegebenenfalls mit Unterstützung durch einen Dritten, der immer wieder darauf hinweist.

Unbewußte, aber ständig wiederholte Gesten entnerven die Zuschauer

Gegenstände, die zum Spielen verleiten, sind möglichst aus dem Griffbereich des Redners zu verbannen. Damit wird beispielsweise das ewige Drücken des Kugelschreibers unmöglich gemacht.
Durch Videokontrolle können Sie sich selbst solche körpersprachlichen Marotten abgewöhnen.

Der Körper lügt nicht

Auch in der Psychologie kommt der Auswertung der Körpersprache Bedeutung zu. Die alte Weisheit, wonach der Körper nicht lügt, scheint neu entdeckt zu werden. So geht zum Beispiel ein von Leopold Szondi entwickelter Bildertest davon aus, daß bestimmte Krankheiten im Gesicht eines Menschen (unbewußt) erkennbar seien und daß die Versuchsperson, die die Fotos nach Sympathie und Antipathie zu wählen hat, sich davon beeinflussen läßt. Sprache kann eher verstellt werden als die Handschrift, diese besser als die Haltung und die Haltung eher als die Schädelform. Daher erzielte die Wissenschaft der Körperausdruckskunde (Psychophysiognomie) bedeutende Erfolge.
Kinesik, die durch den Anthropologen R. L. Birdswhistell begründete Disziplin, versucht die Körpersprache zu erkennen und zu deuten.
Wer sich mit dieser Thematik intensiv beschäftigen will, findet Einführungen in der entsprechenden Fachliteratur. Aber auch bereits das Fernsehen bietet Anschauungsunterricht, wenn man den Ton wegläßt. Häufig bringt eine Selbstanalyse bereits mit geringem Aufwand gute Resultate. Einerseits wird die Zahl der Gesten erhöht, andererseits deren Ausführung bewußter erlebt und damit zielgerichteter eingesetzt. Man sollte allerdings nicht allein vor dem Spiegel üben. Das führt zu mechanischen Gesten.

Den Einsatz von Gesten kann man bewußt steuern

Gerade Emotionen werden durch das Nonverbale übertragen und die emotionale Anteilnahme des Publikums, sein „Mitgehen“ mit dem Gesagten, ist ja häufig das Ziel des Sprechens.
Wer sein körpersprachliches Verhalten kontrolliert oder eine Selbstkontrolle anhand einer Videoaufzeichnung vornimmt, kann folgenden Bewertungsraster verwenden: „häufig“, „gelegentlich“, „selten“ (quantitative Auswertung) beziehungsweise „stark störend“, „störend“, „angemessen“, „überflüssig“ (qualitative Auswertung).

Generell gilt für Auftreten, Haltung, Mimik und Gestik das Gleiche. Sie sollten

- natürlich,
- der Persönlichkeit entsprechend,
- nicht übertrieben,
- nicht einstudiert (etwas vorspielen) wirken.

Auch bei der Bewerberauswahl spielt die Körpersprache eine Rolle

Personalleiter beispielsweise nutzen die Erkenntnisse der Körpersprache und schauen sich Bewerberinnen und Bewerber daraufhin an. Ein Buchhalter, der mit riesigen Schritten der Personalchefin entgegenkommt und so gleichsam die Details überspringt, qualifiziert sich damit nicht gerade für die akribische Arbeit in der Finanzbuchhaltung. Pantomimenstücke oder Stummfilme beweisen, daß auch ohne Wörter eine Handlung, ja sogar Stimmungen, klar zum Ausdruck kommen. Trotzdem erweist sich das Deuten der Körpersprache als schwierig. Die Mehrzahl der Informationen wird unbewußt gedeutet. Beim bewußten Interpretieren sollten Sie sich immer die Vielschichtigkeit der Bedeutungen vor Augen halten.

Je nach Kulturkreis und sozialer Schicht ist die Interpretation unterschiedlich. In diesem Zusammenhang sei vor allem vor bestimmten „Fachleuten“ gewarnt, die für jede Geste eine Liste von festgelegten Bedeutungen anbieten. So einfach ist es nämlich in der Regel nicht.

Wer sich selbst treu bleibt, bei dem bilden das gesprochene Wort und die Körpersignale eine Einheit: sie bringen die gleiche Botschaft zum Ausdruck. Wenn Körpersprache und gesprochene Sprache widersprüchlich sind, verunsichert dies die Zuhörer und Zuschauer. Sie können die Botschaft nicht richtig verstehen und glauben im Zweifelsfall der Körpersprache.

Der Referent, der seine Zuhörerinnen und Zuhörer mit den Worten „Ich freue mich, Sie heute bei uns zu begrüßen“ anspricht, dabei aber auf den Boden oder zum Fenster herausschaut und gleichzeitig einen Schritt zurückmacht, darf sich nicht wundern, wenn man ihm die Freude nicht recht glaubt. Der Redner hat nicht nur Zuhörerinnen und

Zuhörer, sondern auch Zuschauerinnen und Zuschauer. Ihr Körper und die Worte, die Sie aussprechen, bilden zusammen erst die Botschaft, die Sie vermitteln wollen – und zwar möglichst glaubwürdig!

Über die Körpersprache entlarvt sich der Redner selbst

Widersprüchliche Botschaften kommen zustande, wenn der Redner sich selbst nicht treu bleibt, gegen seine Überzeugung spricht, kurzum unaufrichtig ist. Nur Wörter können lügen – der Körper nie. Daher sind Regieanweisungen im Manuskript wie: „hier Blickkontakt halten" oder „energisch mit dem Fuß stampfen" so unecht und fehl am Platz. Glaubwürdigkeit erreicht nur, wer ganz er selbst ist.

Wie weit ist Körpersprache erlernbar? Sie ist es in einem bedeutenden Maße. Voraussetzung ist aber, sich hier, wie in der gesprochenen Sprache, nichts abzuverlangen, was der Persönlichkeit nicht entspricht. Die folgenden Abschnitte greifen einige besonders wichtige Aspekte auf.

Haltung – Signal der Sicherheit

Unter der Haltung versteht man die Körperstellung. Wann ist nun diese Haltung optimal? Wann strahlt man mit ihr Sicherheit aus und überzeugt andere? Die Haltung sollte aufrecht und locker sein; das Gewicht ist beim Stehen gleichmäßig auf beide Beine verteilt (kein Standbein-Spielbein, kein Fuß in Fluchtrichtung gestellt). Straff durchgedrückte Knie wirken nicht nur steif und unnatürlich, sondern tragen zu großer und rascher Ermüdung bei. Die Füße sind so nebeneinander zu stellen, daß ein sicherer Stand gewährleistet ist und die Fußspitzen in einem Winkel von rund 45 Grad zueinander stehen. Die Schultern werden locker hängen gelassen (das heißt, weder eingefallen noch hochgezogen).

Offene Haltung, Signal der Sicherheit

Blick nach unten, Festklammern am Pult – Unsicherheit

Offener, freundlicher Gesichtsausdruck

Verschlossen-abweisender Gesichtsausdruck

Offene Sitzhaltung

Verschlossen-abweisende Sitzhaltung

Blickkontakt, Zuwendung, Partnerschaft

Abweisende Körperhaltung

So steht man als Redner vor seinem Publikum

Der Körper steht frei, ohne Anlehnung. Bei Mikrofonen etwa ist zur Sicherstellung der Übertragungsqualität ein gleichbleibender Abstand erforderlich. Das bringt eine elastisch gespannte (nicht verspannte!) Haltung. Es sollte für das Publikum möglichst der ganze Körper sichtbar sein. Das ist die Grundhaltung, aus der Bewegungen und Gesten erfolgen.

Wohin gehören Arme und Hände? Die Arme können locker neben dem Rumpf hängen (also nicht einfach baumeln lassen). Das bildet die Ausgangslage für Gesten, die im Bereich zwischen Gürtelhöhe und Schultern stattfinden sollen. Die Hand ist geöffnet. Die Hände sollten die meiste Zeit sichtbar sein, also weder hinter dem Rücken noch in der Hosen- oder Jackentasche oder unter dem Tisch versteckt werden. Verschränken oder Falten der Hände, sei es auf Brusthöhe oder auf Höhe der Geschlechtsteile, ist grundsätzlich zu unterlassen. Diese Stellungen deuten nämlich meist auf den Wunsch nach Abschirmung und Vergrößerung der Distanz.

Beim Sitzen ist der Körper zum Partner beziehungsweise – wenn vorhanden – zur Kamera hingewendet, die Arme sollten nicht verschränkt sein, das deutet auf Abwehrhal-

tung. Man sollte aber dem Partner nicht frontal zugedreht, sondern nur leicht zugeneigt sein. Beachten Sie auch beim Sitzen Ihre Beinstellung. Weit ausgestreckte Beine deuten häufig auf Mißfallen, Desinteresse oder Überheblichkeit.
Wichtig ist, ganz besonders natürlich bei bildfüllenden Fernsehaufnahmen, die Haltung des Kopfes. Es kann angezeigt sein, den Kopf leicht zu neigen, jedenfalls aber sollte man ihn nicht in den Nacken werfen oder den Blick nach oben beziehungsweise nach unten richten.

Ständiges Auf- und Ablaufen macht die Zuschauer nervös

„Umhertigern", wie ein Lehrer hinter der Klasse bei einer Klassenarbeit, ist ebenso zu vermeiden wie ein Auf-der-Stelle-Treten. Versuchen Sie, ruhig zu stehen. Kontrollieren Sie sich am besten selbst mit einer Videofilmanlage, oder lassen Sie sich durch einen Dritten beobachten. Wippen, Zappeligkeit oder Fuchteln sind unnötig und gelten als Unsicherheitsmerkmale. Wenn wir uns bewegen, und das dürfen wir natürlich, sollten wir beachten, daß wir langsam gehen, die Richtung gelegentlich ändern, von Zeit zu Zeit an einem Punkt verweilen (meist am Wendepunkt) und häufig den Blickkontakt suchen. Zudem müssen wir für die Zuschauer permanent sichtbar bleiben. Bei fest montierten Mikrofonen ist die Bewegungsfreiheit natürlich eingeschränkt.
Wer zuviel „läuft", kann zu Übungszwecken einen Vortrag auf einem Stuhl stehend halten. Das zwingt ihn, immer am gleichen Ort zu stehen.
Tiefe Verbeugungen, wie sie im asiatischen Raum üblich sind, gelten bei uns bei regulären Begrüßungen als übertriebene Unterwürfigkeit, die man unterlassen sollte. Eine leichte Neigung des Oberkörpers reicht völlig aus.

Gestik – Ausdruck der Persönlichkeit

Zur Gestik werden alle Bewegungen der Arme und Hände gezählt. Mit Gesten betonen, unterstreichen, erläutern und zeigen Sie, was Sie mit Wörtern allein nicht ausdrücken könnten. Sie unterstreichen und verdeutlichen das Gesagte oder weisen auf Bedeutungsvolles hin.

Gesten sollen aus Ihrem Wesen, Ihrem Temperament herauskommen. Nur „was Sie sind" wirkt glaubwürdig und überzeugend. Bewegungen, denen man das letzte Verkaufsseminar anmerkt, wirken künstlich und aufgesetzt. Spielen Sie nicht den Clown.

Ihre Gestik muß Ihrem Wesen entsprechen

Notieren Sie sich im Skript keine Regieanweisungen für Gesten. Sie würden schauspielerhaft erscheinen, und Ihre Gesten würden meist zu spät kommen. Das erinnert dann an einen schlecht synchronisierten Film, in dem Sprache, Mundbewegungen und Gestik nicht übereinstimmen. Eine Geste muß nämlich unmittelbar vor der zentralen Aussage beginnen. Meist ist sie auch beendet, bevor die ganze mündliche Aussage abgeschlossen ist. Beispiele:

Geste/nonverbal	Wort
Mit dem Finger Richtung Tür zeigen.	Brüllendes: „Hinaus!"
Auf den Tisch schlagen.	„Gottfried Stutz, jetzt reicht's mir aber!"
Die Hand über die Augen legen.	„Sehe ich recht?"
Winken mit der Hand.	„Komm doch mal her."

Vereinzelte Gesten haben, abhängig vom Kulturkreis, eine bestimmte, stillschweigend vereinbarte Bedeutung. Sie dürfen nur für diese Bedeutung verwendet werden. So wird im deutschen Kulturraum mit dem Aneinanderreiben von Zeigefinger und Daumen „Geld“ ausgedrückt. Der nach oben oder unten gerichtete Daumen zeigt Erfolg beziehungsweise Niederlage an.

Durch Gestik zeigt sich vorhandene Unsicherheit

Zahlreiche Gesten könnte man als Gesten der „Unsicherheit“ oder „Verlegenheit“ bezeichnen. Die Hand vor dem Mund, unkontrolliertes Spielen mit dem Schreibzeug, mangelnder Blickkontakt, unruhiges Hin- und Herrutschen auf dem Stuhl oder das Verschränken der Arme können solche Signale sein.

Vorsicht bei der Interpretation: Gefährlich ist die Interpretation einer Einzelgeste. Diese muß immer im Zusammenhang gedeutet werden.

Zu vermeiden sind beständig von der Sprecherin oder dem Sprecher gleich ausgeführte Gesten. Solche Marotten wirken rasch störend. Wir kennen Sie alle: Haarsträhnen ordnen, Brille nach oben schieben, zur Nase greifen, sich den Bart streichen, spielen mit Kugelschreiber oder Zeigestab sind solche Marotten. In der Bewegung sollte man weniger Gesten machen als beim ruhigen Stand.

Wie sollen sich die Hände bei der Gestik zeigen? Offen oder geschlossen, mit dem Handrücken nach oben oder nach unten? Probieren Sie einmal aus, was die verschiedenen Stellungen bei Ihnen auslösen. Stellen Sie sich vor, Sie zeigen einem Hund, daß er vor Ihnen „Platz machen“ soll. Offerieren Sie als nächstes einer Dame am Tisch einen Platz. Dem Hund werden Sie mit nach unten gerichteter Handfläche, die Dominanz und ein Kommando ausdrückt, seinen Platz angewiesen haben. Der Dame dagegen werden Sie mit nach oben gerichteter Handfläche einen Platz offeriert haben, die eben Wahlmöglichkeit und Diskussion zuläßt. Stimmt's?

Als offene Gesten werden solche bezeichnet, die eben auch Offenheit ausstrahlen. So signalisieren die nach oben gerichteten, offenen Handflächen vor allem: etwas Anbieten, keine Waffe in der Hand haben, nichts verstecken, etwas geben, darlegen oder empfangen, Freundschaft und anheben. Ähnliches, aber noch in der Bedeutung gesteigert, gilt für die geöffneten Arme.

Als geschlossene Gesten bezeichnet man alle, die auf Verschlossenheit deuten. Das kann, im Gegensatz zur offenen Geste, die nach unten gerichtete Handfläche ausdrücken: jemanden bezwingen, unterdrücken, im Griff haben, aber auch behüten, beschützen, bewahren und zusammenhalten. Typische geschlossene Gesten sind auch das Verschränken der Arme vor dem Körper oder das Falten der Hände. Solche Gesten schirmen ab, der Sprecher konzentriert sich auf sich selbst.
Generell gilt für die Gestik dasselbe wie für den Humor: Lieber zuwenig als zu viele Gesten.

Ort der Geste

Im Bereich des Oberkörpers, das heißt zwischen dem Gürtel und den Schultern, wirken Gesten am natürlichsten. Der Griff mit den Händen nach den Wolken (auf oder gar über Kopfhöhe) wirkt pastoral oder gar pathetisch, vor allem wenn er mit beiden Händen ausgeführt wird. Unterhalb der Gürtellinie Gesten auszuführen, sollte man vermeiden, da Gestikulieren in diesem Bereich oft als negativ, abwertend oder gar obszön gedeutet wird. Gesten mit einer Hand sind in der Regel solchen mit beiden Händen (Doppelgesten) vorzuziehen.

Tempo

Auch die Gestik eines Redners ist situationsabhängig

Gesten können langsam oder schnell ausgeführt werden, je nach Situation. Besonders bei Medienübertragungen oder in einem großen Saal müssen die Bewegungen langsam und bedächtig sein.
Wie es Sprechpausen gibt, gibt es auch Gestenpausen. Und vergessen Sie nicht: Die Ausdehnung der Gesten (sehr eng am Rumpf oder weiter davon entfernt) muß dem Referenten, dem Thema und dem Publikum angemessen sein. Übermäßig große Gesten könnten als Ersatz für einen nicht erbrachten Redegehalt verstanden werden. In großen Sälen, das heißt, wenn Sie relativ weit vom Zuschauer entfernt sind, können ihre Armbewegungen ruhig ausladend und weit sein.

Insbesondere bei Fernsehübertragungen sollten Redner mit Gestik geizen. Sehr schnell sieht es sonst übertrieben und unruhig aus.

Wiederholung

Wird sinnvoll abgewechselt? Oder wiederholen sich einzelne Gesten so häufig, daß sie die Teilnehmer reizen, „Strichlisten" zu führen? Auch darauf muß man bei der Gestik achten. Gesten sollten auch eventuellen Veränderungen der Stimmung angepaßt werden (Unruhe, Müdigkeit, Höhepunkt, Schwierigkeitsgrad).

Abwechslung ist bei der Gestik geboten

Beispiele von Gesten, deren Bedeutung festliegt

Geste	Bedeutung
Daumen und Zeigefinger bilden einen Kreis	Geld; „gut" beziehungsweise in Nordamerika: „Okay"; in Nordfrankreich: „très bien"; in Südfrankreich: „Du bist eine Null", in Griechenland und der Türkei: „sexuelle Aufforderung" und in Italien oder spanischsprachigen Ländern „eine starke Beleidigung mit analer Bedeutung"
Daumen drücken	Glück wünschen
sich an die Stirn tippen	Idiot

Gewisse Gesten, wie der erhobene Zeigefinger, sind nur wenigen Referenten in bestimmten Situationen erlaubt. Denn so etwas wirkt rasch schulmeisterlich – als Ermahnung, Warnung oder gar als Drohung.

Rechts und links

Wer für die Zuschauer rechts oder links, den Uhrzeigersinn oder andere Richtungsangaben zeigen will, hat sich an der Blickrichtung der Zuschauer zu orientieren. Für die Rednerin oder den Redner ist es also seitenverkehrt. Was rechts von Ihnen ist, wird also als „links“ bezeichnet; hingewiesen wird mit dem ausgestreckten rechten Arm des Sprechers. Wem dies unmöglich vorkommt, sollte seine Ausführungen mit „zu Ihrer Rechten ist ... “ oder „links von Ihnen geht es zum ... “ einleiten.

Mimik und Blickkontakt

Was für die Gesten gilt, trifft auch auf die Mimik zu. Unter Mimik versteht man die Ausdrucksbewegungen der Gesichtsmuskulatur. Diese sind insbesondere Blickkontakt, Augen, Augenbrauen sowie der Mund und das gesamte Mienenspiel, weiterhin die Blickrichtung, die unterschiedlichen Neigungswinkel des Kopfes oder die Veränderung der Hautfarbe. Teilweise können die Muskeln willentlich gesteuert werden. Vieles – insbesondere der Augenausdruck – geschieht aber unwillkürlich. Und gerade diese Wirkungsmittel müssen spontan kommen und dürfen nicht einstudiert wirken.

Das Gesicht ist oft ein Spiegel Ihrer Empfindungen

Bestimmt können Sie zahlreiche Stimmungen mit Ihrem Gesicht ausdrücken oder an fremden Gesichtern erkennen. Erstaunen beziehungsweise der Wunsch nach mehr Informationen ist an den gehobenen Augenbrauen erkennbar, während die zusammengezogenen Brauen Aufmerksamkeit und Konzentration signalisieren. Die gerümpfte Nase zeugt von Mißfallen und Abwehr. Senkrechte Stirnfalten deuten auf Konzentration, waagerechte auf Aufmerksamkeit. Hängende Mundwinkel passen in unserem Kulturkreis genausowenig zu einem fröhlichen Menschen, wie ein Kopfschütteln niemals ein Ja ausdrückt. Könnten Sie mit zusammengebissenen Zähnen „ich liebe dich!“ ausdrücken? Nein, unmöglich, damit verbindet man immer den Eindruck von „Aggression“.

Die Mimik ist sehr stark von Ihrer Gefühlslage abhängig oder von dem, was Sie gerade tun. Können Sie konzentriert nachdenken mit schlaff nach unten hängendem Unterkiefer? Nein, das geht nicht. Wer sich also mit schlaff nach unten hängendem Unterkiefer präsentiert, denkt wohl kaum nach.

Wir nehmen dauernd die Körpersignale von unseren Gesprächspartnern auf, auch die kleinsten und feinsten. Gefühlsmäßig und überwiegend unbewußt deuten wir sie – zumeist auch richtig. Warum versuchen wir also nicht ganz bewußt, durch unsere Mimik ein positives Umfeld zu schaffen? Ein Lächeln, ein leicht seitlich geneigter Kopf genügen oft schon, um eine Situation zu entspannen und Vertrauen zu schaffen. Anstatt uns über die „böse" Umwelt zu beklagen, sollten wird daran denken, daß wir Teil der Umwelt der anderen sind. Unser eigenes griesgrämiges, verbittertes Gesicht begünstigt weitere griesgrämige, verbitterte Gesichter. Mit unserem Lächeln stecken wir auch die andern an.

Blickkontakt zeigt Sicherheit und Interesse am Gegenüber

Ganz gleich, ob Sie zu einem einzigen Menschen sprechen oder zu einer großen Gruppe – halten Sie Blickkontakt. Das verschafft Ihnen Sympathie und Vertrauen, zeigt zugleich Ihr Interesse und strahlt – zusammen mit einem Lächeln – Freundlichkeit und Sicherheit aus. In einem größeren Plenum können Sie nicht direkt zu jeder einzelnen Person Blickkontakt halten, sondern sehen die Leute gruppenweise an. Halten Sie dabei für eine gewisse Zeit den Augenkontakt, bevor Sie eine weitere Gruppe ansehen. Suchen Sie vor allem am Anfang bei bekannten und freundlichen Gesichtern Halt. Berücksichtigen Sie alle Gruppen – insbesondere auch Personen die ganz links oder rechts von Ihnen sitzen und zu denen Sie den Kopf wenden müssen. Personen „im toten Winkel" werden nämlich gerne vergessen. Vermeiden Sie „Hierarchiefixierung", indem Sie zum Beispiel immer den Chef anstarren.

Unsicher oder desinteressiert erscheint, wer permanent ins Leere, zum Fenster, zur Decke oder auf den Boden respektive das Manuskript starrt. Fehlender oder mangelnder Blickkontakt kann Ihnen auch als Arroganz, Antipathie,

Peinlichkeits-, Schuld- oder Unterlegenheitsgefühl ausgelegt werden. Der abgewendete Blick erschwert Ihnen auf jeden Fall den Kontakt zu Ihrem Gesprächspartner oder Publikum.

Kleider machen Leute

Die richtige Kleidung zum jeweiligen Anlaß hat nach wie vor Bedeutung

Wenn Sie eine Ferienreise unternehmen, werden Sie überlegen, ob eher der Winterpullover oder die leichte Bluse angebracht ist und ob eine Jacke für kühle Abende nötig ist. Wohl viele westliche Touristen wissen in der Zwischenzeit auch, daß die Urlaubskleidung nach dem Motto „luftig und lässig", die aus Shorts, T-Shirt, Turnschuhen und Sonnentop besteht, nicht überall ankommt. Damit ist man vielerorts nicht nur unangemessen gekleidet, sondern macht sich außerordentlich unbeliebt. Im gepflegten Restaurant, in dem die übrigen Gäste mit Anzug und Krawatte erscheinen, stört man sich am Anblick des informell bis nachlässig angezogenen Touristen. In den ärmeren Regionen Indiens werden zum Beispiel die Flickjeans als Bestätigung des Bildes vom dekadenten Mitteleuropäer verstanden, das die Hippie-Bewegung der 60er Jahre geprägt hat. Insbesondere in Regionen, die einem anderen Glauben anhängen, wird einem bewußt, daß die Kleidung neben den klimatischen Faktoren auch durch kulturbedingte Vorstellungen geprägt wird. Kein Moslem dieser Welt käme auf die Idee, mit Schuhen in die Moschee einzutreten. Auch in den Tempeln Indiens und Thailands bleiben die Schuhe draußen auf der Schwelle. Sie waren mit dem Schmutz der Straße in Kontakt gekommen und gelten daher als unrein. Wie sieht es am Strand aus? Hat sich bei uns bereits vielerorts – teilweise nur in bestimmten Zonen des Strandes – „textilfrei" oder „oben ohne" durchgesetzt, gehen einheimische Frauen in Indien und Sri Lanka in ihren Saris baden.

„Kleider machen Leute", das wissen wir nicht erst seit Gottfried Keller. Doch wie ist diese Erkenntnis für den Redner praktisch umsetzbar? Wie soll man sich kleiden? Als Hinweise mögen gelten:

- Sauber und gepflegt.
- Eher zurückhaltend als extravagant (für das Fernsehen gelten spezielle Regeln).
- Dem Anlaß, Thema und Ihrer Stellung entsprechend (Krawatte beim Pop Konzert beziehungsweise das T-Shirt beim Neujahrsempfang des Bundespräsidenten?).
- Kopfhaare, Bart und Schuhe sollten selbstverständlich ebenfalls gepflegt sein.
- Allzu steif ist vorbei. Auch der dunkle Nadelstreifenanzug ist nicht so häufig nötig, wie oft geglaubt wird. Insbesondere nicht für Fernsehauftritte.

Zum Stichwort Kleider gehört auch die Frage nach Frisur, Schmuckstücken und Make-up. Es gelten grundsätzlich analoge Regeln wie bei der Frage nach den Kleidern.

Dezent und maßvoll ist auch mit Düften umzugehen – die ja quasi auch ein Kleid darstellen. Erschlagende penetrante Duftwolken wirken aufdringlich und schrecken ab.

Im weiteren Sinne strahlen wir – beispielsweise in einem Büro – mit der Einrichtung Signale aus. Die Höhe der Stuhllehne, die Armlehne am Stuhl, die Bilder oder die Höhe des Teppichflors geben dem Betrachter Informationen über Sie.

Lampenfieber

Es gibt wohl kaum Referenten, die nie Lampenfieber spürten. Selbst hervorragende Rednerinnen und Redner bekennen immer wieder, dieses oftmals beklemmende Gefühl zu kennen – nur haben sie gelernt, damit umzugehen und es zu überwinden.
Was aber ist Lampenfieber, und woher kommt es?

Was ist Lampenfieber?

Lampenfieber ist die Angst, vor Menschen zu sprechen. Wissenschaftliche Untersuchungsergebnisse legen nahe zu vermuten, daß dies sogar eine der größten Ängste der Menschen ist. Lampenfieber verändert den Kreislauf und die

Stoffwechselvorgänge und kann somit zu starken körperlichen und psychischen Symptomen führen. Herzklopfen, roter Kopf, Schweißausbrüche, zugeschnürte Kehle, Muskelverspannungen, trockener Mund, flatternde oder versagende Stimme können die Folgen sein. Die wohl schlimmste Art des Lampenfiebers ist die totale Gedächtnisblockade (Blackout).

„Das Podium ist eine unbarmherzige Sache, da steht der Mensch nackter als im Sonnenbad.“ So beschrieb Kurt Tucholsky das Lampenfieber. Mark Twain meinte: „Das menschliche Gehirn ist eine großartige Sache. Es funktioniert vom Augenblick der Geburt bis zu dem Zeitpunkt, wo du aufstehst, um eine Rede zu halten.“

Lampenfieber hindert uns in der Selbstentfaltung und führt gerade erst zu den schlechten Resultaten, vor denen der Redner Angst – und deshalb Lampenfieber – hat. Das Auftreten kann zur Qual, das Überzeugen unmöglich werden. Je mehr negative Erfahrungen in Redesituationen gemacht wurden, desto stärker kann sich Lampenfieber in künftigen Situationen auswirken.

Lampenfieber ist nicht nur ein negatives Körpersignal

Trotzdem ist ein gewisses Maß an Lampenfieber normal und wird von sehr vielen Leuten verspürt. Diese natürliche Alarmfunktion des Körpers kann überwunden werden und belegt, daß Sie die Situation ernst nehmen und ihr nicht gleichgültig gegenüberstehen. Hemmungen heißen ja auch, daß Sie sich im Zaun halten können. Oder möchten Sie völlig enthemmt sein?

Doch wovor fürchten wir uns? Wir fürchten uns vor dem Versagen, den eigenen oder fremden Ansprüchen nicht genügen zu können oder schlecht zu sein. Das heißt, wir befürchten konkret: angegriffen zu werden; beim Publikum auf Ablehnung zu stoßen; keinen Ton herauszubringen; unbekannten oder unangenehmen Personen gegenübertreten zu müssen; uns unpassend oder falsch auszudrücken; uns zu blamieren; mangelhaftes Fachwissen zu haben; die Folgen von Aussagen (wie anläßlich einer Stellenbewerbung oder in einer Gerichtsverhandlung) nicht abschätzen zu können; dasselbe zu erleben, wie schon einmal (in der Schulzeit oder bei früher gehaltenen Reden); den richtigen Ton und den treffenden Ausdruck in der Redesituation nicht zu finden.

Lampenfieber ist somit nicht etwas, das zeigt, daß wir „nicht normal“ sind? Im Gegenteil, Lampenfieber ist absolut normal. Viele Menschen kennen es, sogar bekannte TV-Sprecher. Warum denn gleich in Panik geraten, wenn man sich selbst spürt? Einer meiner Seminarteilnehmer, ein engagierter Hobbytaucher, hat mir einmal folgendes gesagt: Sobald er bei einem Tauchgang diese Klammer im Brustkasten zu Beginn nicht mehr spüren würde, würde er mit Tauchen aufhören. Warum? Braucht er dieses etwas beklemmende Gefühl zu Beginn? Ja. Es zeigt ihm, daß er die Gefahren, die zweifelsohne beim Tauchen bestehen, noch ernst nimmt, daß er weder arrogant noch übermütig wird und die Situation damit immer real einzuschätzen weiß. Wenn dies nicht mehr der Fall wäre, würde er leichtsinnig und sich damit unter Umständen in große Gefahr

bringen. Ist es für einen Sprecher nicht ähnlich? Kann ein gewisses Lampenfieber nicht motivierend und damit leistungssteigernd wirken? Verhilft es nicht zu besserer Vorbereitung und Konzentration? Lampenfieber sollte daher nur bekämpft werden, wenn es hemmend und lähmend wirkt – ansonsten ist es absolut normal und kann sogar hilfreich sein.
Wie vermindert man jedoch übermäßiges Lampenfieber?

Vorbereitung, Übung, Routine – sie helfen gegen Lampenfieber

Thema kennen. Vorbereitet sein
Je sicherer Sie Ihr Thema kennen, desto mehr Halt haben Sie. Optimale Vorbereitung stärkt Sie.

Publikum kennen oder bestmöglich einschätzen
Dadurch werden Sie nicht überrascht, sondern sind vorbereitet. Niveau und Inhalt Ihrer Aussagen treffen die Erwartungshaltung des Publikums.

Training
Übung und Routine machen Sie gelassener. Nutzen Sie daher jede sich bietende Übungsgelegenheit.

Ziel vor Augen
Ihr Ziel weist den roten Faden und bewahrt Sie vor dem vielleicht plötzlich auftauchenden Gefühl, alles auf einmal sagen zu müssen.

Einstieg und Schluß beherrschen
Dies verleiht Ihnen Sicherheit für den Beginn (hier ist Halt vor allem nötig) und für den Abschluß.

Richtige Hilfsmittel
Bereitgestellte und funktionierende technische Hilfsmittel geben eine optimale Unterstützung.

Passende Kleidung
Ihre Kleider sind dem Anlaß und dem Publikum angemessen und sitzen. In der Jacke sind auch Ihre Stichwortkarten.

Ruhiger Beginn
Gehen Sie ruhig und gefaßt zum Redeort, und installieren Sie sich bewußt, bevor Sie beginnen.

Ein Blackout – was nun?

Aus dem, was wir bisher zum Thema „Lampenfieber“ sagten, geht hervor, daß auch ein guter Redner nie ganz davor gefeit ist, steckenzubleiben. Nicht immer muß dabei das Lampenfieber die Ursache sein. Wer schlicht und einfach zuwenig weiß, wer sich nicht konzentrieren kann, übermüdet ist oder beispielsweise durch Zwischenrufe irritiert wird, bringt auch ohne Lampenfieber keine guten Vortragsresultate.

Gegen das Steckenbleiben ist niemand völlig gefeit

Auch ein geübter und gut vorbereiteter Redner kann in der Rede steckenbleiben. Das ist aber weiter nicht schlimm, denn nicht jede Pause wird von der Zuhörerschaft auch als peinliche Pause wahrgenommen. Das Publikum weiß ja nicht, was der Redner ausführen wollte. Zudem sind die Hörer in der Regel kleinen Pausen gegenüber tolerant, weil der Referent so menschlicher wirkt. In der Regel werden erst Pausen ab rund 7 Sekunden als übermäßig lang empfunden. Zählen Sie diese Zeit einmal ab: 21, 22, 23, 24, 25, 26, 27. Das ist ziemlich lang und gibt dem Redner durchaus die Gelegenheit, aus der Blackoutsituation herauszufinden, ohne daß das Publikum sie überhaupt bemerkt.
Spielen Sie aber kritische Situationen wie „Faden verloren“ oder „Vorredner hat Ihre Thesen gebracht“ immer wieder durch. Überlegen Sie, wie Sie in solchen Situationen reagieren könnten und welche Strategie die für Sie geeignetste wäre.
Was kann ich in der Backout-Situation machen? Probieren Sie einen der folgenden Ratschläge aus:

- Blackout zugeben (Ein Spruch, wie: „Uff, jetzt ist der rote Faden weg!“ oder „Funkverbindung abgerissen“ kann diese peinliche Situation entkrampfen. Entschuldigen Sie sich hingegen nicht dafür, und bringen Sie auch keine Begründungen, warum dem so ist (z. B. geringe Vorbereitungszeit).
- Wiederholen mit anderen Wörtern („Das heißt also konkret, wir haben ...“).
- Einen Abschnitt überspringen und mit dem nächsten Gedanken beginnen (entspricht der nächsten Stichwortkarte), gegebenenfalls mit einer Überleitung wie „Nun zum nächsten Punkt“. (Soweit nötig, später auf den betreffenden Punkt zurückkommen mit einer passenden Formulierung: „Sie werden sich fragen, warum ich ... nicht erwähnt habe. Nun, ...“).
- Vorher Gesagtes präzisieren anhand eines Beispiels.
- Zusammenfassung („Halten wir die wichtigsten Punkte fest: 1) ... 2) ... 3) ...“).
- Entwicklung aufzeigen („Wie kam es überhaupt dazu? Ich erzähle Ihnen die spannendsten Schritte ...“).
- Zusammenfassung des bereits Gesagten am Tageslichtprojektor oder Flip-chart. Das gibt Ihnen Zeit.

Es gibt viele Tricks, ein Blackout zu überbrücken

Gelegentlich können Sie auch eine Frage in den Raum stellen und die Zuhörerinnen und Zuhörer damit aktiv einbeziehen. Allerdings ist damit auch oft der Diskussionsbeginn signalisiert.
Sätze, die Sie nicht beenden können, brechen Sie einfach ab. Beginnen Sie anschließend neu. Bemühen Sie sich um Formulierungen, aber nicht endlos. Im Zweifel ist nur noch der Gedankengang abzuschließen und anhand der Stichwortkarte der nächste Gedanke aufzunehmen und auf diese Weise fortzufahren.
Bedenken Sie, was wir in den vorangegangenen Kapiteln sagten: Sicherheit strahlt aus, wer aufrecht und ohne sich anzulehnen fest auf beiden Beinen steht, wer so laut spricht, daß er überall mühelos verstanden wird und wer eine angemessene Mimik und Gestik einsetzen kann.

Praktische Tips zur Vorbereitung

Jeder der davon träumt, überzeugend reden zu können und die Zuhörerinnen und Zuhörer durch seine Redekunst mitzureißen, sollte daran denken, daß jede Rede einer sorgfältigen Vorbereitung bedarf. Als ungeübte Rednerin oder untrainierter Redner sollten Sie sich davor hüten, eine längere Stegreifrede halten zu wollen – auch wenn die Umstände noch so günstig erscheinen mögen. Denn hinter einer informativen, durchdachten Rede stehen viele Gedanken und Arbeitsgänge – und nur selten allein spontane Einfälle. Als Grundregel gilt hier: Äußern Sie sich nur zu Themen, zu denen Sie wirklich etwas zu sagen haben. Das bedingt vielleicht, daß Sie lernen müssen, in manchen Situationen nicht zu reden. Aber auch für rhetorisch geübte Sprecherinnen und Sprecher gilt die gründliche Vorbereitung. Eine Steigerung der Redekunst kann auch für sie durch eine inhaltliche und taktische Vorbereitung erreicht werden. Eine gute Vorbereitung ist zudem die beste Medizin gegen Lampenfieber.

Gut vorbereitet ist halb gesprochen

Die Art der Vorbereitung hängt weitgehend von der Person und der Arbeitstechnik des Redners ab. Patentrezepte lassen sich daher kaum geben. Die folgenden Ausführungen sollen Ihnen aber Anhaltspunkte geben, die Ihnen ermöglichen, Ihre eigene Vorgehensweise zu organisieren.
Auch der Zeitbedarf für die Vorbereitung ist verschieden und abhängig von den jeweiligen Umständen: Kenntnis des Stoffes, Umfang der Rede, Zusammensetzung des Publikums usw.
Vielleicht denken Sie, daß man für eine kurze Rede weniger Vorbereitungszeit braucht, als für eine längere. Das stimmt aber nicht immer. Man denke etwa an eine politische Debatte. Der Redner hat vielleicht nur wenige Minuten Zeit,

um seinen Antrag zu begründen. Diese Begründung entscheidet, ob er mit seinem Anliegen durchkommt. Je nach Wichtigkeit wird seine Begründung in lokalen oder nationalen Zeitungen sowie über Radio- und Fernsehstationen weiterverbreitet.

Ein kurzes Statement kann wichtiger sein als eine stundenlange Rede

Wird er nicht sehr viel mehr Zeit in diesen kurzen Redebeitrag investieren, als in eine zwar bedeutend längere, aber eher unwichtige Rede? Manchmal verhält sich die Vorbereitungszeit nicht proportional zur verfügbaren Redezeit, sondern gerade umgekehrt.

Vorbereiten müssen Sie sich auf insgesamt fünf Punkte. Stellen Sie sich dazu die nötigen Fragen:

1. Thema und Publikum	Über welches Thema will ich ganz genau sprechen? Welche Personen sind meine Zuhörerinnen und Zuhörer? Was wissen Sie über das Thema beziehungsweise über mich? Was versprechen Sie sich von meinem Vortrag?
2. Redeziel	Welches Ziel setze ich mir? Was erwartet der Veranstalter? Was will ich erreichen? Was gilt es zu vermeiden?
3. Inhalt	Was ist zu sagen? Welche Fakten soll ich ansprechen? Wie trage ich den Inhalt zusammen?
4. Form und Taktik	In welcher Form muß ich es sagen? Womit beginne ich, was kommt als nächstes, welche Argumente will ich bis zum Schluß aufheben?
5. Organisatorisches	Wie reise ich an? Was wurde speziell im Vorfeld vereinbart? Wann spreche ich? Wie sieht es mit den Spesen, dem Honorar aus? Stehen technische Hilfsmittel zur Verfügung und um welche handelt es sich dabei?

Der Vorbereitungsraster

Thema/Titel:	Beginn: ....
Datum:	Ende: ....
Ort:	Dauer: ....
Anlaß:	
Publikum:	
Meine Redeziele:	
Inhaltsdisposition:	
Form und Taktik:	
Organisatorisches:	

So kann man sich ein erstes „Drehbuch" erstellen

Das auf Seite 103 dargestellte Formular kann Ihnen bei der Vorbereitung nützliche Dienste leisten. Füllen Sie es stichwortartig jeweils von Hand aus – damit sind Sie sicher, daß Sie keine wichtigen Punkte vergessen haben. Eigentliche Drehbücher, auf die Minute genau ausgearbeitet, sind im Normalfall wohl kaum nötig.

Thema und Publikum

Als erstes müssen Sie sich genau mit dem eigentlichen Gegenstand Ihrer Ausführungen befassen. Um dies zu bewerkstelligen, müssen Sie die genaue Bezeichnung des Themas kennen. Was gehört dazu, was nicht? Kann ich selber Schwerpunkte setzen? Muß ich mich eventuell mit Vorrednern oder nachfolgenden Referenten über meine und ihre Themen absprechen?

Am Thema vorbeizureden ist eine rhetorische Todsünde

Wie oft haben Sie sich schon bei Vorträgen gelangweilt, weil der Redner mit einer unglaublichen Präzision – sie wäre einer besseren Sache wert gewesen – am Thema vorbeiredete?

Eine Rede, welche ja oft keine direkte Reaktion des Publikums zur Folge hat, kann den Vortragenden leicht zu Weitschweifigkeiten und Ungenauigkeiten verführen. Um dieser Gefahr nicht zu erliegen, ist eine klare Definition des Themas unumgänglich. Das Thema ist präzis zu fassen. Ein unklarer Titel ist genauer zu formulieren, bis Sie, Veranstalter und Zuhörerschaft Klarheit darüber haben, worum es bei dem Vortrag gehen wird.

Wer ist nun mein Publikum? Eine Rede, welche die Erwartungshaltung des Publikums nicht berücksichtigt, ist eine verlorene Rede. Erwartungen haben aber auch Veranstalter, Finanzgeber oder andere Personenkreise. Diese Erwartungen müssen Ihnen ebenfalls bekannt sein. Machen Sie sich

ein möglichst genaues Bild von Ihren Zuhörern, damit Sie das Kommende abschätzen können.
Befinden sich unter den Zuhörern Prominente? Personen, die speziell angesprochen werden müssen oder die als Meinungsträger gelten?
Es ist für die Rednerin oder den Redner nicht nur wichtig zu wissen, vor wie vielen Personen man spricht, man sollte nach Möglichkeit auch darüber Bescheid wissen, um was für ein Publikum es sich handelt (Männer/Frauen, Herkunft, Altersstrukur). Vor ganz Jungen werden Sie anders sprechen als vor älteren Menschen. Auch Ihr Äußeres können Sie darauf abstimmen.
Von Bedeutung ist es darüber hinaus, daß Sie auch das Vorwissen Ihrer Zuhörerinnen und Zuhörer abschätzen können. Was wissen sie bereits über das Thema – was muß noch gesagt werden? Welche Vorurteile bringen sie mit? Hat das Publikum Lieblingswörter oder Reizwörter? Auf diesem Wissen können Sie Ihre Argumentation gezielt aufbauen.

Nicht nur Sie kennen Ihr Publikum – es kennt auch Sie

Weiterhin ist es wichtig zu wissen, wie Sie mutmaßlich von den Zuhörern eingeschätzt werden. Was wissen diese Personen über Sie? Haben Sie einen leichten Stand, oder müssen Sie mit Widerständen rechnen?
Wenn Ihre Hörer freiwillig anwesend sind, vielleicht die Freizeit opfern, sind die Ansprüche bestimmt anderer Art als bei Personen, die Ihren Vortrag als Pflichtübung absolvieren müssen.
Informationen über vorhandene Hilfsmittel wie etwa ein Tageslichtprojektor runden das Bild der künftigen Redesituation ab. Auch muß frühzeitig entschieden werden, ob den Zuhörern Unterlagen zur Verfügung gestellt werden müssen oder nicht.

Redeziel

Wie ein Schütze sollen auch Sie Ihr Ziel immer vor Augen haben. Hier hinein müssen Sie treffen. Könnten Sie aber treffen, ohne das Ziel zu kennen?

Sich selbst Fragen zu stellen ist oft hilfreich – auch beim Redeziel

Notieren Sie sich dieses Ziel groß auf der ersten Stichwortkarte oder auf der ersten Manuskriptseite. Es wird Ihnen damit dauernd im wahrsten Sinne des Wortes vor Augen geführt.

Auch hier hilft es, wenn Sie sich selbst Fragen zu Ihrem Thema stellen. Diese Fragen könnten beispielsweise folgendermaßen lauten:

- Was will ich erreichen?
- Wie müssen die Hörer am Schluß meiner Rede reagieren, wenn sie erfolgreich war?
- Will ich das Publikum zum Handeln auffordern oder informieren?

Wie ein Lehrer, der sich bei der Planung einer Unterrichtsstunde überlegt, was seine Schüler lernen sollen, nicht, was er alles zum Thema sagen könnte, dürfen auch Sie nicht Lehrziele formulieren sondern Lernziele. Was hat sich für das Publikum verändert? Diese Frage nach dem Endverhalten oder dem künftigen Denken steht im Zentrum. Ihre Ziele müssen konkret beschrieben werden und überprüfbar sein (gerade auch für die Zuhörer). Fragen Sie sich daher, was die Zuhörerinnen und Zuhörer hinterher – nach der Rede – können oder wissen sollen. Zudem legen Sie mit dem Redeziel fest, wie die Anwesenden Sie sehen sollen. Was offenbaren Sie über Ihr Wertesystem? Wie stellen Sie sich dar?

Redeziele könnten unter anderem sein, den Wissensstand des Publikums zu erweitern, einen Sachverhalt zu verdeutlichen, mit ihm vertraut zu machen, offene Fragen zu klären, Problemlösungen anzubieten, zu informieren oder zu motivieren.

Andere Redeziele sind etwa, eine Veranstaltung zu eröffnen, auf eine Feier einzustimmen, jemandem zu danken, zu erheitern, zu trösten (man denke an eine Trauerrede), für eine Sache zu werben, ein Publikum umzustimmen, zu bekehren oder ihm etwas zu verkünden.
Erst wenn Sie sich ein Ziel gesetzt haben, können Sie Ihre Rede wirkungsvoll aufbauen. Unterschiedliche Ziele verlangen dementsprechend verschiedene Wertungen, Argumente und Beispiele.
Wenn das Thema einer Rede beispielsweise lautet: „Wie können wir das Waldsterben stoppen?“, könnte das Redeziel „weniger Autoverkehr“ sein. Ob das Ziel explizit genannt wird, hängt von der Situation, von der Überzeugung des Redners (ist er ein Grüner oder ein Automobilmanager?) und vom Publikum ab.
Formulieren Sie ein Hauptziel und Teilziele, die zeigen, daß Sie auf dem richtigen Weg sind. Legen Sie die Minimalziele fest, die Sie unter allen Umständen im Verlauf Ihrer Rede erreichen wollen.

Inhalt: Informationen sammeln und grob gliedern

Eine Datensammlung zu interessanten Themen hilft bei der Vorbereitung

Haben Sie gelegentlich auch das Gefühl, daß Sie immer im nachhinein wichtige Informationen zu einem Thema finden? Dem können Sie abhelfen, wenn Sie Informationen, welche Sie interessieren, sammeln. Allgemein sind Zitate, treffende Formulierungen, Fakten und gute Ideen sammelwürdig. Informationen über ein bestimmtes Thema finden sich in Fachbüchern, Fachzeitschriften oder in Lehrbüchern. Für politische und wirtschaftliche Fragen sind Tages- und Wochenzeitungen oder Magazine am besten geeignet. Eine solche Sammlung ist eine Redevorbereitung auf längere Zeit.

Sehr gut bewährt zum Sammeln haben sich Karteikarten im Format A6 (Postkarte). Solche Karten finden in jeder Westentasche Platz und bieten trotzdem genügend Schreibfläche. Zudem lassen sich die Karten direkt während des Vortrags als Stichwortkarten verwenden.
Beispiel für eine A6-Stichwortkarte (Querformat), verkleinert:

So könnte eine Stichwortkarte aussehen ...

Erläuterung ROM (Read Only Memory)
■ Computerteil (Hardware) ■ Teil des internen Speichers ■ Nur Lesespeicher ■ Abgrenzung zum RAM (Random Access Memory) ■ Einsatzort

Beispiel für eine Gliederung möglicher Informationen (A6 Hochformat), verkleinert:

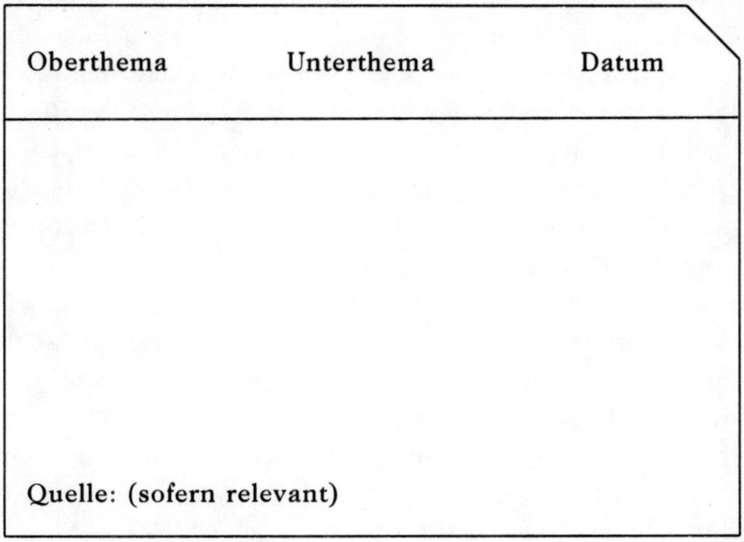

... oder beispielsweise auch so

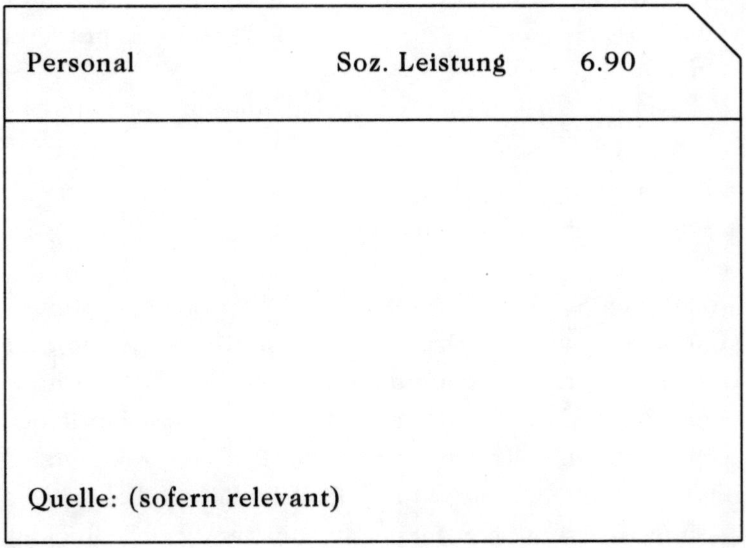

Die markierte beziehungsweise abgeschnittene Ecke dient dabei der raschen Einordnungskontrolle. Darüber sind Sie froh, wenn Ihnen die Karten einmal auf den Boden fallen sollten.

Was ist eine PINK?

Legen Sie eine eigene PINK an. Die PINK ist Ihre persönliche Ideen- und Informationskartei, welche im Gegensatz zu einer normalen Datensammlung assoziativ geordnet ist. Das heißt, sie ist nicht nach logischen Gesetzmäßigkeiten (etwa dem Alphabet), sondern scheinbar willkürlich nach Ihren eigenen spontanen Gedankenverbindungen sortiert. PINK bildet damit auch eine wichtige Verbindung zwischen Gehirn und der eigentlichen Ablage (A4-Ordner, Hängemäppchen, Computerdatei). Die wichtigsten Stichwörter unterstützen das freie Formulieren.
Die PINK bietet gegenüber dem Computer den Vorteil, daß diese Karten zumindest in Teilen in jeder Jackentasche überall hin mitgenommen werden können und beliebig und nahezu überall ergänzbar sind. Das Sortieren vor dem Vortrag und das Vorbereiten und Gliedern desselben ist mit diesen Karten äußerst einfach und rationell.
Notwendiges Material zur Erstellung einer PINK:

- einzelne (weiße) Karten im Format A6 (eventuell auch verschiedenfarbige Karten oder Karten mit farbigen Rändern, höchstens 7 Farben, je nach Thema) in mittlerer Papierdicke;
- Schreibzeug (eventuell verschiedenfarbig; in der Regel jedoch keine Schreibmaschine);
- Karteikasten;
- selbst beschreibbare Griffleitkarten.

Wo können Sie nun PINK einsetzen? Welche Informationen sind sammelwürdig? Grundsätzlich sind das alle Informationen, die Sie später mutmaßlich für einen Vortrag brauchen können. Neben interessanten Zitaten, Sinnsprüchen oder Anekdoten sind dies vor allem Fakten. Es kann sich um Ihr berufliches Fachwissen handeln; für den Lehrer sind es Unterrichtsübungen, für den Buchhalter spezielle Buchungen und für den Verkaufsleiter sind es Kundenübersichten. Im Rahmen eines Vereins sind es beispielsweise Veranstaltungstips, Adresslisten oder politische Themen.
Auch aus dem Privatleben gibt es unzählige sammelwürdige Informationen. Seien es Verzeichnisse über gute Restau-

rants und Hotels, tolle Ideen für einen verregneten Sonntag, Wandervorschläge, Rezepte, Gedankenblitze für Mitbringsel zu einer Party oder besuchte Theater mit deren Kurzbeschreibung. Beim Zusammenfassen von Büchern, Zeitungsartikeln oder beim Notieren von Zitaten ist immer die Quelle anzugeben. Nur so haben Sie die Möglichkeit, bei Bedarf auf das Originaldokument zurückgreifen zu können. Auch aus redetechnischen Gründen lohnt es sich, eine PINK aufzubauen. Man kann treffende Formulierungen, Definitionen oder schlagende Argumente anderer Redner und deren Widerlegung notieren und erweitert so das eigene Redeverhalten, lernt schlagfertiges Reagieren und dergleichen mehr.
Über den Vortragsgegenstand sind möglichst viele Informationen, Sachargumente, Standpunkte, Motive, Beweise und Gegenargumente zu sammeln. Mögliche Informationsquellen sind:

Hier überall finden sich Informationen

- Bibliotheken, (Zeitungs-, Verbands-)Archive, Büchereien;
- Bücher, Zeitungen, Zeitschriften, Wörterbücher, Lexika;
- Radio- und Fernsehsendungen;
- Pressestellen von Instituten, Organisationen, Vereinen, Verbänden, Parteien;
- Ämter (zum Beispiel für Statistiken);
- Vorträge, Tagungen, Kongresse;
- Ausstellungen, Museen;
- eigene frühere Reden oder Aufsätze;
- Firmenarchive, eigenes Archiv (Wissenskartei);
- Freunde;
- Gespräche mit Dozenten, Lehrern, Redakteuren, Kollegen;
- nicht zuletzt Ihr Gedächtnis.

Das Thema ist Ihnen bekannt, das Ziel Ihrer Rede ist festgelegt, und Sie wissen, wie sich Ihr Publikum zusammensetzt. Nun folgt die Hauptaufgabe. Es gilt, eine Auswahl aus den gesammelten Informationen zu treffen. Anschließend sind die Gedanken sinnvoll und überzeugend zu gliedern. Am besten breiten Sie dazu Ihre Informationen und Karteikarten vor sich aus. Rufen Sie sich Ihr Redeziel und das Publikum nochmals in Erinnerung. Zielen Sie auf den Kopf oder das Herz? Handelt es sich somit eher um einen Vortrag oder eine Überzeugungsrede? Welches sind die interessantesten Fakten, die stichhaltigsten Argumente? Wählen Sie dabei denjenigen Aufbau, der den größten Erfolg verspricht.

Die Gliederung der Rede entscheidet über die Wirkung

Versuchen Sie die wichtigsten Redeschritte in wenigen Kernpunkten festzuhalten. Der dadurch entstehende Rahmen läßt sich Schritt für Schritt füllen. Denken Sie daran, daß die Wirkung einer Rede zu einem nicht geringen Teil von einer geschickten Gliederung abhängt. Die Gliederung soll ermöglichen, den Stoff in logische Einheiten zu gruppieren, wie zum Beispiel in die Kapitel eines Buches, in die Lektionen eines Unterrichtssemesters oder eben in die Abschnitte Ihres Vortrages.
Was kompliziert klingt, sei an einem Beispiel näher erläutert. Der Begriff „Personalführung" wird nachstehend strukturiert:

Personalführung

1. Die Rolle und Funktion des Vorgesetzten
   - klare Begriffsdefinition
   - Erwartungen der Mitarbeiter
   - Erwartungen der Vorgesetzten
   - Erwartungen der Kapitalgeber, Kunden, Auftraggeber und Lieferanten
2. Elemente der Führung
   - Der Führungsbegriff
   - traditioneller Führungsstil (Befehl, Gehorsam, Bestrafung/Belohnung)
   - moderne Führung (Berücksichtigung von Bedürfnissen und Veranlagungen der Mitarbeiter)
3. Führung und Führungserfolg
   - Voraussetzungen (Fachwissen); Führungstechnik plus Führungsverhalten ergeben Führungskompetenz; beides ergibt Führungserfolg)

- Führungsumfeld (Führender mit seiner Persönlichkeit, seinem Verhalten, seiner Technik und seiner fachlichen Kompetenz; die Führungssituation und die Mitarbeiter)
- Autorität (formelle und persönliche Autorität)

4. Führungstechnik
   - Führen durch Zielsetzungen
   - Aufträge an die Mitarbeiter
   - Kontrolle
   - Regelung der Stellvertretung
   - persönliche Arbeitstechnik und Hilfsmittel
5. Mitarbeiterbeurteilung und Qualifikation
   - Leistungsbeurteilung
   - Beurteilungssystem
   - Förderung, Aus- und Weiterbildung
6. Mitarbeiter
   - Rekrutierung (Anstellungsgespräch) und Auswahl
   - Gehalt
   - betriebliche Vorsorge
   - Sozialleistungen und Sozialversicherungen
   - Betreuung (inklusive neueintretender Mitarbeiter)
   - Arbeitszeugnis
   - Austritt, Pensionierung

Die Ausarbeitung einer Rede

Nun folgt die detaillierte Ausarbeitung der Rede. Wir kennen dabei zwei Arten der schriftlichen Vorbereitung:

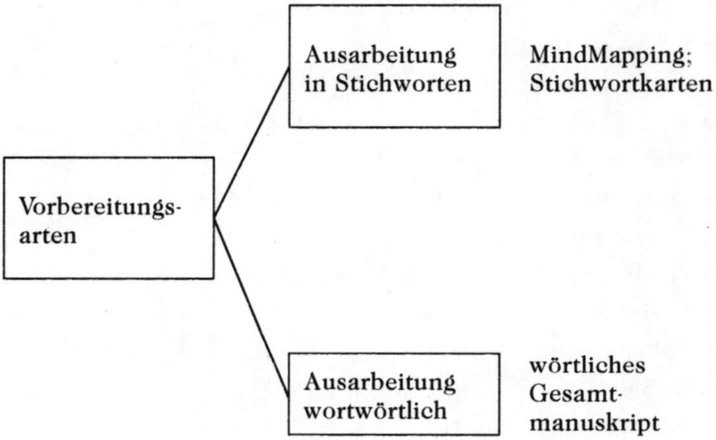

Es ist weder eine Schande, noch zeugt es von Anfängertum, wenn der Referent nicht frei spricht. Im Gegenteil: Es zeigt, daß er sich vorbereitet hat. Die Anwesenden sind dafür dankbar, daß ihnen nicht ein langatmiges Geplauder zugemutet wird.

Stichwortkarten erfordern freies Sprechen

Relativ einfach und schnell ist die Vorbereitung auf Stichwortkarten, denn mit Stichwortkarten können Sie frei sprechen und sich der jeweiligen Situation (etwa einer Zwischenfrage) rasch anpassen. Vergleichbar mit Stichwortkarten ist auch das sogenannte MindMapping, eine Karte im Geist. Das ist eine schematische Darstellung, die die Kernfrage in die Mitte nimmt. Einem Baum gleich werden dann einzelne Äste mit Teilaspekten der Kernfrage gezeichnet und diese direkt auf die Linie geschrieben. Diese Äste können sich mehrfach verzweigen und zeigen zum Schluß auf einer Seite eine gute Übersicht über die gesamte Fragestellung.

Es gibt aber Situationen, bei denen nicht auf wortwörtliche Manuskripte verzichtet werden kann. Das gilt vor allem für Sachvorträge oder für Vorträge, die Sie in einer Fremdsprache ausführen müssen. Auch wenn eine Rede – etwa bei einem Vereinsjubiläum – später in einem Dokumentationsband veröffentlicht werden soll, ist ein wörtliches Manuskript vonnöten.

Manchmal geht es nicht ohne wörtlich ausgearbeitetes Manuskript

Bei einer wortwörtlich ausgearbeiteten Rede laufen Sie allerdings Gefahr, beim Ablesen oder auswendig Aufsagen steckenzubleiben und den Faden nicht mehr zu finden. Außerdem verlieren Sie dabei schnell den nötigen Blickkontakt zum Publikum. Ganz zu schweigen von der viel höheren Vorbereitungszeit ...
Ob Sie die eine oder andere Vorbereitungsart vorziehen, Anfang und Schluß einer Rede müssen immer besonders sorgfältig vorbereitet werden: Der Anfang hinterläßt einen ersten prägenden Eindruck (Vorurteilsbildung!) – und der Schluß bleibt haften. Ein mißglückter Anfang ist kaum mehr gut zu machen und ein nichtsitzender Schluß kann die überzeugendste Rede ihrer Wirkung berauben.
Versuchen Sie beim Sprechen die Rede nicht einfach stur vom Manuskript abzulesen. Blicken Sie die Zuhörerinnen und Zuhörer möglichst oft an. Das können Sie jedoch nur, wenn Ihr Manuskript so übersichtlich gestaltet ist, daß Sie den Faden im Text sofort wieder aufnehmen können.
Diese beiden Redeteile Beginn und Schluß sind also von entscheidender Bedeutung. Daher überlassen Sie die genaue Formulierung nicht der Laune des Augenblicks: Formulieren Sie die ersten und letzten Sätze auf jeden Fall wörtlich aus, und schreiben Sie diese Sätze auf die Stichwortkarten. Tragen Sie Anfangs- und Schlußsatz auswendig vor. Peinlich wird es, wenn Sie als Rednerin oder Redner sogar den Vortragstitel ablesen müssen!
Am Ende der Vorbereitung steht das Überprüfen und Üben der Rede. Bringen Sie die entsprechenden Korrekturen an, und schreiben Sie gegebenenfalls Stichwortkarten neu. Bei wörtlichen Manuskripten ist die Rede bei Bedarf sogar völlig neu zu fassen.

Inhaltlich ist die Rede nun fertiggestellt. Sofern Sie genügend Zeit haben, legen Sie sie eine gewisse Zeit zur Seite. Schlafen Sie darüber, und überprüfen Sie Ihre Unterlagen anschließend nochmals. Wirkt Ihre Rede noch immer wie aus einem Guß? Können Sie den roten Faden noch erkennen, der sich vom Anfang bis zum Schluß hindurchzieht? Können Sie die Redezeit einhalten?
Nötigenfalls sind wiederum Stichwortkarten zu ergänzen oder zu ersetzen. Noch können Sie ja solche Ergänzungen und Verbesserungen anbringen. Wörtliche Manuskripte sind eventuell erneut mit den Korrekturen abzuschreiben oder, wenn Sie mit einem Computer arbeiten, im Textsystem zu korrigieren.

Die Generalprobe: die Rede laut vortragen

Als letztes gilt es nun, den Vortrag zu üben, was aber nicht heißt, daß Sie Ihre ganze Rede auswendig lernen sollen. Reden Sie laut – tragen Sie wenn möglich einem Dritten Ihre Rede vor. Auch Tonbandaufnahmen haben sich für die Selbstkontrolle bewährt. Insbesondere zeigt Ihnen das, ob Sie im Rahmen der Ihnen zur Verfügung stehenden Zeit bleiben.
Nachfolgend finden Sie wichtige Hinweise zur Gestaltung der Stichwortkarten und der wörtlichen Manuskripte.

Stichwortkarten oder wortwörtliche Manuskripte

Stichwortkarten haben – wie bereits erwähnt – ganz entscheidende Vorteile gegenüber den ausführlichen und ausformulierten Manuskripten. Es sind dies die folgenden Pluspunkte:

- Es wird freier gesprochen und das in einer gesprochenen Sprache.
- Der Blickkontakt mit den Zuhörern wird ermöglicht.

- Man kann sich flexibler anpassen (den Erwartungen des Publikums; einer vielleicht kurzfristig verkürzten Redezeit und ähnlichem).
- Zum Halten der Notizen wird nur eine Hand gebraucht. Das wirkt ruhiger; die freie Hand ist für Gesten einsetzbar.
- Der Vorbereitungsaufwand ist kleiner als bei einem wörtlich ausformulierten Manuskript.
- Die Rede ist flexibel zusammenstellbar.
- Redeteile lassen sich unproblematisch (durch Hinzufügen einer weiteren Stichwortkarte) ergänzen.

Beachten Sie beim detaillierten schriftlichen Formulieren:

- „Eine Rede ist keine Schreibe!“ Vor allem die Wortwahl, die Wortwiederholungen, der Satzbau, die Satzlänge unterscheiden sich stark von der geschriebenen Sprache.
- Der Aufbau muß so gestaltet sein, daß beim eventuell notwendig werdenden Kürzen ganze Abschnitte weggelassen werden können (ein Drittel der Rede sollte kürzbar sein).
- Anmerkungen zu geplanten Gesten oder zur Stimmodulation gehören nicht ins Manuskript. Die Reaktion kommt sowieso meist zu spät und wird dann als falsch plaziert oder als einstudiert wahrgenommen. Lediglich Hinweise auf technische Hilfsmittel sind zweckmäßig.

So kann man ein wörtliches Manuskript aufbauen

- Der Text sollte mit Hilfe eines Tonbandes oder später mit Video in kurzen Abschnitten laut gelesen und anschließend mündlich frei nochmals wiedergegeben werden (aber bitte nicht auswendig lernen!). Das erhöht die Sicherheit, auch bei Lampenfieber weiter zu kommen.

Stichwortartige Notizen

Was gilt für die Stichwortkarten? Nachstehend einige Tips für die Gestaltung der Stichwortkarten – direkt auf einer Stichwortkarte:

So können Sie Ihre Stichwortkarten sinnvoll beschriften

- Karten im Format A6 (maximal A5; blendfreies Papier, nicht hochweiß, nicht zusammengeheftet).
- Nur einseitig beschriften, Druckbuchstaben (Handschrift) verwenden.
- Nur ein einziger Hauptgedanke in wenigen Stichworten pro Zettel; Titel und Gliederungszeichen verwenden.
- Zitate, Namen, Zahlen, Anfang und Ende wörtlich notieren.
- Groß und deutlich schreiben (auf 60 cm lesbar).
- Verschiedene Schreibfarben verwenden (Kürzungsmöglichkkeiten, Wichtiges).
- Richtig ordnen, am besten fortlaufend numerieren. Eventuell Ecke abschneiden, damit Sie die Karten schneller ordnen können.
- Hinweise auf Hilfsmittel anbringen, aber keine Stimm- und Gestenanweisungen.
- Eventuell Zeithinweise (je Karte in Minuten oder kumuliert).

Die sichere und ruhige Handhabung ist folgendermaßen gewährleistet:

- Der Referent hält die ungefalteten Karten in einer Hand. Er wirft ruhig einen Blick auf die leicht angehobenen Karten. Dank der Stichwörter erfaßt er rasch den zentralen Gedanken. Die Karten werden wieder gesenkt.
- Das aufgenommene Stichwort genügt, um zum Thema frei zu sprechen.

- Der Redner hebt die Karten erneut und prüft, ob zu diesem Gedanken alles gesagt ist.
- Wenn ja, wird die oberste Karte nach hinten gelegt beziehungsweise bei einem Podium zur Seite, ohne sie umzudrehen, da das störend und ablenkend auf Referent wie Zuschauer wirkt.
- Jetzt fährt der Redner mit der nächsten Karte fort wie oben beschrieben (eventuell kann er auch einzelne Karten überspringen).
- Der Kartenwechsel sollte in der Regel alle 1–3 Minuten stattfinden.
- Die Karten sollten in der schwächeren Hand (bei Rechtshändern ist dies meist die linke Hand) gehalten werden, da mit ihr weniger Gesten gemacht werden.

Sollten Sie doch einmal DIN-A4-Blätter verwenden, wenn beispielsweise das Manuskript auf einem Rednerpult aufgelegt werden kann, so hat sich folgende Blattgestaltung bewährt:

Stichworte auf einem DIN-A4-Blatt

Thema/Titel:	Beginn: ....
Datum:	Ende: ....
Ort:	Dauer: ....
Anlaß:	Seite: ....

Hauptstichwort:	Nebenstichwort:

Auch moderne Methoden, wie MindMapping sind geeignet, wenn Sie ein Rednerpult haben, auf das Sie eine A4-Seite ablegen können. MindMapping ist ja, wie bereits erwähnt, eine assoziative zeichnerische Gestaltung auf Papier. Von einem zentralen Kästchen, das Ihr Vortragsthema beinhaltet, werden Baumästen gleich, die davon ausgehen, die verschiedenen Aspekte handschriftlich notiert.

Wenn schon wörtliche Manuskripte ...

„Wenn schon wörtliche Manuskripte ...“, dieser Titel zeigt bereits meinen grundsätzlichen Begeisterungsmangel für diese Methode. Aber wenn schon, dann ist neben dem bereits Festgestellten noch folgendes zu beachten:

Gestaltung eines wörtlich ausgearbeiteten Manuskripts

- nur feste A4-Blätter verwenden, die Sie einseitig beschriften
- keine hochweißen Blätter, die blenden oder spiegeln (besser sind daher pastellfarbige oder mattweiße Blätter)
- mit Farben oder durch Unterstreichen wichtige Textstellen oder Kürzungsmöglichkeiten markieren
- breiten rechten Rand lassen (für Korrekturen, einfacher beim Lesen erfaßbar)
- 2-Zeilen-Schaltung bei der Schreibmaschine und große Schrifttypen (sie erleichtern das Lesen)
- Großzügig mit dem Platz umgehen. ODERHÄTTENSIEFREUDE, WENNSIESO EINGANZESMANUSKRIPTLESENMÜSSTEN? WOHLKAUM. SOWIEESBEI DENWORTENIST, SOIST ESMITDENSÄTZENUNDABSCHNITTEN. Die in Wales liegende Ortschaft Llanfairpwllgwyngyllgogerychwyrndrobwllllantysiliogogogoch hat zwar wegen ihres Namens Furore gemacht, aber genau aussprechen kann ihn niemand.
- neue Abschnitte deutlich trennen

- Mundartvorträge sind schriftlich auch in Mundart zu notieren. Das ist aufgrund der veränderten Satzkonstruktionen nötig; selbst sehr geübten Rednern wäre das Übersetzen von Schriftsprache in Mundart in der kurzen Zeit kaum möglich. Ihre Mundartnotizen müssen nur für Sie lesbar sein.

Für das Vortragen des ausgearbeiteten Manuskripts gelten besondere Regeln

Zudem darf beim Vorlesen der Rede nicht vergessen werden:

- Manuskript auflegen, nicht in den Händen halten (und dabei halb knicken).
- Keine Hilfsmittel wie Lineale oder Finger auf der Lesezeile verwenden; das hemmt den zügigen Redefluß und aktiven Kontakt zu den Zuhörern.
- Wer beim Vorlesen des Manuskriptes zuviel auf den Text sieht, hat kein Gesicht (Blickkontakt aufrechthalten).
- Legen Sie die Manuskriptseiten nur zur Seite, und blättern Sie die Blätter nicht um. Das stört, verleitet die Zuhörerinnen und Zuhörer zum Zählen und erzeugt bei Mikrofonen störende Nebengeräusche. Die Blätter daher nicht zusammenheften, sondern numeriert in eine Klarsichthülle legen.
- Vorsicht bei (Lese-)Brillenträgern: Eine weit vorn auf der Nase sitzende Brille oder permanentes Auf- und Absetzen derselben stört.

Korrekt handelt, wer sich an folgenden Rhythmus hält: Blick ins Skript – Text erfassen – aufnehmen – Publikum ansehen – sprechen.
Ausschnittbeispiele von wörtlichen Manuskripten:

- schematisch (je Zeile nur ein Kerngedanke):

....,

....

....

....

....

....

Alternativ kann man ein wörtliches Manuskript auch so aufbauen, daß links das Stichwort steht und daneben der ausgearbeitete Text:

Stichwort	Text
....	....
	....
	....
	....
....	....
	....
	....
	....
....	....
	....
	....
	....

Das spricht gegen das Auswendiglernen

Warum soll man eigentlich wörtliche Manuskripte nie auswendig lernen?

- Auswendiglernen braucht viel Zeit und Energie – verwenden Sie diese besser für die sachliche Vorbereitung und zur Überzeugung der Teilnehmer (emotionales Feuer).
- „Geschrieben ist nicht gesprochen“ – fördern Sie lieber ihr Sprechdenken als das mechanische Hinunterleiern.
- Die Gefahr, steckenzubleiben beziehungsweise am Teilnehmerinteresse vorbei zu sprechen, ist groß – bleiben Sie also lieber flexibel.

Organisatorisches

Diese Punkte sollte man klären

Haben Sie folgende Fragen beantwortet:

- Wer ist mein Ansprechpartner beim Veranstalter (Adresse, Telefon, Fax)?
- Welche Redezeit habe ich?
- Wann spreche ich im Verlauf der Veranstaltung (Tag und Uhrzeit)?
- Genauer Veranstaltungsort?
- Wie organisiere ich die Hin- und Rückreise?
- Wie sind die Räumlichkeiten gestaltet und eingerichtet?
- Welche technischen Hilfsmittel stehen zur Verfügung?
- Wer kommt für die Spesen auf (Unterkunft, Verpflegung)?
- Ist ein Honorar vereinbart?
- Wie ist die Gesamtveranstaltung aufgebaut? Sprechen noch andere Personen?
- Woran muß ich sonst noch denken?

Die sorgfältige organisatorische Vorbereitung erspart viel Ärger und wohl auch manches „ja, wenn ich das gewußt hätte ...“.

Die Einzelrede

Bei einer Rede will die Sprecherin respektive der Sprecher einem Kreis von Zuhörern persönliche Gedanken näher bringen. Da der Redner nicht in direkter Wechselrede mit seinen Zuhörern steht, wird auch von einer Monologsituation gesprochen. Der Monolog der Einzelrede sollte sich allerdings auf die verbale Sprache beschränken, nicht auf die Körpersprache. Durch sie befinden sich Redner und Publikum nämlich in einer Dialogsituation. Das Publikum signalisiert zum Beispiel Interesse, Anteilnahme und Zustimmung oder auch Langeweile, Ablehnung und Desinteresse. Achten Sie auf das nonverbale Feedback, das Ihnen Ihre Zuhörerinnen und Zuhörer geben, und führen Sie so einen stummen Dialog.
Im Gegensatz dazu steht das Gespräch als Dialogsituation, bei der zwei oder mehrere Personen aktiv am Gespräch teilnehmen.
An dieser Stelle seien nochmals die wichtigsten Redeformen, ob Monolog oder Dialog, aufgelistet:

Redeart	Redeziel
Akquisitionsgespräch	Auftrag/Bestellung bekommen
Bewerbungsgespräch	Stelle erhalten/besetzen
Kritikgespräch	Verhaltensänderung
Laudatio	Lobrede auf eine Persönlichkeit
Rahmenrede	Einleitung einer Veranstaltung
Rezitation	künstlerische Darbietung
Streitgespräch	Darlegung der Standpunkte
Therapiegespräch	Diagnose und Hilfe
Trauerrede	Ehrung eines Verstorbenen
Verhör	Wahrheitsfindung
Verkaufsgespräch	Verkauf von Produkten
Vorlesung	Stoffvermittlung

Man kann speziell die Einzelreden auch nach folgenden Gesichtspunkten unterscheiden:

Sachvortrag	Die Information steht im Zentrum.
Überzeugungsrede	Das Überzeugen der Zuhörerschaft steht im Zentrum.
Standpunkterklärung	Sie stellt den eigenen Standpunkt klar und wird auch Meinungsrede genannt.
Fest-/Gelegenheitsrede	Personen oder Anlaß stehen im Zentrum. Sie wird auch Fest-, Tisch- oder Rahmenrede genannt.
Spontanrede	Eine unvorbereitete Stellungnahme steht bei dieser Redeform im Zentrum.

Welches sind die spezifischen Eigenheiten, die es jeweils zu berücksichtigen gilt? In den folgenden Kapiteln werden die wichtigsten Redearten genauer vorgestellt.

Formen der Einzelrede

Der Sachvortrag (Informationsrede)

Hier steht die Wissensvermittlung im Zentrum

Im Sachvortrag, der Informationsrede, wird ein Thema erörtert. Es geht dabei in erster Linie um Wissensvermittlung, darum zu informieren, zu instruieren oder Informationen zu präsentieren. Der Referent wird seine persönliche Meinung zurückhaltend äußern, da seine Person gegenüber der Sache im Hintergrund steht. Oftmals ist der Teilnehmerkreis speziell ausgewählt worden, zum Beispiel eine Gruppe von Mitarbeitern, die auf einem bestimmten Fachgebiet eine Weiterbildung erhalten sollen.

Fragen können in der Regel erst am Schluß gestellt werden. Gerade daher hat der Referent während der Rede durch intensiven Blickkontakt zu prüfen, ob das Gesagte verständlich und interessant ist. Die eher passive Rolle der Zuhörer bringt mit sich, daß sie rasch ermüden. Daher darf ein solcher Sachvortrag nicht zu lange dauern. Länger als zwei Stunden hält niemand ohne Pause durch.

Überanstrengen Sie Ihre Zuhörer nicht

Der Aufbau richtet sich nach den Überlegungen der Logik, die Sprache ist sachlich. Eine klare Gliederung unterstützt den Zweck der Wissensvermittlung.

Vor allem bei wörtlichen Manuskripten besteht die Gefahr, daß der Referent sich von den Zuhörern entfernt und nicht bemerkt, wenn deren Aufmerksamkeit nachläßt und sie nicht mehr folgen.

Technische Hilfsmittel wie Tageslichtprojektor oder Flipchart (siehe Kapitel „Hilfsmittel, die den Vortrag unterstützen“, Seite 196 ff.) erleichtern die Informationsübermittlung und lockern den Monolog auf.

Die Überzeugungsrede

Mit der Überzeugungsrede will der Redner, wie der Name bereits sagt, seine Zuhörerinnen und Zuhörer für seine Ideen und seine Ansichten gewinnen. Das Publikum soll von der Richtigkeit der Ansichten und Handlungsaufforderungen des Redners überzeugt sein und ihnen Folge leisten. Hier haben im Gegensatz zum Sachvortrag auch Gefühle Platz. Mit seiner emotionalen Beteiligung steckt der Redner sein Publikum an und gewinnt dessen Interesse.

„Wer jemanden überzeugen will, muß zuerst sich selbst überzeugen.“ Wer also selbst nicht an eine Sache glaubt, wird wohl kaum fremde Personen dafür gewinnen können. Das Redeziel sollte dem Sprecher einer Überzeugungsrede ständig vor Augen sein. Das erlaubt ihm, beharrlich und konsequent auf dieses Ziel hinzuarbeiten, ohne dabei in seinen Mitteln unbeweglich zu werden. Reaktionen auf das Feedback des Publikums sind durchaus wichtig – aber das Ziel muß das gleiche bleiben.

Jeder Überzeugungsrede folgt eine klare und unmißverständliche Handlungsaufforderung. Was ist nun zu tun? Was ist zu unterlassen? Wählen Sie dafür kleine, realistische Schritte.

Entscheidend für den Erfolg der Überzeugungsrede ist die Person des Redners. Es kommt oftmals weniger darauf an, was er wortwörtlich sagt, sondern darauf, daß es auf eine bestimmte Art gesagt wurde.

Bei der Überzeugungsrede dürfen Gefühle gezeigt werden

Wie kann man überzeugen? Auf jeden Fall müssen Sie das Gefühl der Zuhörerinnen und Zuhörer ansprechen. Das heißt nicht, daß Sie unsachlich sein sollen – wohl aber, daß Sie auch an das Herz der Zuhörer, an ihren Anstand und ihre ethischen Werte appellieren dürfen und sollen. Strahlen Sie auch selbst menschliche Wärme aus. Ihre Beliebtheit, Glaubwürdigkeit, Neutralität und Selbstsicherheit sind ein wichtiger Beitrag zu der Überzeugung, die Sie vermitteln wollen.

Die Art der Vortrags- und Sprechtechnik beeinflußt die Überzeugungsbemühungen ebenfalls ganz wesentlich (siehe Kapitel „Die Sprechtechnik", Seite 33 ff.).

Je eher sich die Zuhörerinnen und Zuhörer einen Nutzen von der Denk- und Verhaltensänderung versprechen, je geringer der Umstellungsaufwand ist, desto eher sind sie bereit, sich oder ihr Verhalten zu ändern. Das bedingt jedoch, daß die verlangte Umstellung nicht zu heftig mit der bisherigen Denkhaltung kollidieren darf. Denn jede Umstellung bedeutet ein Risiko, und das ist für die meisten Menschen mit Angst verbunden.

Die Fest- oder Gelegenheitsrede

Die Fest- oder Gelegenheitsrede gibt einer feierlichen Veranstaltung Rahmen und Inhalt. Eine ganz bekannte Form ist die Tafelrede. Sie will die gute Stimmung heben und halten – also weder überzeugen noch informieren. Die Rednerin oder der Redner will begrüßen, ehren, beglückwünschen, gratulieren, mitfeiern oder Anteil nehmen.

Solche Reden sind kurz und bündig. Vielleicht ist die Rede nur wenige Minuten lang, da sie ja nie der Grund für die Veranstaltung – und das Kommen des Publikums – ist. Und

in diesem Fall kann man jedem Redner nur empfehlen, sich an das Sprichtwort „in der Kürze liegt die Würze“ zu halten.
Zu folgenden Anlässen werden beispielsweise Fest- oder Gelegenheitsreden gehalten:

- Einweihungen
- Beförderungen, Verabschiedungen im Betrieb
- Jubiläen wie Geburtstag, Hochzeitstag, Firmen- und Arbeitsjubiläum
- Abschlußfeiern (Diplom, Kurs, Veranstaltung)
- Preisverleihungen und Ehrungen
- Vereins- und Betriebsversammlungen
- Eröffnung einer Veranstaltung wie eines Balles, eines Sportwettkampfes, einer Sportsaison, eines Festes
- Familienfeste
- Kirchliche Feste wie Taufe, Konfirmation, Kommunion, Hochzeit

Spezialfälle dieser Redeart – mit besonderen Gesetzen – sind die Laudatio (Ehrung) beziehungsweise die Trauerrede (Epilog).
Als Aufbau hat sich für die reguläre Fest- oder Gelegenheitsrede in der Praxis bewährt:

So kann man eine Festrede gliedern

Anrede und Begrüßung	eventuell mit Dank für die Einladung
Anlaß des Festes	kurze Darstellung des Hintergrunds, warum feiern wir?
Ehrung, Auszeichnung	Vergangenheit, Erlebnisse, Rückblick, Geschichte
Ausblick und Aufforderung	Zukunft, Optimismus, Glückwünsche
Dank, Abschluß	gegebenenfalls mit Trinkspruch, Geschenküberreichung, Hochleben lassen, Glas erheben.

Wichtiger Teil der Festrede ist, im Gegensatz zu den übrigen Redeformen, die Anrede. Hier dürfen und müssen teilweise sehr viele Personen erwähnt werden. Die Hauptperson zuerst, anschließend in der korrekten Reihenfolge die übrigen Personen. Wählen Sie sehr sorgfältig die Reihenfolge aus – eine unpassende Reihenfolge könnte Ihnen übel genommen werden.

Bei der Festrede unverzichtbar: die Nennung der Anwesenden

Je nach Veranstaltungsart ist Ihrer Festrede vielleicht schon eine eigentliche Begrüßungsrede vorangegangen. Dann können Sie selbstverständlich auf eine ausladende Begrüßung verzichten. Einen Dank für das Erscheinen auszusprechen würde sich sogar ganz erübrigen.

Als Abschluß einer Festrede kann ein Hochleben lassen oder ein Trinkspruch angebracht sein.

Anknüpfungspunkte für den Inhalt der Rede könnten sein:

- Hauptperson (Lebenslauf, Geburtsdatum, Persönlichkeit, erreichte Ziele)
- Beruf
- Gemeinsamkeiten/Unterschiedlichkeiten mit der Hauptperson wie im Charakter, Beruf oder Hobby
- gemeinsamer Lebensweg
- heutiger Anlaß
- Geburtsdatum (was hat sich an diesem Tag ereignet, wie war die damalige Zeit, welche Schlagzeilen waren damals auf den Frontseiten der Zeitungen?)
- Vornamen, Name (Bedeutung, Verwandtschaft)

Die Spontanrede

Spontan, das heißt ohne oder nur mit geringer Vorbereitung, spricht in der Spontanrede eine Sprecherin oder ein Sprecher, sei dies im Rahmen einer politischen Diskussion, einer Sitzung oder einer anderen Besprechung. Auch bei Festen werden Sie unter Umständen plötzlich um Ihre Meinung gefragt und müssen sich spontan äußern. Diese Redeart erfordert daher höchste Konzentration, rasche Auffassungsgabe, schnelles Denken und eine gehörige Portion Übung. Eine mögliche Aufbauform ist:

Standpunkt	eigene Position darstellen
Argumente	Begründung, Beispiele
Schlußfolgerung	Handlungsaufforderung

Auch die zeitliche Gliederung (heute/ist; Zukunft/soll sein; Weg) ergibt eine optimale Gliederung.

Spezialfälle der Einzelrede

Die Lobrede (Laudatio)

Eine Unterform der Fest- oder Gelegenheitsrede ist die Laudatio. In dieser Lobrede wird eine Person (eventuell ein Personenkreis) anläßlich des Geburtstages, einer Familienfeier, eines Preis- oder Wettbewerbgewinnes, eines betrieblichen Jubiläums oder eines anderen Anlasses geehrt.
Bei mehreren Geehrten sind alle Namen genau und in bestimmter Reihenfolge zu nennen. Eventuell können die Namen durch eine weitere Person aufgerufen werden (speziell wenn ein Geschenk oder Diplom überreicht wird).
Für eine solche Rede sind seriöse und detaillierte Recherchen erforderlich. Wenn auch die Zuhörerinnen und Zuhörer kleine Ungereimtheiten nicht realisieren würden, die geehrte Person merkt es bestimmt.

Wer jemand ehren will, muß seinen Werdegang kennen

Da dem Geehrten in der Regel dick aufgetragenes Lob und penetrante Superlative eher peinlich sind, ist damit sparsam umzugehen. Erwähnen Sie Begebenheiten, die den Geehrten als liebenswerten Menschen erscheinen lassen. Taktlos sind Ermahnungen (auch an andere). Bringen Sie Schwung und Humor (nicht Witz!) in die Rede anstelle einer monotonen Aufzählung von Fakten.

Die Trauerrede (Epilog)

Bei der Trauerrede sind Takt und Herz besonders gefragt

Die Trauerrede (Epilog) finden wir anläßlich einer Bestattung, einer Kranzniederlegung, auf dem Friedhof, in der Kirche oder bei der Trauerfeier. Die verstorbene Person wird geehrt und in Erinnerung gerufen.
Gemeinsame Erlebnisse, sofern sie die Persönlichkeit des Verstorbenen näher beleuchten, eignen sich. Grundsätzlich hat alles Platz, was mit Taktgefühl und Herz vorgetragen wird. Vorsicht ist allerdings gegenüber zu pathetischen Äußerungen und langatmigen Ausschweifungen am Platz. In einer Trauerrede besteht kein Raum für kritische Bemerkungen über den Verstorbenen und über seine Nachfolge. Nehmen Sie zu diesem Anlaß nie vollständig unveränderte Musterreden aus Büchern. Als ebenso pietätslos müßte man das Üben in Seminaren empfinden.

Übung: Lobrede

Anhand der nachstehenden Übungsanleitung können Sie eine Lobrede üben und ausprobieren.

Thema:	Lobrede (Laudatio)
Titel:	frei, jedoch vorher mitzuteilen. Wählen Sie ein Thema aus einem der folgenden Bereiche: ■ ein Freund feiert Geburtstag ■ eine Mitarbeiterin bekommt ein Kind und geht in Mutterschaftsurlaub ■ ein Mitarbeiter wird pensioniert
Redezeit:	mindestens 1–3 Minuten
Zuhörer:	frei wählbar. Kündigen Sie jedoch an, vor welchem Publikum Sie sprechen.
Ort:	vor den Zuhörern (stehend)
Besonders zu beachten:	Haltung, Blickkontakt
Bemerkungen von Zuhörern:	Beurteilung, Feedback, Verbesserungsvorschläge

Aufbauvarianten einer Rede

Die Gliederungsvarianten

Dem Aufbau, der Gliederung Ihres Vortrags, kommt große Bedeutung zu. An einer einfachen Übung kann dies veranschaulicht werden. Merken Sie sich folgende Zahlenreihen in maximal einer Minute:

a) 9 6 21 12 3 18 15 24

b) 3 6 9 12 15 18 21 24

Die Zahlenreihe a) läßt sich wesentlich schwieriger einprägen als die Reihe b), obwohl es identische Zahlen sind. Warum? Die Reihe b) hat eine innere Ordnung – einen logischen Aufbau. So ist es mit einer gut gegliederten Rede: Je natürlicher beziehungsweise folgerichtiger der Redeaufbau ist, desto nachvollziehbarer wird der Aufbau und damit auch der Inhalt für die Zuhörer. Eine gute Gliederung, die in sich stimmig ist, erleichtert somit das Verständnis ganz entscheidend.

Der Wissenschaftler Frederic Vester stellte zur Verbesserung des Lernens in seinem Buch „Denken, Lernen, Vergessen" einige Regeln auf, deren Beachtung auch beim Aufbau einer Rede von Vorteil ist (Auszug):

Diese Punkte sollte man beim Aufbau einer Rede beachten

1. Lernziele erkennen (was will ich bei den Zuhörern mit meiner Rede erreichen)
2. sinnvoller Aufbau (also nicht unbedingt historisch!)
3. Neugierde kompensiert „Fremdeln" (wenn ich mein Publikum mit etwas ihm Ungewohnten konfrontiere, muß ich es ihm schmackhaft machen, indem ich sein Interesse wecke)
4. Neues, alt verpackt (das nimmt dem Fremden einen Teil seiner Ungewohntheit und erleichtert den Zugang)
5. Skelett vor Details (bevor ich das Publikum mit Einzelheiten bombardiere, erkläre ich zunächst die Hauptpunkte und damit die Gliederung)

6. Erklärungen vor Begriffanwendung (damit das Publikum mit meinem Vortrag etwas anfangen kann, sichere ich mich durch kurze Erklärungen ab, daß meine Begriffe auch verstanden werden)
7. Lernspaß (was man gerne gehört hat, weil es ansprechend vorgetragen wurde, behält man leichter)
8. viele Eingangskanäle nutzen (wenn Informationen nicht nur akustisch durch den Vortrag, sondern auch beispielsweise optisch durch einen Tageslichtprojektor vermittelt werden, erleichtert das die Aufnahme)
9. Verknüpfungen mit der Realität (Beispiele aus dem jedem Zuhörer vertrauten Alltagsleben veranschaulichen das Gesagte)
10. Wiederholen von neuen Informationen (nur einmal Gesagtes prägt sich nicht genügend ein)
11. dichte Verknüpfungen aller vorherigen Fakten (alle genannten Punkte sind gemeinsam zu benutzen, um einen optimalen Aufbau der Rede zu gewährleisten)

Die wichtigsten Punkte gehören an den Anfang

Die Berücksichtigung dieser Regeln läßt noch immer sehr viele Gliederungsmöglichkeiten zu. Wählen Sie einen Aufbau, der Ihnen und dem Thema entspricht. Sprechen Sie in jedem Fall das Wichtigste zuerst an, da die Aufmerksamkeit mit der Zeit absinkt. In jedem Zeitungsartikel werden die wichtigsten Fragen zu Beginn beantwortet und nicht erst im letzten Abschnitt. Beantworten Sie alle W-Fragen zu Ihrem Thema. Das sind die journalistischen Fragen nach: wer, wo, wie, was, wann, warum, womit, wie lange, warum nicht ...

Bedenken Sie im Aufbau auch, daß Sie zuerst die Herzen der Zuhörerinnen und Zuhörer gewinnen müssen, bevor Sie den Kopf überzeugen können.

Seien Sie bei Aufbau und Formulierung kreativ (nicht aber zwanghaft originell!). Der ungarische Biochemiker und Nobelpreisträger Albert von Szent-Györgyi definierte Kreativität einmal so: „Eine Entdeckung macht man, wenn man sieht, was jeder gesehen hat, und dabei denkt, was noch niemand gedacht hat.“

Die Zuhörerinnen und Zuhörer wollen Neues von Ihnen hören. Wenn Sie mit keinen Entdeckungen aufwarten können, schöpfen sie aus eigenen Erfahrungen. Bringen Sie neue Kombinationen, neue Anwendungsmöglichkeiten. Zeigen Sie neue Ansätze. Der Umgang mit Kindern kann helfen, der Phantasie neue Wege zu weisen. Sie zeigen uns, wie man spielerisch Dinge neu kombinieren kann.

Einige gut bewährte Gliederungsvarianten finden Sie nachfolgend. Welche davon für Sie die geeignetste ist, hängt vom Anlaß und vom Thema ab, aber auch von Ihnen. Nur Sie selbst können das entscheiden.

Sie selbst müssen herausfinden, welche Gliederung zu Ihrem Thema paßt

Analyseform

IST Information über die Fakten, die Ausgangssituation, den momentanen Stand der Dinge

SOLL Wohin soll es gehen? Ziel, Zukunft

WEG Vorgehen, Lösungen, wie packen wir es an?

IDEAL-Formel

Die IDEAL-Formel steht für folgende fünf Schritte:

I wie Interesse wecken, Wohlwollen schaffen

D wie Darstellung des Themas, Situation darlegen und Vorschläge unterbreiten

E wie Erläuterung, Präzisierung, Untermauern der Vorschläge/Ideen, mögliche Einwände entkräften

A wie Anschauung, Praxisbeispiel, Aha-Erlebnis, Eselsbrücke, Humor, Anekdote

L wie logischer Schluß, Handlungsaufforderung, sagen, was jetzt zu tun ist

Antike Redegliederung (leicht abgeändert)

Schon in der Antike wurden so Reden aufgebaut

Einleitung	Wohlwollen schaffen
Thema darstellen	Begriffe definieren, Problem schildern
logische Konsequenz	Folgerung, neue Varianten aufzeigen, Lösungsmöglichkeiten und deren Vorteile aufzeigen
Widerlegen der Gegenargumente	Gegenargumente bereits jetzt vorwegnehmen
Analogien	vergleichbare Begebenheiten schildern
Beispiele	konkretisieren, veranschaulichen
Beweisen	Argumente für Ihre Meinung anbringen, begründen
Nutzenargumentation	Vorteil für die Zuhörer darlegen, die Tatsachen zusammenfassen, begeistern und anfeuern
Schluß	Zusammenfassung, Appell, Aufruf zur Tat

Fünfsatz-Rede

In der Fünfsatz-Rede kommen Sie in fünf Schritten zum Ziel. Diskret kann dies an den Fingern einer Hand abgezählt werden.

Was ist?	heute, jetziger Zustand, Faktum
Was soll sein?	Ziel, Vision
1. Alternative (oder These)	Reduktion auf zwei (maximal drei) Möglichkeiten, Vorstellen der 1. Möglichkeit

2. Alternative (oder Antithese)	unattraktiv präsentieren, entkräften der Gegenargumente
Verwerfung	2. Möglichkeit verwerfen (mit Begründung) und Nutzen der 1. Möglichkeit nochmals aufzeigen
Handlungsaufforderung	Was ist jetzt zu tun? Wie?

Gratulationsschema

Anlaß	Warum treffen wir uns? Persönlicher Bezug
der/die zu Ehrende	Person/Anlaß, Vergangenheit
Ausblick	Wünsche für die Zukunft

Generelles Schema

Das generelle Schema ist ein Grundschema, nach dem Sie jedes Referat aufbauen können.

Mit diesem Schema liegt man eigentlich nie falsch

Einleitung	Anrede, Begrüßung, Thema nennen, Abgrenzung, Aktualitätsbezug
Hauptteil	
Leitidee 1	IST-Situation, wie ist es dazu gekommen? Deutlich machen einer gemeinsamen Basis von Referent und Publikum
Leitidee 2	SOLL-Zustand, These, Vision, Zukunft
Leitidee 3	Konsequenzen, Wege zum Ziel, Hindernisse, Alternativen, Kompromisse
Schluß	Handlungsaufforderung, Zusammenfassung, Ausblick, Nutzen, Verabschiedung

Die Augenformel

Was sehe ich?	Beobachtung
So urteile ich	Würdigung
Konsequenzen	Was ist zu tun?

Die Überzeugungsformel

Gut geeignet ist diese Gliederung für eine Überzeugungsrede

Sie stellen eine Behauptung auf oder legen Ihren Standpunkt dar, führen eine logische Beweisführung, begründen, unterstützen die Argumentation mit Beispielen und Bildern und verdichten am Schluß den Kernpunkt zu einer zwingenden Handlungsaufforderung.

These	Meinung, Behauptung, Standpunkt verdeutlichen
Argument(e)	Beweisführung
Beispiele	Konkretisierung, Bekräftigung
Zusammenfassung	Konsequenz, Handlungsaufforderung

AIDA-Formel

Die AIDA-Formel entspricht dem klassischen Aufbaumuster der Werbung.

Attention	Aufmerksamkeit erregen, Beachtung erzielen
Interest	Interesse wecken
Desire	Besitzwunsch wecken
Action	Handlung auslösen (Kauf)

Auch sprachliche Strukturierungen, speziell bei kurzen Vorträgen, helfen, ein Referat logisch aufzubauen und erleichtern damit der Zuhörerschaft das Verstehen. Gedacht wird dabei beispielsweise an folgende Begriffspaare:

Gegensatzpaare dienen dem leichteren Verständnis

früher	heute
pro (plus)	kontra (minus)
Kosten/Nachteil	Nutzen/Vorteil
intern	extern
Gegner	Befürworter
dafür	dagegen

Numerierte Aufzählungen (1., 2., 3. oder a), b), c)) geben einer Rede ebenfalls Struktur und damit Halt. Solche Dreischritte könnten auch erreicht werden über „gestern – heute – morgen" oder beispielsweise über „Gegner – Befürworter – unsere Lösung".

Übung: Erlebnisbericht

Die nachfolgende Übung gibt Ihnen eine Trainingsanleitung für eine Rede mit einem Erlebnis als Inhalt.

Thema:	Erlebnisbericht Schildern Sie ein persönliches Erlebnis aus Ihrer Kindheit, das Ihnen aus irgendeinem Grund besonders in Erinnerung geblieben ist.
Redezeit:	1–2 Minuten
Zuhörer:	Trainingsteilnehmer, Freunde, Familie
Ort:	vor den Zuhörern (stehend)
Besonders zu beachten:	Haltung, Blickkontakt, Aussprache (laut, deutlich), verständlicher Aufbau
Bemerkungen von Zuhörern:	Beurteilung, Feedback, Verbesserungsvorschläge

Die verschiedenen Redephasen

Wir gliedern die Rede in vier Phasen – zusammen mit der Phase, die der Rede vorausgeht, sind es insgesamt fünf:

Schematische Darstellung der einzelnen Redephasen

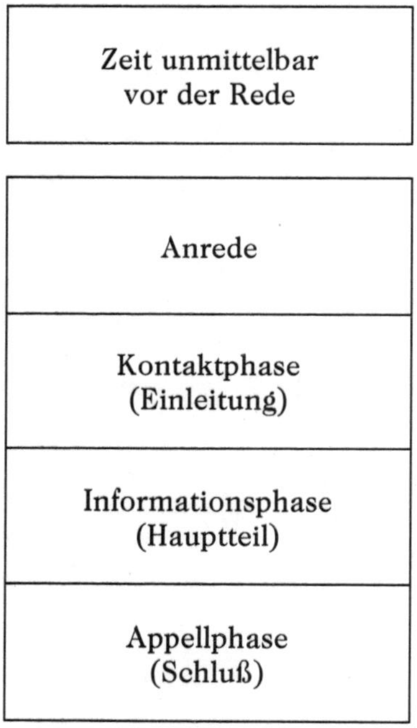

Die Zeit unmittelbar vor der Rede

Die Zeit unmittelbar vor der Rede dient dem Redner dazu, sich zu sammeln und letzte Publikumsbeurteilungen vorzunehmen.
Bei kleineren Teilnehmerzahlen ist es oft üblich, daß der Redner die ankommenden Gäste persönlich mit Handdruck begrüßt. So entsteht ein erster Kontakt, und Sie haben zudem die Chance, Ihrem Publikum „in die Augen" zu sehen. Das liefert Ihnen wichtige Informationen und entspannt die Atmosphäre.

Bereits der erste Kontakt, die erste Brücke, die wir zum Publikum schlagen, muß tragfähig sein. Daher ist der Einstieg einer Rede äußerst wichtig und darf wörtlich formuliert sein. Daß Äußerlichkeiten den ersten Eindruck prägen, sollte uns immer bewußt sein.

Die einzelnen Schritte vor der Rede sollten folgendermaßen ablaufen:

Vor der eigentlichen Rede gibt es noch einiges zu beachten

- Sie sind rechtzeitig am Veranstaltungsort (das erspart Ihnen Streß und gibt Ihnen Zeit, letzte Vorbereitungen zu treffen).
- Sie selbst oder der Veranstalter überprüfen die Hilfsmittel (Stecker, Pulthöhe, Podest, Verdunklungsmöglichkeit, Getränkeservice, Saallüftung, Temperatur).
- Alkohol und Aufputschmittel hemmen die Aufmerksamkeit, man soll beides vor der Rede meiden.
- Kleidung und Frisur werden nochmals am Platz überprüft, das Manuskript wird eingesteckt.
- Sie treten ein (ohne Begleittroß) und erfassen das Publikum mit einem Rundblick. Wenn Sie sich schon im Raum befinden (etwa weil vor Ihnen bereits ein anderer Vortrag gehalten wurde), stehen Sie langsam auf.
- Gehen Sie ruhig, gefaßt, selbstsicher und bestimmt zum Rednerplatz. Achten Sie auf eventuell vorhandene Kabel am Boden. Gegebenfalls klären Sie Ihre Stimme jetzt durch Räuspern oder Husten.
- Am Pult ordnen Sie ruhig die Unterlagen und legen das Manuskript bereit. Wenn nötig, schenken Sie sich Mineralwasser ein, legen die Uhr bereit und schalten anschließend die Lampe und dann das Mikrofon ein.
- Lösen Sie sich vom Pult (zurücktreten, Stand suchen, Hände senken).
- Nehmen Sie Blickkontakt mit den Zuschauern auf.
- Jetzt legen Sie eine Pause ein, bis Ruhe und Aufmerksamkeit gewonnen ist. So verschaffen Sie sich Respekt.
- Sie beginnen mit einer klaren und sicheren Anrede (fangen Sie erst mit der Rede an, wenn Sie die Aufmerksamkeit gewonnen haben). Insbesondere zu Beginn sollten Sie sehr langsam sprechen und Pausen einsetzen.

Die Anrede (Beginn)

Der erste Eindruck ist entscheidend – ihn zu korrigieren schwer

Mit dem Beginn der Rede schlagen wir zu den Zuhörern eine Brücke. Diese emotionale Kontaktaufnahme muß Ihnen mit den ersten paar Sätzen gelingen, denn innerhalb sehr kurzer Zeit bildet sich das Publikum ein Urteil über den Sprecher. Dieser erste Eindruck kann falsch sein – aber er bleibt an Ihnen kleben. Wir wissen von uns selbst, wie schwer wir uns auch schon nach kurzer Zeit damit tun, das einmal gewonnene Bild eines Menschen wieder zu revidieren und nicht alle neuen Aussagen zur Untermauerung des bereits vorhandenen (Vor-)Urteiles zu benützen. Viel eher ignorieren wir Faktoren, die das Bild von diesem Menschen ändern könnten. Wir haben daher keine zweite Chance, einen ersten Eindruck zu hinterlassen. Der Anfang muß sitzen und Redner und Redegegenstand dem Publikum nahebringen (empfohlen wird daher, die ersten paar Sätze wörtlich auszuformulieren und zu memorieren). Zugleich darf die Anrede auf keinen Fall zu lang und damit langweilig werden. Sie verfolgen mit ihr ja nur das Ziel, Aufmerksamkeit und Zuhörerinteresse zu wecken.
Die Wahl der Anrede ergibt sich aus dem Anlaß. Entscheidend sind zudem Ihr Redeziel sowie gegebenenfalls die übrigen Referenten. Wie wollen Sie Ihre Position abstekken? Zusätzlich beeinflußt der Zuhörerkreis die Anrede. Aus welchen Berufskategorien setzen sich die Zuhörerinnen und Zuhörer zusammen? Vor allem aber ergibt sich die Anrede aus Ihrem Verhältnis zu den Zuhörern. Der Vater wird anläßlich der Hochzeit seine Tochter anders anreden als ein Bekannter oder der Pfarrer.
Zu stereotype Formulierungen, vor allem in Verbindung mit aufdringlichen Äußerungen der Verehrung, Wertschätzung und Liebe, sind genauso zu vermeiden wie passive Formen („Lassen Sie mich Sie begrüßen" oder „Ich möchte Sie begrüßen" statt „Ich begrüße Sie"). Heutzutage sind auch ausgeschmückte Damenansprachen unangemessen.
Bei namentlicher Erwähnung einzelner Personen in der Anrede ist streng darauf zu achten, daß Sie niemanden

vergessen. Das wäre ein peinliches Versäumnis! Vergewissern Sie sich auch, daß Sie die Namen korrekt aussprechen. Es ist für Sie wie für den Angesprochenen unangenehm, wenn Sie zwei- oder dreimal ansetzen müssen, bis Sie den Namen aussprechen können.
Für die Reihenfolge gilt: Damen vor Herren sowie ältere Menschen vor jüngeren Menschen und Gäste vor Einheimischen/Mitgliedern. Zudem ist der soziale Rang ein Kriterium. Höhergestellte werden vor tiefergestellten Personen erwähnt. Gewählte politische Persönlichkeiten werden immer vor Verwaltungsbeamten genannt, ebenso kirchliche Würdenträger vor weltlichen und erworbene Titel vor verliehenen Titeln. In der Regel wird als Titel der akademische Titel (Professoren- und Doktorentitel), die kirchliche Funktion (Bischof) beziehungsweise der militärische Grad (Oberst) oder die politische Funktion (Staatssekretär) genannt. Müssen sehr viele Personen genannt werden, wählt man die alphabetische Reihenfolge. Erkundigen Sie sich, wenn Sie bezüglich der Anredereihenfolge unsicher sind.
Bei sehr großen Veranstaltungen offizieller und feierlicher Art gibt es häufig eine spezielle Begrüßungsrede zur Veranstaltungseröffnung, so daß es sich für die einzelnen Referenten erübrigt, die Teilnehmer separat zu begrüßen. Hier genügt für Sie somit eine kurze Anrede ohne spezielle Begrüßung.
Hier sind einige Beispiele möglicher einfacher Anreden:

Es gibt viele Möglichkeiten, ein Publikum zu begrüßen

- Meine Damen und Herren
- Meine sehr verehrten Damen, sehr geehrte Herren
- Meine Damen, meine Herren
- Meine Herren
- Herr (Professor, Dr., Regierungsrat) X, meine Damen und Herren
- Geehrte Versammlung
- Verehrtes Publikum
- Wertes Publikum
- Meine sehr verehrten Damen und Herren
- Liebe Sportfreunde, liebe Parteifreunde
- Liebe Mitarbeiterinnen und Mitarbeiter

- Meine Damen und Herren, liebe neue Mitarbeiterinnen und Mitarbeiter
- Meine Damen und Herren, grüezi mitenand
- Herr Präsident, hochverehrte Herren!
- Guten Abend, meine Damen und Herren
- Liebe junge Freunde
- Geschätzte Mitarbeiterinnen und Mitarbeiter
- Liebe Bäuerinnen und Bauern

Eine förmliche Anrede ist besser als eine zu vertrauliche

Wählen Sie im Zweifelsfall von zwei Alternativen lieber die förmlichere als die vertraulichere Anrede. Die Distanz zum Publikum können Sie dann während der Rede verkleinern, anstatt sich gleich zu Beginn anbiedern zu wollen.

Die Kontaktphase (Einleitung)

Der Anrede muß eine positiv stimulierende Einleitung folgen. Erst wenn ein angenehmes Klima herrscht, das Publikum in Bann gezogen ist, dürfen Sie mit Überzeugungsversuchen beginnen. Bevor Sie nicht das Wohlwollen Ihrer Zuhörer erworben haben, nützen alle Appelle nichts.
Geeignete Einleitungen beinhalten:

- Grundgedanke, Leitlinie
- rhetorische Frage
- Ausblick auf den Inhalt
- Zielsetzung und Orientierung (speziell wenn es sich um eine reine Informationsvermittlung handelt)
- Behauptung, These, Vergleich, Faktum, aktuelles Ereignis, beeindruckender statistischer Wert, Erlebnis, Vorfall
- Grund der Zusammenkunft
- Kompliment (wenn echt und angebracht; ein indirektes Lob wirkt meistens stärker)
- Erkenntnis zum Thema, eventuell Begriffsdefinition
- Zitat, Sprichwort, Gedicht
- eventuell Demonstration, audiovisuelles Hilfsmittel

Eher einen Verlegenheitsbeginn stellt der Dank für die Einladung und Worterteilung dar. Halten Sie sich dabei in

jedem Fall kurz. Am besten ist diese Danksagung bei der Anrede oder der Begrüßung angebracht.
Beginnen Sie Ihre Rede nicht mit Floskeln, die nicht mehr als warme Luft sind. Auch Entschuldigungen sind fehl am Platz – oder glauben Sie, das Publikum sei nachsichtiger in der Beurteilung, wenn Sie mit „Ich hatte nur wenig Zeit zur Vorbereitung" oder „Mir standen nur sehr wenige Unterlagen zur Verfügung" beginnen?
Ebenso sind Unterordnungen unter die Vorredner oder die nachfolgenden Referenten fehl am Platz. Dieses persönliche Kleinmachen ist allerdings nicht auszurotten. Wie oft hört man Einleitungen wie „Ich bin zwar kein Fachmann auf diesem Gebiet, …". Warum das? Zu Recht müßte sich jedermann fragen, warum Sie bei soviel Selbsterkenntnis überhaupt sprechen. Sie aber haben sich doch vorbereitet und sprechen zu einem Thema, das Sie beherrschen! Wenn eine Rede langweilig ist, ist in erster Linie der Referent dafür verantwortlich – und nicht das Thema! Gegen mangelnde Vorbereitung und rhetorische Aufbereitung hätten Sie jedoch etwas unternehmen können. Es liegt somit an Ihnen, ob Sie gut oder eben weniger gut sind.

Fassen Sie Ihre Einleitung kurz – bloß kein langschweifiges Geschwafel

Nicht endenwollende Einleitungen, die zudem eine übertriebene verbale Freude ausdrücken, die sonst überhaupt nicht zu spüren ist, verzeihen Ihnen die Zuhörerinnen und Zuhörer nur schwerlich. Ironischerweise beginnen diese Einführungen manchmal noch mit „Ich will nur kurz …".
Sind solche endlosen Einleitungen darüber hinaus mit unnötigen Wiederholungen gespickt à la „So wie mein Vorredner, will auch ich …", braucht man sich nicht zu wundern, wenn die Zuhörerinnen und Zuhörer geistig abschweifen.
Allgemeinplätze, Witze und Zitate, die nun wirklich alle kennen, sind ebenso wie ironische Aussagen unzweckmäßig. Vor allem in der Einleitung, in der Sie den ersten Kontakt zum Publikum schaffen und die Brücke zum Thema schlagen, haben solche Dinge keinen Platz.
Seien Sie einfach Mensch – natürlich und echt. Sie dürfen sich freuen, Sie dürfen danken – aber beides bitte nicht stundenlang.

Die Informationsphase (Hauptteil)

Jetzt informieren, begründen und beweisen Sie. Als Rednerin oder Redner sollen Sie in erster Linie Sicherheit und Ruhe ausstrahlen. Im Vortrag wird in diesem Teil primär die Sachebene betont.

Argumente und Fakten, interessant und spannend dargeboten, kennzeichnen den Hauptteil

Je klarer Sie Ihren Hauptteil gliedern, je besser der logische Aufbau ist, desto schneller kommen Sie zum Ziel. Halten Sie sich Ihr Redeziel dauernd vor Augen, so bleiben Sie sachlich und zielstrebig.

Der Hauptteil zeichnet sich durch eine kontinuierlich wachsende Spannung aus. Das reißt die Zuhörer mit und Ihr Vortrag gewinnt so beständig an Überzeugungskraft.

„Eine gute Rede besteht aus einem interessanten Anfang und einem wirkungsvollen Schluß – der Abstand zwischen diesen beiden soll möglichst gering gehalten werden.“ Dieser Ratschlag stammt von Winston Churchill.

Der mittlere Teil der Rede dauert in der Regel allerhöchstens zwei Stunden. Idealer sind kürzere Vorträge von maximal einer halben Stunde. Nach Möglichkeit sollte man längere Vorträge durch Pausen unterbrechen. Abwechslung bringen auch mehrere Sprecherinnen und Sprecher für das Publikum.

Die Appellphase (Schluß)

Bei der Zuhörerin und dem Zuhörer bleibt inhaltlich der Redeschluß hängen (vom emotionalen allgemeinen Eindruck her ist es der Anfang). Er muß daher, besonders wenn er einen konkreten Auftrag, eine Handlungsaufforderung beinhaltet, noch sorgfältiger formuliert sein als der Beginn. Ein starker Abgang, ein gelungenes Finale, kann eine schwache Rede zumindest teilweise kompensieren. Ein lauer Schluß jedoch verdirbt die beste Rede!

Heben Sie die „beste Nummer“, das wirksamste Argument für den Schluß auf. Dadurch können Sie die Spannung bis zum Abschluß steigern und auf dem Höhepunkt aufhören. Ihre Schlußsätze müssen daher sitzen.

Unnötige Verlängerungen, weil die redende Person den Schluß nicht vorbereitet hat und daher nicht findet, sind skandalös. Schluß ist auf dem Höhepunkt und nicht, wenn Redner und Zuhörer am Ende sind (die letzteren vor allem mit ihrer Geduld). Der Schluß ist die Verdichtung alles bisher Gesagten, er bringt die dargelegten Gedanken auf den Punkt. Danach überlassen Sie die Zuhörerinnen und Zuhörer wieder sich selbst.
Merkmale eines guten Abschlußes:

- fordert zum Handeln auf, appelliert an die Zuhörer
- faßt zusammen
- ist prägnant formuliert (Schlagwort, Tip)
- zeigt die Folgen auf
- löst die aufgebaute Spannung durch eine humorvolle Wendung
- zeigt Zukunftsaussichten

Bei Bedarf können Sie zum Abschluß Ihres Vortrages zum nächsten Programmpunkt überleiten, sei dies das anschließende Mittagessen, die Fabrikführung oder der nächste Referent.

Danksagungen am Schluß sollte man kurz fassen

Danksagungen für die Aufmerksamkeit und das Ausharren sind eher Verlegenheitsschlüsse, die nur in Notfällen gebraucht werden sollten. Wählen Sie für einen solchen Schluß kurze Sätze wie: „Besten Dank, meine Damen und Herren, für Ihre Aufmerksamkeit“ oder „Ich wünsche Ihrer Tagung noch einen weiteren guten Verlauf“.
Wer den Abschluß ankündigen muß, gar noch mit „Fertig.“ oder „Ich bin am Ende!“ (physisch?) mitteilt, handelt ungeschickt. Der Schluß muß sich ergeben – und es muß für jedermann logisch sein, daß eben hier auf dem Höhepunkt die Rede fertig ist. Zerreden Sie diesen Schluß unter keinen Umständen. Der Schriftsteller und hervorragende Redner Mark Twain berichtete einst: „Ein Missionar, der eine prachtvolle Stimme hatte, predigte. Mit ergreifenden schlichten Worten erzählte er von den Leiden der Neger. Ich war so gerührt, daß ich statt der 50 Cent, die ich zu opfern gedachte, die Spende verdoppeln wollte. Die Schilderungen

des Missionars wurden immer eindringlicher, und ich nahm mir vor, meine Gabe weiter zu steigern: auf zwei, drei, fünf Dollar. Schließlich war ich dem Weinen nah. Ich fand, alles Geld, das ich bei mir trug, reiche nicht, und ich tastete nach meinem Scheckbuch ... Der Missionar aber redete und redete, und die Sache wurde mir allmählich langweilig. Ich ließ die Idee mit dem Scheckbuch fallen und ging auf fünf Dollar herunter. Der Missionar redete weiter. Ich dachte: Ein Dollar genügt! Der Missionar fand immer noch kein Ende ... Als er endlich fertig war, legte ich zehn Cents auf den Teller."

Wie in der Einleitung sollten Sie Ihre Aussagen nicht in Entschuldigungen erschöpfen. Entschuldigungen für die überzogene Redezeit, die vielleicht langweilige und inkompetente Rede sind überflüssig – überlassen Sie das Urteilen getrost den Zuhörerinnen und Zuhörern.

Man muß wissen, wann man alles gesagt hat – und dann auch aufhören

Auch beim Abschluß gibt es wie bei der Einleitung Spezialisten, die zwar immer beteuern, daß Sie jetzt zum Schluß kämen, trotzdem aber immer noch eine halbe Stunde weitersprechen.

Wer auch zum Schluß nur wiederholt, was bereits während des Hauptteils mehrfach gedreht und gewendet wurde, strapaziert die Nerven der Zuhörenden übermäßig.

Ermahnendes, übertriebenes Moralisieren mag kaum jemand gerne hören. Drohen Sie nicht, zeigen Sie besser Vorteile des erwünschten Verhaltens oder Denkens auf.

Ist der letzte Satz auch stimmlich so moduliert, daß er auch aufgrund des Tonfalles als Schlußsatz erkennbar ist?

Eine Zugabe ist, im Gegensatz zur Musik, bei Rednern unüblich und auch nicht angebracht. Hören Sie auf, wenn es am schönsten ist!

Vergessen Sie nicht, nach der letzten Aussage kurz stehen zu bleiben. Erfassen Sie Ihr Publikum nochmals mit einem Rundblick. Der Applaus gehört Ihnen! Treten Sie erst jetzt vom Podium weg.

Die Argumente

Der Aufbau der Argumentation in einer Rede verdient besondere Beachtung. Wie geht man vor? Welche Reihenfolge ist sinnvoll? Die Grundregeln der Argumentation sollen hier kurz umrissen werden: In einer Rede sollten nie mehr als maximal sieben Argumente behandelt werden. Innerhalb eines Arguments sollten wiederum nicht mehr als drei Teilaspekte behandelt werden. Man beginnt eine Argumentation mit einem starken Argument, dem wahrscheinlich leicht zugestimmt werden kann. Dann erst geht man auf weitere Argumente ein. Das stärkste Argument sollte nie zu Beginn kommen, sondern am Ende der Rede stehen. Auf diese Weise entsteht ein wirkungssteigender Aufbau der Argumente (siehe schematische Darstellung auf Seite 150). Jedes Argument sollte für sich abgeschlossen vorgetragen werden und durch eine kurze Pause vom folgenden abgehoben werden. Bekannte Tatsachen sollten vor neuen Erkenntnissen genannt werden. Versuchen Sie nicht, Ihre Zuhörer mit Argumenten totzuschlagen, sondern nennen Sie nur das, was wirklich überzeugend ist. Auch hier ist weniger oft mehr.

Vom Aufbau der Argumentation hängt es ab, ob Sie überzeugen können

Starke Argumente werden vor schwächeren genannt; umgekehrt verfährt man mit Gegenargumenten: Hier geht man zunächst auf die Schwächsten, am leichtesten zu widerlegenden Punkte ein. Die Gegenargumente gehören in die Mitte der Rede und sind jeweils – Punkt für Punkt – sofort zu widerlegen. Je skeptischer Ihr Publikum ist, desto mehr Gegenargumente oder neutrale Faktoren müssen Sie erwähnen (bis etwa 25 Prozent der Dauer). Gegenargumente sollte man nicht bekämpfen (mit „das ist totaler Unsinn"), sondern widerlegen und damit überwinden. Mögliche Einwände sollten vorweggenommen werden.

Bedenken Sie: Argumentieren heißt bestehende Wertstrukturen oder Vorurteile aufbrechen. Und wer sieht schon gerne das eigene Weltbild oder die eigenen Überzeugungen in Frage gestellt? Was als Argument gilt und angenommen wird, darüber entscheidet allein der Zuhörer. Sie aber werden am schwächsten Argument gemessen.

Halten Sie immer noch einzelne Argumente in Reserve, um bei Fragen oder in einer sich eventuell anschließenden Diskussion noch überzeugend weiter wirken zu können.

Ein sinnvoller Argumentationsaufbau würde grafisch folgendermaßen aussehen:

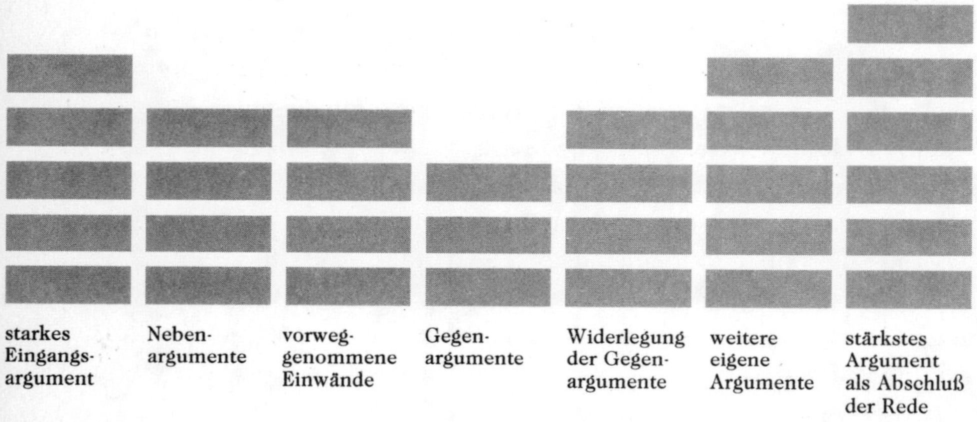

Ungeeignete Reihenfolgen in der Argumentation zeigen die nachfolgenden Varianten:

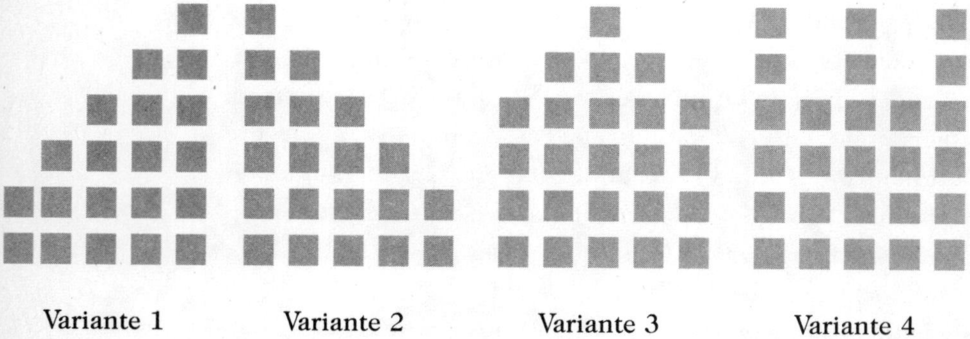

Sprechen mehrere Referenten zu einem Thema, ist der letzte Redner in der Regel insofern im Vorteil, als das grundsätzlich beschränkte Erinnerungs- und Aufnahmevermögen der Teilnehmerinnen und Teilnehmer für ein nachhaltiges Hängenbleiben des zuletzt Gesagten sorgt, während das Vorangegangene verblaßt. Andererseits kann das Thema nicht nach dem eigenen Wunsch dargestellt werden, sondern muß vorangegangene Vorträge in Rechnung ziehen. Wer zu Beginn spricht, kann den Verlauf der Veranstaltung besser prägen und bereits einige Pflöcke einschlagen.

Bei keinem Argumentationsaufbau darf man vergessen, daß Überzeugen nicht nur über den Verstand, sondern vor allem über das Gefühl geht. Ängste formulieren, Gemeinplätze servieren, Fehler anderer benennen oder die Gegner der Zuhörerinnen und Zuhörer angreifen – kurz nach dem Schnabel des Publikums sprechen und dessen Vorurteile bestärken, bringt einem Redner leichten und sicheren Erfolg.

Über Gefühle kann man ein Publikum leicht manipulieren

Die Frage, wieweit ein solches Vorgehen allerdings ethisch verantwortbar ist, muß sich jeder selbst beantworten. Vielerorts wird behauptet, daß die Argumentationstechnik als solche wertfrei sei. Sie wird beispielsweise mit dem Messer verglichen, das in der Hand des Chirurgen segensreiche und in der des Mörders fatale Wirkungen hat. Dieser Vergleich ist unzutreffend. Alles ist eine Frage der Ethik – wer das Gegenteil behauptet, versucht zu manipulieren.

Bestärker in der Argumentation sind:

- den Vorteil für den Zuhörer hervorheben,
- sich auf Autoritäten und Bewährtes berufen,
- das Gegenteil als gefährlich kennzeichnen,
- genügend Zeit zur Verarbeitung lassen,
- scheinbare Alternativen widerlegen,
- das Gegenteil als unrealistisch, zu teuer, nur mit gewaltigem Aufwand und Risiko realisierbar oder in der Praxis nicht bewährt hinstellen,
- Voraussetzungen als leicht und günstig darstellen,
- sprechen, als ob der Zustand bereits eingetreten wäre (als Zuhörerin und Zuhörer achten Sie auf solche Killer-

phrasen, die ein Gespräch mit dem Ziel der Wahrheitsfindung verunmöglichen),
- die bisherigen Denk- und Verhaltensmustern verstärken,
- sich an bestehenden Auffassungen oder Werten orientieren (einflußreiche Personen sind der gleichen Ansicht),
- ein akzeptabler Ton beim Vorbringen,
- sich nicht provozieren lassen,
- die Argumente sind kurz und prägnant (weitererzählbar),
- die gegenteilige Ansicht wäre nicht ethisch oder sinnvoll,
- das Gegenteil vertreten Gegner der Zuhörerschaft.

Man muß nicht immer all sein Wissen präsentieren

Zum Schluß seien noch folgende Hinweise genannt: Bringen Sie nie all Ihr Wissen, sondern nur so viel Wissen, wie zur Überzeugung notwendig ist. Überprüfen Sie im nachhinein Ihre Argumentation. Daraus können Sie für künftige Reden neue Schlüsse ziehen. Denken Sie an die Binsenweisheit, daß jeder zuerst sich selbst überzeugen muß, bevor er andere überzeugen kann.

Beurteilung der Einzelrede

Die sechs wichtigsten Beurteilungskriterien

Aufgrund der folgenden Aspekte können Sie Ihre eigene oder eine fremde Rede nach verschiedensten Gesichtspunkten beurteilen. Wenn Sie sich selbst eine Checkliste erstellen, können Sie mit Noten oder + und – eine Ausprägung feststellen – und im Verlauf der Zeit deren Veränderung ablesen. Aufgrund Ihrer Liste können Sie anderen Rednern wiederum Feedback geben, oder Sie bekommen solche Rückmeldungen von Bekannten.
Grundsätzlich werden folgende sechs Aspekte der Rede- und Sprechtechnik unterschieden:

1. Erster Eindruck und Abschluß
2. Inhalt
3. Aufbau, Gliederung, Sprache
4. Äußeres, Auftreten, Nonverbales
5. Kommunikationsgesichtspunkt (Interaktion, psychologischer Aufbau, Gesamtwirkung)
6. Hilfsmitteleinsatz

Nach diesen Punkten lassen sich Reden beurteilen

Jeder dieser sechs Punkte kann weiter ausgeführt werden. Die nachfolgende Auflistung soll Ihnen Anregungen geben – sie ist jedoch keinesfalls abschließend und kann nach Bedarf ergänzt werden.

1) Erster Eindruck und Abschluß

- Allgemeine Wirkung?
- guter, griffiger Beginn?
- koordinierte Einheit zwischen Redner, Inhalt und Vortrag?
- Auftreten, Haltung, Gesten?
- Blickkontakt vorhanden, ausgewogen?
- Sprache (akustisch verständlich)?
- treffender, optimaler Schluß?
- Handlungsaufforderung?

2) Inhalt

- Aussagekraft?
- Verständlichkeit, Ausdruck?
- Klarheit der Gedanken?
- Wiederholungen?
- Überflüssige Bemerkungen, Sätze?
- Nebensächlichkeiten?
- Vorbereitet?
- Sachkenntnis?
- Ziel?

3) Aufbau, Gliederung, Sprache

a) Einleitung, Hauptteil, Schluß
  - Folgerichtige Gliederung?
  - Starker Beginn?

Fragen zu Aufbau, Gliederung, Sprache

- Engagierter Hauptteil?
- Zielgerechter, merkbarer und weitererzählbarer Schluß?
- Motivierende Handlungsaufforderung

b) Wortwahl

- Angemessene, ausgewogene Wortwahl?
- Modewörter?
- Sind Fachwörter bekannt?
- Fremdwörter?
- Abkürzungen bekannt?
- Verwendung kurzer Wörter?
- keine mehrdeutigen Wörter?

c) Satzbau/Stil

- Die Sprache soll verständlich, anschaulich und dem Zuhörerniveau angepaßt sein (siehe Kapitel „Die Sprache“, Seite 22 ff.). Faustregel: 1 Satz = 1 Gedanke eingehalten?
- Kurze Sätze?
- Wenig Nebensätze?
- Verschachtelung?
- Einfache, aber präzise Sprache?
- Grammatikalisch richtig?
- Aktiv statt passiv?
- Verben statt Substantive?
- Einfache statt zusammengesetzte Tätigkeitswörter?
- Wenige statt viele Mittelwörter?
- konkret und bildhaft statt abstrakt?

d) Sprachliche Marotten

- Verwendung von Füllwörtern (äh, und, ich würde sagen, ja, usw., nämlich, nicht wahr)?
- Verwendung von Abschwächungen (abschwächende, einschränkende, vage und unnötige Wörter oder Satzteile)?

e) Rhetorische Fragen

- Kommen rhetorische Fragen zum Einsatz (wie beispielsweise: „Betrifft uns diese Frage nicht alle sehr direkt?“ statt: „Machen Sie sich einmal Gedanken darüber.“)?

f) WIR-Form

- Überzeugende Anwendung der WIR-Form?
- Ist die WIR-Form konsequent?

g) Persönliche Betroffenheit/Nutzenargumentation
- Wird Anteilnahme geweckt?
- Ist der Nutzen für den Zuhörer erkennbar?

h) Handlung im Ausdruck
- Läßt der Redner die Situationen lebendig werden?
- Benutzt der Sprecher direkte Rede?
- Knüpft er an Bekanntes und Vertrautes an?
- Wird positiv formuliert?
- Wird Zynismus und Ironie vermieden?
- Erfolgt eine persönliche Ansprache an das Publikum?

i) Einheit des Ausdrucks
- Glaubwürdig?
- Ehrlich?
- Anwendung der gesprochenen Sprache?
- Einklang zwischen Gesagtem und nonverbalem Ausdruck?

4) Äußeres, Auftreten, Nonverbales

Fragen zur Körpersprache

- Kleidung der Situation angebracht?
- Haare?
- Schmuck, nicht zu überladen?
- Körperhaltung der Person und Situation entsprechend?
- Gestik angemessen?
- Gebärden angebracht?
- Mimik?
- Blickkontakt vorhanden?
- Auftritt/Abgang?

5) Kommunikationsgesichtspunkt

a) Kontakt zu den Zuhörern
(gemäß stillschweigenden Konventionen)
- Schweigen zu Beginn und nach Abschluß der Rede?
- Wird Blickkontakt gehalten?
- Bleibt der Redner ruhig?
- Läßt er sich provozieren?
- Optimale Handhabung der Stichwortkarten?
- Audiovisuelle Hilfsmittel sinnvoll verwendet?

- Habitus, Bewegung, Gestik, Mimik, Haltung beachtet?
- Emotionaler Ausdruck (Feuer, Überzeugung, Ehrlichkeit)?

b) Gesamteindruck
- Welche Gesamtwirkung haben die Rede und der Redner bei Ihnen hinterlassen?

6) Hilfsmitteleinsatz
- Genügende Hilfsmittel?
- Einsatz?
- Anwendung?

Untersuchungen im pädagogischen Bereich haben eine enge Verbindung zwischen dem Lernerfolg von Schülern und dem Verhalten des Lehrers hervorgebracht. Gilt dies nicht auch für jeden Sprecher? Hat sein Verhalten nicht auch großen Einfluß auf den Redeerfolg?

Was schätzen die Zuhörer nicht?

Das Publikum vermittelt dem Redner, wie er wirkt

Wenn ein Referent von seinem Publikum nicht akzeptiert wird, so kann er dies in den vielen, teils sehr kleinen Zeichen der Körpersprache erkennen. Was sind nun aber die häufigsten Ursachen für Redeflops? Die nachfolgend aufgeführten Stichwörter zeigen Ihnen mögliche Fehlerquellen. Die meisten von diesen Fehlern können jedoch über eine sorgfältige und seriöse Vorbereitung ausgeschaltet werden.

Häufige Fehler beim Halten einer Rede:
- Referent will das Publikum besiegen; Zuhörerin oder Zuhörer verlieren das Gesicht, werden belehrt oder für dumm verkauft
- Rechthaberei, Druck, Drohung, Machtausübung
- unfreundliches oder arrogantes Verhalten, Taktlosigkeit
- Publikum wird gelangweilt
- zerstören von Werturteilen, ohne brauchbare Alternativen zu liefern (verunsichert die Zuhörer und führt damit zur Ablehnung des Redners)

- Referent nimmt die Zuhörerinnen und Zuhörer nicht ernst oder unwichtig
- setzt sich für sich anstatt für die Zuhörerinnen und Zuhörer ein
- spricht nur von sich (egozentrisch)
- läßt erkennen, daß er Zuhörerinnen und Zuhörer für dumm hält
- steht nicht zu früheren Aussagen (zum Wort stehen) oder zur Wahrheit
- dauernde Entschuldigungen und persönliches Kleinmachen

Natürlichkeit kommt immer gut an

Bedenken Sie auch, absolute Perfektion wird in der Regel gar nicht geschätzt. Man will den Menschen sehen und hören – bleiben Sie daher nicht absolut unnahbar. Passendes, natürliches Verhalten wirkt in der Regel sympathisch. Seien Sie großzügig. Kleinlichkeit, Pedanterie oder Haarspalterei wird von niemandem geschätzt. Langweilen Sie Ihr Publikum mit Banalitäten oder endlosen Wiederholungen, so wird Ihnen dies sicherlich nicht leicht verziehen. Mit korrekten, vollständigen und in genügenden Exemplaren vorhandenen Teilnehmerunterlagen verschaffen Sie sich einen guten Eindruck vom Umfeld her. Das Umfeld stimmt. Sind auch die weiteren äußeren Faktoren in Ordnung, so ist Ihr Start optimal.

Rede und Gegenrede – da

Ein Gespräch entsteht, wenn zwei oder mehrere Personen miteinander reden – wechselseitig als Sprecher oder Zuhörer. Diese Dialogsituation umfaßt damit alle Arten von Wechselreden, die zwei oder mehrere Partner miteinander oder gegeneinander führen.

Das Gespräch als Wechselrede

Dialogsituationen

Die Dialogsituationen lassen sich, je nach Einteilungsgesichtspunkt, verschieden gruppieren. Für die Gesprächsarten gibt es dabei über 50 Bezeichnungen in der deutschen

Gespräch

Sprache. Von Absprache, Anerkennungsgespräch, Auseinandersetzung, Aussprache über Bewerbungsgespräch, Disput, Flirt, Kaffeekränzchen bis hin zu Rapport, Therapiegespräch und Wortgefecht.
Die häufigsten Gesprächsformen und ihre Besonderheiten:

Gesprächsform	Typisch für diese Gesprächsform
Anerkennungsgespräch	Es geht um die beteiligte Person oder die Personen.
Debatte	Es geht um Sieg oder Niederlage. (Strenge Regeln; ein unparteiischer Leiter ist erforderlich; Sonderform Disputation: Fachleute besprechen Meinungsverschiedenheiten in Fachfragen).
Hearing	Ein oder mehrere Sachverständige beantworten einem Gremium Fragen zu einem Spezialthema.

Informationsgespräch	Lehrgespräch, Interview, Hearing, Vorstellungsgespräch (Informationen über die Stelle, Firma, Vertragsverhandlungen; Ziel: Bild des Bewerbers vervollständigen), Pressekonferenz, Arbeitsgespräch.
Interview	Es geht um die Person, die befragt wird, und deren Meinungen.
Konferenz	Geplantes und geleitetes Gespräch, um auf der Grundlage gemeinsamer Wertmaßstäbe Beschlüsse zu fassen.
Konfliktgespräch	Aussprache, kritisches Gespräch über ein Thema oder eine Person.
Kritikgespräch	Es geht um Verhaltensänderung und Verhaltensanpassung.
Lehrgespräch	Es geht um den Transfer von Wissen (Informations-, Ausbildungs-, Instruktionsgespräch, Unterrichtsgespräch).
Sitzung/Besprechung, Diskussion, Podiumsgespräch	Es geht um einen bestimmten Sachverhalt, zu dem unterschiedliche Meinungen gehört werden.
Streitgespräch	Es geht um das Verdeutlichen unterschiedlicher Standpunkte (gleichberechtigte Gesprächsteilnehmer, gegebenenfalls mit Gesprächsleiter).
Überzeugungsgespräch	Der Gesprächspartner soll von der Thematik überzeugt werden.
Verhandlung	Es geht um verschiedene Ziele und neue Vereinbarungen. Geplantes und geleitetes Gespräch, um auf einer gemeinsamen Grundlage Beschlüsse zu fassen.
Verkaufsgespräch	Es geht um einen Verkaufsabschluß.

Sowohl bei der Vorbereitung als auch im Gespräch selber gelten die gleichen Regeln wie in der Einzelrede. Einige Besonderheiten sind allerdings typisch, die nachfolgend detailliert beleuchtet werden.

Für jedes Gespräch wichtig: Merken Sie sich Namen!

Wer jemand mit seinem Namen anspricht, bekundet Interesse

Ich möchte nachfolgend auf das Merken von Familiennamen eingehen. Dies ist in unserer Gesellschaft von eminenter Bedeutung, wenn Sie sich auf dem gesellschaftlichen Parkett bewegen wollen. Denn die Ansprache mit unserem – richtigen – Namen zeigt uns, daß unser Gesprächspartner an uns Interesse zeigt und uns als Person wahrnimmt. Wie verbessern Sie Ihre Merkfähigkeit? Folgendes ist dienlich:

- Konzentrieren Sie sich, wenn der Name genannt wird. Sehen Sie zu, daß Sie ihn akustisch gut verstehen, und fragen Sie nach, wenn das nicht der Fall ist. Sehen Sie sich Ihr Gegenüber gut an. Prägen Sie sich sein Gesicht und seine Gesamterscheinung ein. Beachten Sie, wie er sich kleidet und bewegt. Zeigen Sie Interesse an seiner Person. Schreiben Sie sich, wenn nötig, den Namen (die Namen) auf. Durch das Schreiben wiederholen Sie ihn, und zudem verfügen Sie anschließend über einen Spickzettel. Gerade bei Seminaren können Sie Namen während der Vorstellungsrunde in der Reihenfolge der Sitzordnung mitschreiben.
- Wiederholen Sie, vor allem zu Beginn des Gespräches, den Namen Ihres Partners öfter. Das läßt den Namen vertrauter werden, da Sie ihn immer wieder hören und nennen.
- Wiederholen Sie am Abend die an diesem Tag neu gelernten Namen, indem Sie Namen und Gesicht/Gesamterscheinung nochmals Revue passieren lassen. Wiederholen Sie dies so oft, bis Sie alle neu gelernten Namen zweifelsfrei der Person zuordnen können. Am nächsten Morgen sind dann nochmals alle Namen in Erinnerung zu rufen.
- Oft wird als Merkhilfe vorgeschlagen, sich Eselsbrücken zu bauen. Zum Beispiel sich Herrn Vogel als bunten Paradiesvogel vorzustellen und Frau Müller als Ehefrau des Müllers, der Korn mahlt. Das geht aber wohl nur bei wenigen Namen, denn zahlreiche einheimische und gerade fremdländische Namen lassen sich nicht mit einem Bild verbinden. Oder wie würden Sie „Di Noto", „Mani", „Keates" oder „Sajtschik" umsetzen?

Das Verkaufs- und Verhandlungsgespräch

Verkaufsgespräch

Vom Verkaufsgespräch hängt oft die Entscheidung des Kunden ab

Das klassische Verkaufsgespräch wird zwischen zwei Personen geführt: Dem Verkäufer und dem Kunden. Der Verkäufer stellt ein Produkt oder eine Dienstleistung vor, die er verkaufen möchte. Der Kunde sieht sich das Offerierte an und prüft, ob er es käuflich erwerben will.

Da es bei dieser Gesprächsart um Geld geht, werden unzählige Bücher und Seminare ausschließlich zu diesem Thema angeboten. Diese Angebote sollten Sie wahrnehmen, denn sie vertiefen damit das nachstehend Gesagte ganz wesentlich. Gerade wenn Sie im Verkauf (von Produkten oder Ideen!) tätig sind, ist Weiterbildung in diesem Bereich sehr nützlich.

Generell gilt, daß der Verkäufer sich ein klares Ziel für das aktuelle Gespräch setzen muß. So wird dies für einen Autohändler sein: Verkauf eines neuen Autos. Ein Etappenziel wäre jedoch: Der Interessent macht eine Probefahrt mit dem neuen Wagen X.

Das Verkaufsgespräch zerfällt in verschiedene Phasen. In der Praxis kann oft eine Fünfteilung beobachtet werden:

- Kontakt schaffen
- Ermittlung der Kundenbedürfnisse (Bedarfsanalyse)
- Angebot offerieren (Demonstration, Präsentation, Diskussion, Leitidee, Information)
- Nutzenargumentation, Einwandsbehandlung, Preisnennung
- Verkaufsabschluß (Zusammenfassung, Auftrag, nächsten Kontakt vereinbaren, positive Verstärkung des Kaufes)

Analog zu einem Redner sollte sich der Verkäufer zur Einstimmung verschiedene Fragen stellen. Je besser Sie Ihre Kunden kennen, über je mehr Informationen Sie verfügen, desto gezielter können Sie Ihre Gespräche führen. Verhandlungspartner und Entscheidungsträger müssen auch nicht unbedingt die gleiche Person sein. Entscheidungsträger ist vielleicht ein Gremium – beispielsweise ein Vereinsvorstand. Wer den Partner kennt, kann seine Bedürfnisse bereits im Vorfeld genauer eruieren. Genau wie der Redner versucht, sein Publikum schon bei der Vorbereitung einzuschätzen und dessen wahrscheinliche Zusammensetzung zu berücksichtigen, könnte dies auch bei Kunden gemacht werden. Ist Ihr Kunde redselig, freundlich, zufrieden, entschlossen, tolerant, selbstsicher, rational und vertrauenerweckend, oder verkörpert er genau die gegenteiligen Eigenschaften? Anstelle der Zuhöreranalyse ist eine Kundenanalyse zu erstellen.

Aufgrund der Ergebnisse der Kundenanalyse entscheiden Sie, auf welche Art Sie mit ihm Kontakt aufnehmen oder den bereits bestimmten Kontakt vertiefen (Brief, Telefon, persönlicher Besuch, Messebesuch)? Auch ist es nicht gleichgültig, ob das Gespräch bei Ihnen oder beim Kunden oder an einem neutralen dritten Ort stattfinden wird.

Fragen werden kommen und sollten Sie nicht unvorbereitet treffen

Zudem sollten Sie sich auf mögliche Fragen und Einwände vorbereiten. In welchen Punkten ist Ihr Produkt besser als das Konkurrenzprodukt? Mit welchen Unterlagen, Demonstrationen oder Untersuchungen kann ich dies belegen? Wie lasse ich es den Kunden erleben?

Überlegen Sie, wie hoch der Aufwand an Zeit, Finanzen und Personen sein darf, damit es für Sie und Ihre Firma noch immer ein Geschäft bleibt?

Gerade das Verkaufsgespräch bedarf nicht nur einer inhaltlichen, sondern vor allem auch einer taktischen Vorbereitung.

Der Kunde will einen Nutzen. Lassen Sie ihn diesen Nutzen erkennen und spüren. Formulierungen wie „Das steigert Ihr ...", „Damit gewinnen Sie ..." oder „Damit haben Sie ..." erleichtern dies. Denn diese Satzanfänge rücken die Wünsche des Kunden ins Zentrum. Der Sie-Standpunkt steht also im Mittelpunkt. Bringen Sie dem Kunden daher Interesse und Einfühlungsvermögen entgegen. Seien Sie ein guter Zuhörer, wenn es um die Bedürfnisanalyse geht.

Die Wortwahl ist auch im Verkaufsgespräch von großer Bedeutung

Wirken Sie eher als Taube (Entspannung bei Konflikten) denn als Falke (Anheizer bei Konflikten), und vermeiden Sie Killerphrasen (Aussagen, welche die Diskussion sofort beenden). So spielt es eben eine Rolle, ob Sie sagen „Okay, es gibt Schwierigkeiten. Packen wir die Sache gemeinsam an. Ich glaube auch, daß wir uns in der grundsätzlichen Zielrichtung einig sind" oder ob Sie sagen „Das sind echte Probleme. Auch sind wir in einigen wichtigen Fragen unterschiedlicher Meinung. Darüber haben wir schon 100mal erfolglos darüber gesprochen."

Verkäuferinnen und Verkäufer haben immer wieder Mühe, Einwände zu behandeln. Und Einwände müssen behandelt werden – und dürfen nicht abgeblockt oder weggewischt werden. Insbesondere gegen Vorurteile zu kämpfen ist schwer. Als Beispiel für das erfolgreiche Behandeln von Einwänden folgende Fallschilderung:

Ein Verkäufer offeriert während dem vereinbartem Besuch einer Interessentin das Produkt X. Die Interessentin hört sich die Ausführungen des Verkäufers an und bringt folgenden Einwand: „Ja, es ist schon gut – doch es ist mir zu teuer!" Wie soll da der Verkäufer reagieren? Mögliche Einleitungen, um dies abzufedern sind:

- „Sie denken, daß es für Sie sehr aufwendig ist ... "
- „Lassen Sie uns zusammen ansehen, welche Leistungen unser Produkt bringt ... "
- „Das sind einmalige Kosten, dafür sparen Sie jährlich ... "

Überlegen Sie sich, was Sie als Verkäufer auf die folgenden typischen Einwände sagen würden:

- keine Zeit
- kein Prestige
- schlechte Qualität
- Konkurrenz ist besser
- bei der heutigen Lage, nein
- wir haben keinen Bedarf
- wir sind anderweitig gebunden
- kommen Sie ein andermal wieder
- wir lassen von uns hören

Dem Verkaufsgespräch ist eigen, daß als Abschluß eine Zustimmungsphase kommt. Der Kunde wird gelobt für seinen weisen Entschluß, sich für das Produkt oder die Dienstleistung entschieden zu haben. Vielleicht müssen ihm noch Argumente mitgegeben werden, damit er seine Entscheidung privat oder in der Firma rechtfertigen kann.
Nach Gesprächsbeendung kommt für den Verkäufer die Nachbearbeitung. Werten Sie den Gesprächserfolg aus, führen Sie Ihre Statistik, und machen Sie sich Notizen. Veranlassen Sie in der Firma die Auslieferung, und überwachen Sie die Auftragsabwicklung eines erfolgreichen Vertragsabschlusses.
Analysieren Sie auch erfolgreiche Verkaufsgespräche anderer Personen. Daraus kann man lernen und eigene Erfolgsstrategien entwickeln.

Verhandlung

Bei der Verhandlung wird ein ganz bestimmter Zweck angestrebt. Die beiden Parteien wollen etwas vereinbaren. Jede Partei hat dabei konkrete Ziele.
Professor Rupert Lay stellte fest: „Verzichten Sie auf den Sieg, um zu gewinnen." Das gilt in ganz besonderem Maße für die Verhandlung.
Stellen Sie sich wiederum Fragen, bevor Sie in eine Verhandlung einsteigen. Was wollen Sie erreichen? Welches ist das realistische Verhandlungsziel? Welche Ziele haben sich wohl die übrigen Teilnehmer gestellt?
Bestimmen Sie einen Verhandlungsleiter. Er soll das Gespräch strukturieren und zielgerichtet vorwärtstreiben.
Die Vorbereitungen der Verhandlung:

Während der Vorbereitung der Verhandlung kann man bereits vieles regeln

- eigene Interessen definieren
- Abschlußziel und Teilziele bestimmen
- Vorgehens- und Aktionsplan
- Personen für Verhandlungsvorbereitung bestimmen und mit diesen Absprachen treffen
- thematische Vorbereitung
- gegebenenfalls rechtliche Abklärungen und Absprachen

sich in den Partner versetzen (Gegenargumente, Stil, Verhalten)
- Verhandlungsteilnehmer auswählen, Leiter bestimmen
- Strategie bestimmen und miteinander absprechen; thematische und psychologische Rollenverteilung
- Kaufmotive ergründen
- Konkurrenz kennen
- Argumente kennen und gut formulieren können (Argumentarium)
- den Preis verkaufen können (Preisnennung vorbereiten)
- den Zeitpunkt zur ersten Kontaktaufnahme kennen
- die Kontaktperson (Entscheidungsträger und Beeinflusser) kennen
- sich einen Termin beim Kunden verschaffen
- den Besuch planen
- Gesprächsanfang beherrschen
- das Demonstrieren beherrschen
- Methoden kennen, die Kaufentschlüsse auslösen
- Techniken kennen, die ein Aufschieben des Kunden verhindern
- Nachfaßmethoden kennen

Die wichtigsten Punkte während der Verhandlung

Im Verlauf einer Verhandlung ist zu beachten:
- Eröffnung
- Begrüßung
- Kontakt schaffen
- Ziel bestimmen (Verhandlungsgegenstand, Beschlüsse)
- Kompetenzen klarlegen
- Vorgehen absprechen
- sachlich, klar, zügig
- Konzentration auf Interessen statt Positionen
- Emotionen aussprechen statt ausleben
- Gemeinsamkeiten betonen
- kein Feindbild aufbauen (speziell in Konfliktsituationen)
- Zusammenfassungen vornehmen (speziell wenn es nicht weiter geht)
- Teilfortschritte und Teilergebnisse festhalten
- Vertragsentwurf oder Protokoll fortlaufend führen

- vorteilhaftes (mindestens akzeptables) Teil- oder Schlußergebnis für alle anstreben und es festnageln
- für positiven Abschluß sorgen

Im Anschluß an die Verhandlung sind der Verlauf und das Ergebnis kritisch auszuwerten.

Mögliche Verhandlungstaktiken

Als mögliche Checkliste für Verhandlungstaktiken eignet sich folgende Aufstellung:

- als Retter in der Not aufspielen
- auf Gesetz, Reglement, Autorität, Usance (handelsüblich) berufen
- auf Zeitgewinn arbeiten
- Multipakete schnüren und gesamt vorlegen oder in Salamitaktik vorgehen
- weitere Argumente im Köcher bereithalten
- andere dafür einspannen, die sich für die eigene Sache einsetzen und kämpfen
- Partnerschaft gegen dritte anbieten
- eigene Autorität ausspielen
- drohen
- bluffen
- Vorurteile ausnutzen
- Gefühle ansprechen (Liebe, Neid, Mißgunst, Haß)
- in Nebensächlichkeiten nachgeben und dieses Nachgeben deutlich herausstreichen
- Schuldgefühle wecken, bei der Ehre packen
- Stellvertreter entsenden, der mangelnde Entscheidungskompetenz vorschiebt oder tatsächlich nicht hat
- unrealistische Alternativen nennen, die abgelehnt werden können
- Öffentlichkeitsdruck vor der Verhandlung schaffen
- Thema wechseln
- überhöhte Forderungen und Ansprüche stellen, damit später zurückgeschritten werden kann
- Spielraum langsam einengen, bis Fakten geschaffen sind
- Bedingungen im voraus stellen
- schmeicheln
- Ziele unklar lassen

- selber zusammenfassen und konsolidieren
- den Nutzen der eigenen Lösung für die anderen Teilnehmer aufzeigen
- der Feind Ihres Feindes ist oft Ihr Freund. Pflegen Sie ihn mindestens so gut, wie Ihr Feind Ihre Feinde
- klären Sie zuerst die Punkte, bei denen Einigkeit besteht und erst nachher die strittigen Punkte
- lassen Sie Ihr Verhandlungsziel nie aus den Augen, seien Sie jedoch äußerst flexibel im Weg. Momentanes Nachgeben heißt nicht aufgeben
- unter vier Augen läßt sich vieles vor- beziehungsweise nachbesprechen
- beschlossen heißt noch nicht realisiert
- mit Trümpfen, sprich schlagkräftigen Argumenten, läßt sich auftrumpfen
- der Verhandlungserfolg ist nicht in der Öffentlichkeit zu suchen
- fordern Sie mehr, als nötig ist (jedoch nicht alles auf einmal)
- fürchten Sie sich nie
- verhandeln Sie nie ohne Vorbereitung
- seien Sie konsequent
- versuchen Sie immer auf höchster Stufe – mit dem Entscheidungsträger – zu verhandeln
- verhandeln Sie hierarchisch ebenbürtig
- machen Sie sich Notizen. Wiederholen Sie mit Ihrer Hilfe bereits erzielte Übereinstimmungen
- der Verhandlungspartner muß sich jederzeit zurückziehen können, ohne das Gesicht verlieren zu müssen
- glauben Sie unerschütterlich an die Sache

Sie sehen, es ist keine leichte Aufgabe, die Gesprächspartner aufgrund der verbalen und nonverbalen Signale richtig einzuschätzen. Übung und eine gehörige Portion Menschenkenntnis kommt Ihnen gerade in Verhandlungsgesprächen sehr zu Nutzen.

Das Anerkennungsgespräch

Im Anerkennungsgespräch loben Sie eine Person für ein bestimmtes Verhalten oder eine erreichte Leistung. Das motiviert und spornt zu gleichem Verhalten und vergleichbaren Leistungen an. Es zementiert damit erwünschtes Verhalten – und verhindert gleichzeitig unerwünschtes Verhalten. Aus der Psychologie weiß man, daß dieser Weg der bessere Weg ist, als ausschließlich zu kritisieren (unerwünschtes Verhalten wird festgehalten).

Mit Lob erreicht man mehr als mit Kritik

Ein Anerkennungsgespräch ist nie wertfrei. Sie sagen ja, was Sie gut finden. Es ist mehr als ein wertfreies Feedback. Denn ein Feedback ist lediglich die neutrale Beobachtung mit Ihren Empfindungen, die Sie weitergeben.

Anerkennungsgespräche finden Sie im Betrieb wie im privaten Leben, überall dort, wo sich Menschen bei anderen bedanken, ein Lob aussprechen oder eine Leistung bewundern.

Wir alle streben nach Anerkennung. Wenn Sie der Meinung sind, daß Sie zuwenig gelobt werden, fragen sie sich einmal, wann Sie selbst das letzte Mal gelobt haben. Wir vergessen oft, wenn wir uns über die Umwelt beklagen, daß wir die Umwelt der anderen bilden. An erhaltenes Lob kann man sich oft noch nach Jahren erinnern – und der Lobspender bleibt Ihnen in positiver Erinnerung.

Wer lobt, bereitet auch den Boden für Kritik vor. Denn wer oft Lob erhält, ist auch empfänglicher für kritisiertes Fehlverhalten. Vermischen Sie diese beiden Formen jedoch nicht. Beginnen Sie ein Gespräch auch nicht mit einem Lob, um gleich anschließend der Mitarbeiterin oder dem Mitarbeiter neue Aufgaben aufzubürden oder mit dem Kritikhammer zu kommen. Das würde mit der Zeit als Masche durchschaut. Beim Kritikgespräch soll nicht vor dritten kritisiert werden. Gilt dies beim Verteilen von Anerkennung auch? Nicht zwingend – überlegen Sie es sich jedoch genau, ob Sie öffentlich loben wollen.

Das Kritikgespräch

Beim Kritikgespräch stellt der Kritisierende einen Mangel, eine Abweichung vom erwünschten Verhalten oder Ergebnis fest. Er zeigt dies auf und verlangt eine Verhaltensänderung. Die erwünschte Verhaltensänderung kann durch Motivation herbeigeführt werden – oder auch durch Androhung von Sanktionen. Wir kennen diese Gesprächsart aus dem Betrieb, dem Verein oder auch dem Militär. Auch in der Familie kommt diese Gesprächsart vor.

Das Kritikgespräch ist in einem gewissen Sinn das Gegenteil des Anerkennungsgespräches.

Manchmal muß man kritisieren – aber nie pauschal

Ein Kritikgespräch hat eigentlich immer zwei Ziele. Einerseits wollen Sie verhindern, daß sich künftig weiterhin solches Fehlverhalten ereignet, und andererseits muß der Fehler beziehungsweise der entstandene Schaden eliminiert werden. Gemeinsam soll dafür ein neuer Weg gefunden werden, der die Ursachen des Problems beseitigt und den Weg für eine bessere Zukunft ebnet.

Wie wird ein Kritikgespräch gegliedert? Was ist zu beachten? Sehr wichtig ist eine positive verständnisvolle Grundstimmung. Der Ton, in dem das Gespräch geführt wird, ist sehr wichtig. Nennen Sie rasch das festgestellte Fehlverhalten. Belegen Sie Ihre Beobachtungen durch konkrete Beispiele, die Sie beobachtet haben, und nehmen Sie unmißverständlich dazu Stellung. Sagen Sie, was Sie davon halten und wie Sie dies beurteilen. Sie zeigen damit, welches das festgestellte und welches das erwünschte Verhalten oder Ergebnis ist. Besprechen Sie mit der kritisierten Person auch die Ursachen und Folgen des Fehlverhaltens. Legen Sie möglichst gemeinsam fest, wie das zukünftige Verhalten aussehen soll, und kündigen Sie (Zwischen-)Kontrollen an. Nehmen Sie zu konkreten Ereignissen Stellung, und vermeiden Sie undifferenzierte Rundumschläge, mit denen Sie die gesamte Person pauschal verurteilen. Das wäre grundfalsch.

Kritisieren Sie grundsätzlich nicht vor dritten. Das erschwert dem Angegriffenen die Einsicht, da er glaubt, sich rechtfertigen zu müssen, um das Gesicht nicht zu verlieren. Räumen Sie sich für Kritikgespräche die nötige Zeit ein, seien Sie aber zügig, und weiten Sie das Gespräch nicht endlos aus.

Ein Kritikgespräch sollte immer unter vier Augen geführt werden

Im nachhinein prüfen Sie nochmals, ob Sie wirklich alles gesagt haben, was Sie bemängeln. Lassen Sie sich das Gespräch nochmals durch den Kopf gehen, und überlegen Sie, wie Sie sich künftig noch verbessern könnten. Seien Sie aber nicht nachtragend. Gewähren Sie der kritisierten Person eine neue Bewährungschance.

Das Streitgespräch

Im Streitgespräch kämpfen zwei Parteien gegeneinander. Der Streit endet in der Regel mit Sieg und Niederlage. Es kommt gelegentlich vor, daß zu unfairen Mitteln gegriffen wird und daher das Gespräch in einer gehässigen, aggressiven Atmosphäre geführt wird. Neue Erkenntnisse zu gewinnen, die Wahrheit zu erforschen steht somit überhaupt nicht im Zentrum dieser Gesprächsform.

Insbesondere finden wir diese Gesprächsform im politischen Alltag.

Bereiten Sie sich auch hier vor, indem Sie über Ihren Gegner Informationen sammeln. Notieren Sie sich Ihr Ziel, Ihre Argumente und Ihr taktisches Vorgehen. Überlegen Sie bereits in der Vorphase, welche Ziele sich wohl der Gegner wahrscheinlich gesetzt hat und wie er wohl vorgehen wird. Damit sind Sie auf jede Art von Angriffen vorbereitet.

Wenn Sie argumentieren, halten Sie in der Hinterhand immer noch einige Gesichtspunkte für die weitere Diskussion bereit.

Seien Sie auf unfaire Angriffe gefaßt, und reagieren Sie schlagfertig darauf.
Machen Sie, wenn Sie ein Publikum haben, die Zuhörerinnen und Zuhörer zu Partnern. Sie haben dadurch eine emotionale Unterstützung, wenn die Stimmung auf Ihrer Seite ist. Das gelingt, wenn Sie das Publikum direkt ansprechen und dessen Vorurteile bestärken. Nehmen Sie das Publikum vor den (vermeintlichen) Angriffen des Gegners in Schutz, und versprechen Sie ihm Erfolg.

Die Diskussion

Möglichst viele Gesichtspunkte einer Fragestellung sollen beleuchtet werden

Sie wird auch Podiumsgespräch genannt. Eine Diskussion ist ein Gespräch, in dem ein Thema erörtert wird. Es geht nicht um Beschlüsse, sondern um die Zerteilung, um die Betrachtung der verschiedenen Aspekte einer Sache. Das lateinische Wort „discutare" heißt auch soviel wie zerteilen. Am Schluß der Diskussion sollen sich die Teilnehmer eine Meinung bilden können, da sie über mehr Informationen und Anregungen verfügen.
Albert Einstein sagte einmal zum Thema Diskussion sinngemäß: „Ein Abend, an dem alle gleicher Meinung sind, ist ein verlorener Abend."
Ab rund fünf Personen ist ein Moderator beziehungsweise Gesprächsleiter angezeigt. Er übernimmt nicht nur die Koordination, sondern sorgt dafür, daß sich nach einer gewissen Anwärmphase alle Teilnehmenden zu Wort melden (keine Beobachter) und einzelne nicht übermäßig lang sprechen. Der Diskussionsleiter ist primus inter pares (der erste unter gleichen) und verantwortlich für die formale Leitung. Er verhält sich neutral. Jedoch prägt er durch Zielsetzung und Gewichtung maßgebend den Verlauf und das Ergebnis einer Diskussion.

Die Diskussion hat einerseits pädagogische Aspekte (Auflockerung, Demokratisierung, Lehrgespräch, Formulieren), aber auch andere, wie zum Beispiel die Ergänzung eines Vortrages. Speziell geeignet ist die Diskussion für kleinere oder mittlere Gruppen. Etwa vier bis zwölf Personen gelten für eine aktive Diskussion als optimal.

Der Diskussionsleiter sorgt für den roten Faden

Will die Diskussion nach einem Podiumsgespräch nicht in Fahrt kommen, stellt der Leiter eine erste Frage, um das Eis zu brechen, oder stellt eine (provokative) These auf. Anschließend nimmt er die Fragen entgegen, wiederholt sie gegebenenfalls in akustisch beziehungsweise inhaltlich verständlicher Form, faßt zusammen und leitet die Anfrage einem Referenten zur Beantwortung weiter. Er führt auch zur Sache zurück, falls die Teilnehmer sich auf Nebengeleisen beziehungsweise in persönlichen Steckenpferden verrennen, so wie er Dauerrednerinnen und -redner taktvoll unterbricht.

Bewußt enthält sich der Leiter persönlichen Stellungnahmen und Wertungen. Allerdings versucht er notfalls zu schlichten beziehungsweise vermittelt zwischen scheinbar unüberbrückbaren Gegensätzen. Zudem sorgt er dafür, daß die unterschiedlichsten Aspekte des Problemes beleuchtet werden.

Der Moderator oder Diskussionsleiter beachtet die Zeit und faßt gelegentlich zusammen. Am Schluß beendet er die Veranstaltung (nach Ankündigung; die Rednerliste wird rechtzeitig geschlossen).

Befriedigende Ergebnisse kann ein Diskussionsleiter nur erreichen, wenn er von den Teilnehmern und Zuhörern fachlich und persönlich akzeptiert wird.

Als Diskussionsteilnehmer muß Ihr Beitrag kurz und kernig sein. Er gehört immer an die aktuelle Stelle, das heißt in den Zusammenhang mit dem vorher Gesagten. Das heißt auch, Sie müssen genau zuhören. Bringen Sie eigene, neue Gedanken ein.

Leitregeln und Aufgaben für den Leiter (bei Bedarf sollte man eine persönliche Checkliste, abgestimmt auf die Veranstaltung erstellen):

Wichtige Regeln und Aufgabenstellungen für den Diskussionsleiter

- eventuell Einladung versenden und organisatorische Vorbereitungen im Vorfeld der Veranstaltung treffen
- keine persönliche Stellungnahme
- sachliche Vorbereitung
- Begrüßung der Anwesenden und nötigenfalls gegenseitige Vorstellung, Eröffnung
- gegebenfalls Begrüßung und Einführung der Referenten
- eventuell Themeneinführung
- Diskussion führen nach vereinbarten Verfahrensregeln
- Worterteilung (Rednerliste für die Reihenfolge führen)
- soweit nötig übereifrige Personen dämpfen, passive Teilnehmer aktivieren, verhindern von Quergesprächen
- Rückführung auf die Sachebene, schlichten, vermitteln, verdichten, koordinieren, zusammenfassen
- Anträgen zur Geschäftsordnung Priorität verleihen
- Zeit und Ablaufplan beachten
- Rednerliste schließen und Schluß ankündigen
- Zusammenfassung, Ausblick, Konsequenzen
- Abschluß der Veranstaltung und Nennen des weiteren Vorgehens

Die Sitzung

In Firmen, Verbänden, politischen, kulturellen und religiösen Organisationen oder anderen Vereinigungen finden Sitzungen statt. Solche Zusammenkünfte haben auch Namen wie: Rapport, Besprechung, Hearing, Meeting, Teamsitzung, Konferenz, Verhandlung, Gespräch, Management-Sitzung, Höck (Schweiz), Workshop, Stammtisch, Runder Tisch, Arbeitsessen.

Untersuchungen haben ergeben, daß Führungskräfte bis Zweidrittel ihrer Arbeitszeit in Sitzungen und Konferenzen verbringen. Wenn nun zehn Personen mit einem Stundensatz von DM 100,– an einer Sitzung teilnehmen, kostet die Sitzungsminute nicht nur eine Stange Geld, sondern diese Zeit kann auch nicht anderweitig verwendet werden. Es lohnt sich daher, Sitzungen optimal vorzubereiten und durchzuführen, denn nur so kann die Sitzung zügig und ergebnisreich verlaufen. Eine Investition in der Vorphase rechtfertigt sich auf jeden Fall.

Der Sitzungsleiter sollte daher Spezialist in Kommunikation, Entscheidungs- und Problemlösungsmethodik, Führung und Organisation sein. Zudem müßte er Fachmann in den Visualisierungstechniken sein. Gibt es solche Universalgenies überhaupt?

Nicht immer muß eine Sitzung sein: es gibt auch Alternativen

Im Vorfeld sind Alternativen zu Sitzungen ebenfalls zu prüfen. Das könnten sein:

- Telefonkonferenz
- Memo, Kurzbrief (an jeden Teilnehmer oder zur Zirkulation)
- gemeinsame Kaffeepause oder gemeinsames Mittagessen
- nächste reguläre periodische Sitzung oder Treffen
- Schwarzes Brett
- internes Mitteilungsblatt
- nichts tun (dritte und die Zeit erledigen vieles)

Wenn immer möglich, wählen Sie für Besprechungen ein spezielles Zimmer. Die Arbeit wird schneller erledigt als in einem Büro – zudem sind Störungen auf diese Weise fast vollständig auszuschließen.

Vom Ziel her abgeleitet, sind die Teilnehmer zu bestimmen. Sie sind rechtzeitig mündlich oder schriftlich einzuladen.

Audiovisuelle Hilfsmittel, insbesondere der Tageslichtprojektor, verkürzen die nötige Sitzungsdauer und verhelfen durch optische Aufbereitung zu einer besseren Konsensfindung.

Tagtäglich finden unzählige solcher Sitzungen statt. Viele dieser Besprechungen werden als frustrierend, ergebnislos und damit als pure Zeitverschwendung erlebt. Moderationshilfen wie moderne Methoden und Techniken werden nicht eingesetzt und sind durch ihr Fehlen mitverantwortlich für diese desolate Situation.

Die Kernfrage jeder Sitzung ist immer:

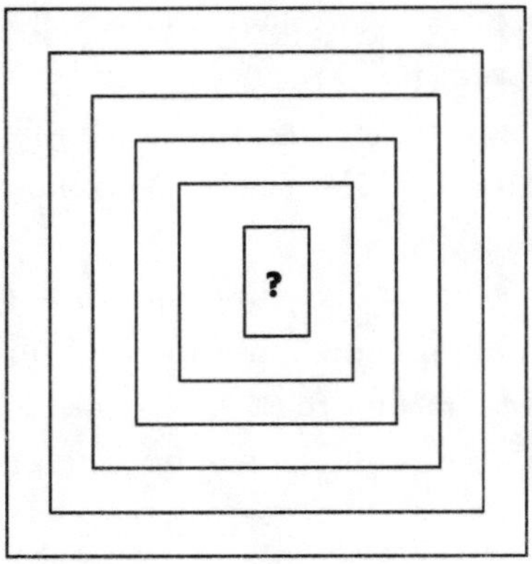

WELCHES IST DAS ZIEL?

- informieren, instruieren, motivieren?
- überzeugen?
- Probleme lösen, klären?
- schlichten?
- entscheiden, beschließen?
- Beziehungen pflegen, kennenlernen?

Der Sitzungsleiter trägt die Verantwortung für das zielgerichtete Vorgehen

Es sind auch mehrere oder gemischte Ziele möglich.
Wichtig ist, daß über die Ziele im voraus Klarheit besteht. Werden nämlich persönliche Querelen (Beziehungs- und Selbstdarstellungsebene) anstelle der anderweitig gewünschten Fachgespräche (Sachebene) abgehalten, hinterläßt die Zusammenkunft allseits Unzufriedene. Aufgabe des Leiters (auch Moderator genannt) ist es, dafür zu sorgen, daß strukturiert und zielgerichtet vorgegangen wird, damit rasch qualitativ hochstehende Ergebnisse erreicht werden. Dies ist keine leichte Aufgabe, da gruppendynamische (Entscheidungs-)Prozesse oft nicht leicht zu durchschauen und zu lenken sind. Insbesondere ist es seine Aufgabe, darauf zu achten, daß die Positionen (dafür – dagegen) erst im Rahmen der Schlußabstimmung bezogen werden, damit vorher sachlich und meinungsbildend diskutiert werden kann. Er hat auch dafür zu sorgen, daß, wenn das Vernünftige schon nicht erreichbar ist, zumindest das Unvernünftige verhindert wird. Am Schluß sollen für alle zufriedenstellende Ergebnisse erzielt werden.
Bedenken Sie, daß die Zielsetzung nicht mit dem Resultat verwechselt werden darf. So kann ein Ziel sein, über die neue EDV-Anlage zu verhandeln und zu entscheiden. Das Resultat wäre anschließend beispielsweise der Anschaffungsbeschluß oder auch der Beschluß, mit der alten Anlage noch ein Jahr weiterzuarbeiten.

Aufgaben des Sitzungsleiters

Das nachfolgend Gesagte gilt in erster Linie für den Sitzungsleiter, sekundär aber auch für die Teilnehmer. Für den Moderator gilt es drei Phasen zu beachten. Es handelt sich um die Periode vor, während und nach der Sitzung.

Vor der Sitzung (Vorbereitung)
Eine gute, das heißt schriftliche Vorbereitung (fachlich, persönlich, sachlich, organisatorisch, personell) schützt vor Überraschungen, beschleunigt den Ablauf, zwingt zum Wesentlichen und kann anschließend eventuell sogar als Aktennotiz verwendet werden.
Der Sitzungsleiter lädt die ausgewählten Teilnehmer rechtzeitig an einen Ort ein, der für alle vernünftig erreichbar ist (bei der Terminwahl auf freie Tage, Ferien, Dienstpläne und anderes mehr Rücksicht nehmen; eventuell telefonisch den Termin abklären). Für schlecht auffindbare beziehungsweise neue Orte sollte man einen Plan beilegen, Hinweistafeln aufstellen oder einen Treffpunkt vereinbaren. Die Einladung soll insbesondere ein Teilnehmerverzeichnis und eine detaillierte Tagesordnung, allenfalls die für die Vorbereitung nötigen Unterlagen oder Informationen, enthalten.
Der Raum muß für etwa vier bis zwölf Personen genügend Platz bieten. Er soll hell, ruhig und gut lüftbar sein (rauchen erlaubt?) sowie je nach Bedarf über die nötigen Hilfsmittel verfügen. Der Leiter sorgt gegebenenfalls für Kaffee und Erfrischungen. In Restaurants muß der Sitzungsraum möglichst abgeschirmt von der Gaststätte sein. Der Service erfolgt idealerweise nur vor oder nach der Sitzung, nicht aber während der Sitzung. Bei längeren Sitzungen (etwa ab zwei Stunden) kann die Sitzung für eine Pause und für den Service unterbrochen werden.

Schon die Raumwahl will wohl überlegt sein

Der Leiter bestimmt die Ziele, Tagesordnung, Diskussionsfragen, das Vorgehen und die Hilfsmittel. Er entscheidet auch, wer eingeladen werden soll beziehungsweise wer nicht. Das ist oft auch eine Prestigefrage – eventuell sollte eine Sitzordnung mit der Teilnahmebestätigung angegeben werden. Weiterhin entscheidet der Leiter, wer den Heimvorteil ausnützen kann. Zu beachten hat er ferner Zeitpunkt und Zeitdauer. Daß er am besten vorbereitet sein sollte, versteht sich. Die nötigen Unterlagen wie Pläne, Briefe, Dokumente, Expertenberichte, Kostenzusammenstellungen und Statistiken hat er mitgebracht.

Schlechte Vorbereitung ist oft der Grund für unbefriedigende Ergebnisse

Zahlreiche Sitzungen scheitern oder verzögern sich unnötig, weil sich die Teilnehmer ungenügend vorbereitet haben. Bedenken Sie: Vorbereitungen schaden nur denjenigen, die sie nicht gemacht haben. Ihre „Gegner" werden vorbereitet kommen! Als gute Vorbereitungsart von der Arbeitstechnik her hat sich bewährt: Tagungsordnung auf farbiges Papier kopieren und pro Sitzungspunkt in Streifen schneiden. Die einzelnen Streifen werden oben auf leere A4-Blätter geklebt. Auf dem freien Raum können nun die vorbereiteten Notizen oder die Verhandlungsergebnisse notiert werden. Dieses „Blattdenken" zwingt auch zu konzentriertem Themendenken.

Zur Vorbereitung gehört eventuell das Studium alter Protokolle. Zusammengefaßt sind folgende Punkte wichtig:

- Verhandlungsthema/-ziel (relevante Fragen, was scheint erreichbar?)
- (äußere) Gegebenheiten (Infrastruktur); firmenintern ist dafür zu sorgen, daß die Sitzung möglichst nicht gestört wird
- Wie trete ich auf? Wie eröffne ich die Sitzung?
- Welches dürfte die gemeinsame Basis sein? Welches Vorwissen haben die Teilnehmer?
- Bestimmen der Protokollführung
- Raum reservieren und einrichten (Hilfsmittel, Dekoration)
- Leitung der Abstimmung, Entscheidungen in Verfahrensfragen (Tagungsordnung)
- Diskussionsleitung
- Aussprechen eines Dankes

Sitzungsdauer: Maximal zwei Stunden ohne Pause (Pausendauer: 10–15 Minuten).

Wenn die Plätze nicht frei gewählt werden sollen, ist dem Punkt der Sitzordnung große Beachtung zu schenken.

Während der Sitzung (Durchführung)

Der Sitzungsleiter sorgt für eine pünktliche und schwungvolle Eröffnung und lässt die Teilnehmer sich gegenseitig vorstellen. Dadurch entsteht eine angenehme Atmosphäre. Er erläutert und faßt, soweit nötig, nochmals Ziel und Vorgehen (Tagesordnung, Verhandlungsgegenstand) zusammen und informiert grundsätzlich (Stand der Dinge, bisheriger Verlauf). Er leitet die zügige und sachliche Behandlung der Tagungsordnungspunkte. Weiter kontrolliert er den Verlauf: koordiniert, sorgt dafür, daß keine Außenseiter entstehen, mäßigt Vielredner, greift vorangehende Beiträge wieder auf, lenkt zum Thema zurück, ohne stur zu sein, erinnert an die Zeit, übersetzt unverständliche Expertensprache und klärt Mißverständisse oder Wissenslücken.

Die Ziele dürften bei Entscheidungssitzungen nicht bereits in jedem Detail im voraus feststehen. Im Gegenteil, mit einer gewissen Kompromißbereitschaft sollte der Verhandlungsspielraum ausgeschöpft werden.

Der Leiter faßt periodisch, speziell aber bei Stockungen und Differenzen, die bisherigen Teilergebnisse zusammen, damit darauf aufbauend fortgefahren werden kann (auch als Hilfestellung für den Protokollführer). Nötigenfalls versucht er auch, auf die Sachebene zurückzubringen. Mit persönlichen Beiträgen sollte sich der Leiter jedoch generell zurückhalten. Auf starke Personalisierungen der Beiträge ist im Interesse optimaler Sachlösungen zu verzichten.

Die Sache, um die es geht, muß immer im Mittelpunkt bleiben

Der Leiter läßt ein Protokoll erstellen durch den vor der Sitzung bestimmten Protokollführer. Die Worterteilung und der Wortentzug ist Sache des Leiters. Grundsätzlich hat er sachlich, vorurteilslos und unparteiisch zu agieren.

Bei bestimmten Gegebenheiten sind die gesetzlichen Bestimmungen zu beachten.

Der Sitzungsleiter sorgt für das pünktliche Ende der Sitzung. Am Schluß faßt er den Entscheid nochmals zusammen (Beschlüsse, Termine, Verantwortliche). Nötigenfalls spricht der Leiter auch noch einen Dank aus (an Teilnehmer, Spezialisten, Gäste, Gastgeber, Wirt) und beendet die Sitzung positiv (jeder geht zufrieden, mit einer Nutzenargu-

mentation gewappnet und ohne Gesichtsverlust nach Hause zurück).
Abschließend sind das Datum des nächsten Sitzungstermins und die wichtigsten Themen festzuhalten.

Nach der Sitzung (Nachbereitung)

Der Sitzungsleiter läßt den Teilnehmern das Protokoll beziehungsweise die versprochenen Unterlagen zustellen (auch den abwesenden Personen). Im Protokoll sind die Beschlüsse, Termine und bei Handlungsbedarf die zuständigen Personen vermerkt. Zudem setzt er die Beschlüsse in die Tat um beziehungsweise kontrolliert die Ausführung der Entscheidungen.

Nach einer Sitzung sollte man die Resultate bewerten

Auch sollte jeder Teilnehmer sich die Sitzung anschließend nochmals durch den Kopf gehen lassen. Wurde das Ziel erreicht? Warum? Wurde das Optimum herausgeholt? Wie fühle ich mich – wie wahrscheinlich die Teilnehmer? Ging ich auch mit der Zeit haushälterisch um? Was muß ich künftig unbedingt ändern? Was will ich auf jeden Fall beibehalten?
Abschließend dankt der Leiter den Verantwortlichen im Plenum oder nachträglich schriftlich für Saal, Blumenschmuck, Apéritifs, Lunch, Kaffee etc. Zudem läßt er bei entsprechender Wichtigkeit eine Pressemeldung oder einen Zeitungsartikel verfassen.

Sitzordnung

Wird die Sitzordnung festgelegt, ergeben sich daraus für den Leiter wichtige Fragen im Zusammenhang mit der Sitzung: Wo sitzt der Chef, wo die ihm Rangnächsten und seine übrigen Helfer, wo der jüngste oder rangniedrigste Teilnehmer der Sitzung, wer sitzt an der Längskante des Tisches, wer hat die Tür im Rücken oder soll gegen das Licht sehen?
In der Praxis kommen häufig folgende Tischordnungen vor, mit jeweils spezifischen Vor- und Nachteilen, die man abwägen muß:

U-Form oder Hufeisenform
(Halbkreis)

T-Form

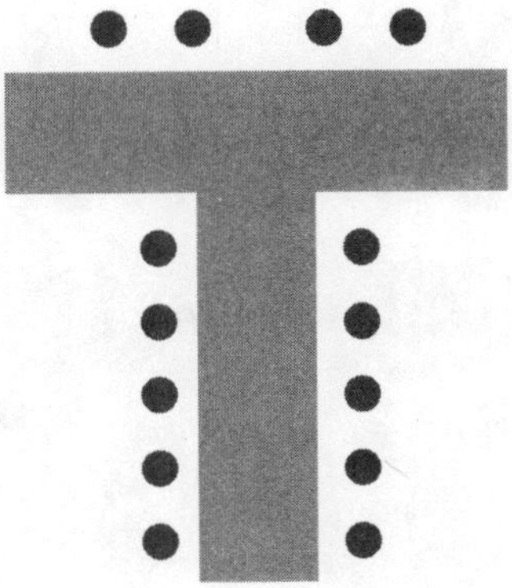

E-Form

Tafel
(rechteckig, oval oder rund)

Parlaments- oder Kongreßbestuhlung
(eine oder mehrere Tischreihen, eventuell leicht schräg gestellt.)

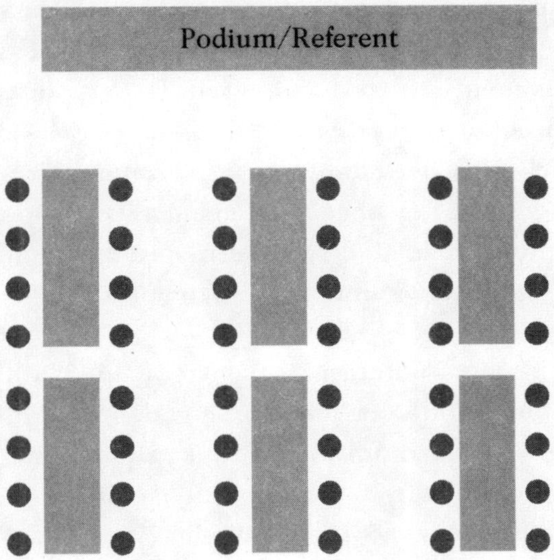

Theaterbestuhlung

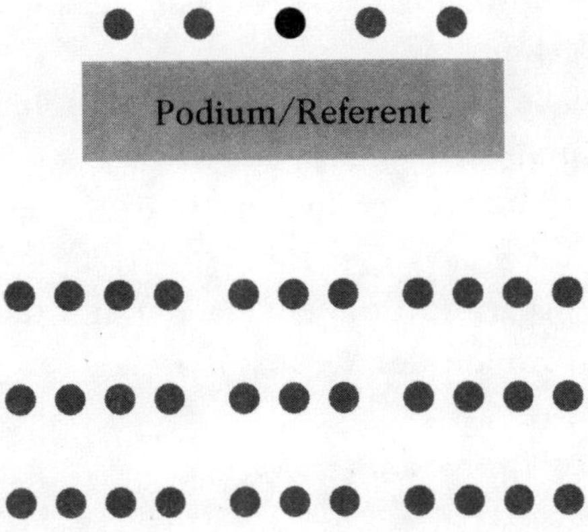

Eröffnung, Referentenvorstellung und Schluß

Sind verschiedene Redner vorgesehen, obliegt dem Leiter die Gesamtmoderation

Bei Sitzungen, mehr noch bei Tagungen, kommen häufig verschiedene Referenten zum Zug. Der Leiter hat auch in diesem Fall verschiedene Funktionen zu erfüllen, um den reibungslosen Ablauf zu gewährleisten. Vorab ist es notwendig, die genauen Namen der Referenten abzuklären (Rico oder Riccardo, Toni oder Anton?), inklusive des (akademischen) Titels oder der Funktionsbezeichnung, Firma beziehungsweise Amt. Bei ungeläufigen oder fremdsprachigen Namen sollte man sich vergewissern, daß man den Namen richtig aussprechen kann. Ein Stichwortkärtchen leistet dazu wertvolle Hilfe.

Der Referent oder Podiumsgesprächsteilnehmer sollte übrigens im Moment, in dem sein Name genannt wird, auf die Begrüßung reagieren: mit einem Nicken und einer kurzen Begrüßungsformel wie „Guten Tag“ oder „Grüezi“.

Eine Rahmenrede zur Einführung in eine Veranstaltung und zur Vorstellung des/der Referenten, wie sie dem Sitzungsleiter obliegt, kann folgenden Aufbau haben:

Anrede und allgemeine Begrüßung zur Veranstaltung

- Anrede (nicht über die eigene Person sprechen)
- eventuell Prominente, Gäste, Presse begrüßen (möglichst zusammengefaßt)
- gegebenenfalls Dank für die Gastfreundschaft, Vorbereitungen, Raumbenutzung, Spenden
- sofern zwingend und nicht bereits bekannt: sich selber kurz vorstellen
- Versammlungsgrund und Thema nennen, eventuell mit Hinweis auf Ablauf der Veranstaltung

Begrüßung des Vortragenden

- Begrüßungswort
- wenn nötig: seine Person kurz vorstellen (bitte keine Übertreibungen)
- Vortragstitel nennen und eventuell kurze Einleitung ins Thema geben

Referent bitten zu beginnen

- Erteilung des Wortes an den Referenten

Übertriebenes Lob steckt die Erwartungen der Zuhörerinnen und Zuhörer so hoch, daß der Referent diesen Ansprüchen vielleicht nicht mehr zu genügen vermag. Niemand schätzt zudem, wenn Rosinen aus dem Vortrag bereits in der einleitenden Rede erscheinen. Die Teilnehmer sind Ihnen dankbar, wenn Sie den Namen eines unbekannten Referenten mehrmals nennen, damit die Zuhörerinnen und Zuhörer Gelegenheit haben, sich den fremd klingenden Namen zu merken.

Überleitung zur Diskussion

Nach dem Vortrag leitet gelegentlich der Referent direkt zur Diskussion über (speziell dann, wenn er auch Gesprächsleiter ist), oder der Veranstaltungsleiter ergreift nochmals das Wort. Als mögliche Gliederung kann folgendes Vorgehen angezeigt sein:

- Anrede
- eventuell kurze Zusammenfassung der Kernaussagen (insbesondere, wenn mehrere Referenten gesprochen haben)
- Überleitung zur Diskussion (Gliederung und Ablauf kurz skizzieren)
- Worterteilung (Motivation und Aktivierung der Teilnehmer)

Oft setzt der Leiter die Diskussion in Gang

Der Diskussionsleiter macht sich während des Vortrags Notizen zum Inhalt, die er anschließend während der Diskussionsleitung verwenden kann. Denn oft muß er selbst die erste (vielleicht provozierende) Frage stellen, die bei den übrigen Gesprächsteilnehmern das Eis bricht und die allgemeine Diskussion in Gang setzt.

Schließen einer Veranstaltung

Zum Schluß der Veranstaltung – der Referent hat seinen Vortrag gehalten, die Diskussion ist abgeschlossen – kann der Veranstaltungsleiter seine Rede folgendermaßen gliedern:

- Anrede
- eventuell kurze Zusammenfassung
  (speziell Ergebnisse, Würdigung, Handlungsaufforderung ohne eigene Beurteilungen, Zukunftsaspekt!)
- Dank
  (an Redner, Gesprächsteilnehmer, Gastgeber, Helfer, Diskussionsteilnehmer)
- Verabschiedung
  (Hinweise auf Prospektmaterial, die nächste Veranstaltung, Spendenmöglichkeiten)

Nach Abschluß der Veranstaltung hat der Gesprächsleiter folgendes zu beachten:

- den/die Referenten zum Essen, einem Glas Wein oder Kaffee einladen
- Helfer einteilen, Aufträge verteilen und für deren Mitarbeit danken
- Zahlungen vornehmen
- Abrechnung erstellen
- Pressebericht veranlassen und Erscheinen überwachen
- Erfolgskontrolle: Feedback von Zuhörern und Veranstalter aufnehmen, Presseecho, Gespräche mit Referenten

So läuft eine Vorstellung korrekt ab

Wie stellen Sie Referenten und Referentinnen einander gegenseitig vor? Es gilt: Der Mann wird der Frau vorgestellt, eine jüngere Person der älteren Person und eine rangniedrige der ranghöheren Person. Bei der Nennung kommt der Name immer vor dem Rang. Wenn jemand einen Titel hat, wird dieser vor dem Namen genannt: „Herr Dr. Meyer, der Bezirksvorsitzende der xyz-Partei".

Übung: Einführung eines Referenten

So können Sie die Vorstellung eines Referenten üben.

Thema:	Vorstellung eines Referenten
Redezeit:	–
Zuhörer:	dem Thema entsprechend (vorher mitteilen)

Ort:	vor den Zuhörern (frei stehend)
Speziell zu beachten:	dieses Kapitel Stichwortkarten für Namen
Bemerkungen von Zuhörern:	Beurteilung, Feedback, Verbesserungsvorschläge

Aufgaben des Gesprächsleiters

Dem Gesprächsleiter obliegt die Leitung und Führung der Diskussion. Ab fünf Personen sollte in jedem Fall ein solcher Gesprächsleiter bestimmt werden. Er sorgt für:

Der Gesprächsleiter ist ständig mit voller Aufmerksamkeit beim Geschehen

- pünktlichen Beginn und pünktlichen (vorher angekündigten) Veranstaltungsschluß,
- Worterteilung an die einzelnen Teilnehmer,
- Einhaltung der Gesprächsordnung und der Gesprächsdauer,
- optimale Vorbereitung,
- Eröffnung der Diskussion:
  - stellt Teilnehmer, soweit nötig, vor,
  - nennt Thema und Ziel,
  - legt eventuell Regeln fest (Sprechdauer, Dauer und Art der Beiträge),
  - erteilt das Wort für die Eröffnungsrede (ideale Dauer: zwei bis drei Minuten. Geeignet ist die Reihenfolge der Sitzordnung).
- Leitung und Führung der Diskussion (er kann es sich daher nie leisten, sich zurückzulehnen),
- Ankündigung einer Pause (lüften; Dauer angeben; ideale Pausendauer: 15 Minuten bis maximal 50 Minuten. In der Pause suchen Sie als Gesprächsleiter Feedback, entspannen sich oder treffen Vereinbarungen),
- Beachtung der Wortmeldungen (er nimmt die Aussagen entgegen und nimmt allenfalls eine Auswahl vor; komplexe oder unverständliche Fragen übersetzt er in eine beantwortbare Form),
- Zurückweisung unfairer Angriffe oder Techniken (insbesondere unterbricht er bei Angriffen gegen seine Person oder gegen Teilnehmer im Saal oder Podium; er verhindert, daß Privatkonflikte ausgetragen werden),

- Nennung der Namen der angesprochenen Personen,
- Weiterleitung vorher eingereichter Fragen, thematisch zusammengefaßt, an die Referenten (dieses Zusammenfassen übernimmt er auch, wenn sehr viele Fragen aus Zeitgründen unbeantwortet bleiben),
- Dank/Verabschiedung der Teilnehmer (sofern dies nicht durch den Veranstalter selber gemacht wird),
- Abgabe des kopierten handschriftlichen Beschlußprotokolles – sofern möglich – am Schluß der Veranstaltung, (ein eigentliches Verhandlungsprotokoll, das alle Wortbeiträge aufführt, ist in der Regel unnötig),
- gegebenenfalls Hinweise auf Redezusammenfassungen und Begleitmaterial.

Welche Regeln gelten für den Gesprächsleiter selbst? Er hat die Aufgabe, das Gespräch neutral zu führen – daher hat er sich eigenen Stellungnahmen zu enthalten. Es wäre seltsam, wenn im Gespräch die richtige Antwort auf ein Problem gesucht wird und der Leiter sich schon bald auf die eine oder andere Seite schlagen würde. Den Abschluß des Gespräches sollte er, vor allem bei einer großen Podiumsdiskussion, rund 15 Minuten vor Schluß ankündigen. Das gibt allen Referenten die Möglichkeit, ein Schlußwort zu sprechen, oder bietet den Teilnehmern die Chance, eine letzte Frage oder eine letztes Statement zu machen.

Gekonnt moderiert, bringt eine Diskussion auch brauchbare Resultate

Immer wieder faßt er Gesprächsergebnisse – auch Teilergebnisse – zusammen und unterbricht Dauerredner. Das hält das Gespräch im Fluß und kann auch sehr taktvoll geschehen. Beispielsweise: „Da haben Sie etwas Wichtiges gesagt, Herr X. Was meinen Sie dazu, Herr Y?“ oder „Vorhin wurde darauf hingewiesen, daß ...“. Überhaupt hat er dafür zu sorgen, daß möglichst alle Gesprächsteilnehmer sich aktiv beteiligen und Zwischengespräche unter den einzelnen Teilnehmern bestmöglich vermieden werden.
Eine überzeugende Gesprächsleitung ist nur möglich, wenn der Leiter über ein fundiertes Sachwissen verfügt – nur so wird er von den anderen Teilnehmern anerkannt und respektiert.

Der Gesprächsleiter eröffnet die Diskussion. Vorerst werden aber keine Fragen gestellt. Wie kann er diese Situation entschärfen und die Debatte in Gang setzen?

- Der Gesprächsleiter stellt eine seiner vorbereiteten Fragen.
- Humorvolle Überleitung (zum Beispiel: „Ich weiß, die erste Frage ist immer die schwierigste. Kommen wir daher gleich zur zweiten.“)
- Vorbereitete Fragen werden von vorher instruierten Zuhörern gestellt. Diese haben die Funktion eines Eisbrechers.

Der Beginn beziehungsweise das erste Drittel der Diskussion ist in der Regel die beste Zeit für die eigenen Teilnehmerbeiträge des Leiters neben dem Schlußwort.

Warum stellen die Zuhörer Fragen?

Gesprächsleiter und Referenten sollten sich überlegen, warum überhaupt nach einem Vortrag Fragen gestellt werden. War der Vortrag zuwenig präzis? Welche wichtigen Fakten wurden vergessen? Hat sich der Referent unklar ausgedrückt? Meistens ist weder das eine noch das andere der Grund. Alleinige Ursache dürfte nämlich häufig das Selbstdarstellungsbedürfnis der Anwesenden sein: Die „IBADA-Reaktion“ (Ich bin auch da, Anwesende!). Tragen wir dem Rechnung. Geben Sie eine Quittung, bevor Sie die Frage beantworten. Versuchen Sie, eine Ja-Reaktion auszulösen („Habe ich die Frage so richtig verstanden?“, „Denken Sie in diesem speziellen Fall an ... ?“, „Habe ich Ihre Frage zu Ihrer Zufriedenheit beantwortet?“) „Sind Sie befriedigt von der Antwort?“).

Machen Sie sich bei der Fragestellung Notizen; zeigen Sie dem Fragesteller, daß Sie ihn ernst nehmen. Das Wiederholen des Namens des Fragestellers, wenn dieser bekannt ist, gehört ebenso zur Stellungnahme. Zitieren Sie aber die Antwort auf eine Teilnehmerfrage niemals wörtlich aus dem bereits gehaltenen Vortrag. Ansonsten würden Sie dem Fragesteller sehr deutlich zu verstehen geben, daß er nicht aufgepaßt hat.

Als Vorbereitungshilfe und Gedankenstütze eignen sich, wie bei der Rede, Stichwortkarten im Format A6 (Postkartenformat).

Spezielle Rhetorik für

Auf dem Seminarmarkt werden zahlreiche Seminare angeboten, die sich ausschließlich an Frauen richten. Vereinzelte Bücher adressieren sich ebenfalls ausdrücklich nur an Frauen. Gibt es denn spezifische Unterschiede zwischen der Rhetorik von Frauen und Männern? Oder gibt es Unterschiede in der Art des Lernens, die eben unterschiedliche Bücher oder Seminare erfordern würden?

Welches sind die Unterschiede?

Einige spezifische (biologische) Unterschiede gibt es diskussionslos und allseitig akzeptiert zwischen Männern und Frauen. Frauen haben beispielsweise, bedingt durch den

Frauen?

geringeren Resonanzkörper, eine höhere Stimme. Durch die eher leisere Stimme müssen sie allenfalls andere Wege finden, sich durchzusetzen.

Unterschiede in der körpersprachlichen Kommunikation sind immer wieder feststellbar. Ob dies aus biologischen Gründen oder aufgrund der Erziehung zu einem spezifischen weiblichen Rollenverhalten so ist, bleibe dahingestellt. Im Abstandsverhalten, in der Anzahl der Berührungen oder auch in der Haltung lassen sich oft deutliche Abweichungen zwischen den Geschlechtern erkennen.

Psychologische Forschungen attestieren Frauen und Männern unterschiedliches Verhalten in Diskussionen. Frauen verspüren mehr Zugehörigkeit, sind kooperativer, passen daher auf, daß sich alle beteiligen, und beanspruchen weniger Macht als Männer. Diskussionsbeiträge von Männern haben einen Bonus, sie gelten als wichtiger als solche von Frauen. Frauen werden in ihren Reden öfter unterbrochen als Männer. Zudem wirken sie weniger glaubwürdig.

Ansonsten sind die Unterschiede wohl kleiner, als uns zahlreiche Autoren und Seminarveranstalter weismachen wollen. Rhetorische Regeln, die für Männer und Frauen gleichermaßen gelten, gibt es weit mehr als solche, die ausschließlich für ein Geschlecht anwendbar sind.

Immer wieder äußern sich Frauen allerdings über ihre Probleme, sich in einer reinen Männerwelt zu behaupten. Der Dominanzanspruch der Männer ist ihnen zu stark. Sie fühlen sich ausgegrenzt und nicht ernst genommen. Innerhalb einer reinen Frauengruppe, mit einer weiblichen Lehrkraft, fühlen sie sich aufgehobener und können sich besser öffnen. Sie sind damit „unter sich". Insbesondere, wenn es um das Problem geht, sich erstmals vor einer Gruppe frei äußern zu müssen, ist ein reines Frauenseminar für viele Teilnehmerinnen der einfachere Weg, ihre Hemmschwelle zu überschreiten.

Frauen unter sich schaffen oft eine entspanntere Atmosphäre

Mit anderen Frauen als Seminarteilnehmerinnen können Frauen über solche geschlechtsspezifische Fragen und Probleme besser und in einer entspannteren Atmosphäre diskutieren. Sie werden in der Regel vergleichbare Erfahrungen gemacht haben und diese in Verhaltensstrategien umsetzen können. „Die Frau in der Männerwelt" könnte wohl immer noch, trotz aller Bewegungen zur Gleichberechtigung, ein Thema in einem Rhetorikseminar für Frauen sein – bei gemischten Gruppen hingegen würde es wohl wenig Anklang finden. Auch die Fragestellung „Wie setze ich mich in einer reinen Männerwelt durch?" dürfte in Frauenseminaren größeres Interesse finden.

Frauen sollen jedoch bedenken, daß solche reinen Frauenseminare nicht auf die tagtägliche Wirklichkeit vorbereiten. Die Realität besteht in der Regel aus geschlechtsgemischten Gruppen. Somit kann ein solches Seminar lediglich als Trainingshilfe zum Abbau von Hemmungen, zur Stärkung des Selbstbewußtseins und als Einstieg in die Wirklichkeit dienen, es ersetzt aber nicht die Erfahrung, die Frauen in gemischtgeschlechtlichen Seminaren machen können.

Vernünftige sprachliche Formen

Die Sprache bringt vieles über das Verhältnis zwischen den Geschlechtern zum Ausdruck

Von Frauenseite wird den Männern immer wieder eine spezifisch männliche und teilweise sexistische, frauendiskriminierende Sprache vorgeworfen. „Skihäschen, Serviertochter, Buffetdame, das schwache Geschlecht, Emanzen, Freudenmädchen“ sind solche Ausdrücke. Daß in der Aussage „In der Firma arbeiten 100 Mitarbeiter“ die Frauen auch eingeschlossen wären, sei in der deutschen Sprache selbstverständlich, sagen die einen. Doch gerade um die (sprachliche) Benachteiligung der Frauen zu überwinden, gelte es, diese Mitarbeiterinnen ausdrücklich zu nennen, argumentieren viele Frauen. Also wird die längere, aber korrekte Formulierung gewählt: „In der Firma arbeiten 100 Mitarbeiterinnen und Mitarbeiter.“

In der Sprache drücken sich Machtstrukturen aus. In einer noch immer von Männern dominierten Gesellschaft ist auch die Sprache männlich geprägt, sie ist eine Ausdrucksform des Patriarchats. Das Denken wird in Wörter gefaßt, und die verwendeten Wörter beeinflussen wiederum das Denken. Diese Selbstverständlichkeit müssen sich speziell Männer immer wieder sagen lassen. Sprache schafft und eliminiert Klischees. Oder ist es Zufall, daß „Romeo und Julia“ respektive „Adam und Eva“ immer in der Reihenfolge „Mann und Frau“ genannt werden? Denken Sie einmal – gerade als Mann – darüber nach. Achten Sie auf Ihr Gesprächsverhalten.

Insbesondere in Amerika existiert ein Trend, eine Sprache zu wählen, die ohne sexistische, rassistische oder negativ wertende Begriffe auszukommen sucht. Noch ist uns „dumm und dick“ näher als „geistig gefordert und von anderer Größe“. Noch sprechen wir von „Liebhaberin, Liebhaber, Ehefrau, Ehemann, Freundin und Freund“ und noch nicht – von „bedeutsamem Gegenüber“. Menschen sind für uns „faul oder lügen“, sie sind nicht „motivationsmäßig unzureichend oder ethisch verwirrt". Muß das aber immer so bleiben?

Viele Ausdrucksweisen lassen sich leicht ändern – zugunsten einer Gleichbehandlung

Wie könnte dies konkret für Sie als Rednerin oder Redner aussehen? Folgende Forderungen werden aufgestellt: Frauen fordern, daß die feminine Form ausgesprochen wird. Also „die Passinhaberin", die „Bürgerin", die „Schülerin" und die „Unterschrift der Ausstellerin". Was heute noch ungewohnt erscheint, wird wohl in wenigen Jahren zum Alltag gehören. Auch werden dann zum Fest nicht „alle Teilnehmer mit Ihren Damen" eingeladen, sondern „alle Teilnehmerinnen und Teilnehmer mit Ihrer Begleitung".

Sind somit Frauen und Männer gemeint, wird eben von „Kolleginnen und Kollegen" oder „Studierenden" (= „Studentinnen und Studenten") gesprochen. Formen wie „der Vize" heißen dann nicht „der weibliche Vize", sondern einfach „die Vize".

Der Siegeszug des Großbuchstabens I wird wohl in Zukunft, zur vereinfachten Schreibweise, kaum aufzuhalten sein. Statt „Handballerin und Handballer" wird lediglich „HandballerIn" geschrieben. An diese „Abkürzungen", die jedoch regulär in der Langform ausgesprochen werden, wird man sich gewöhnen wie an „z. B.", „usw." oder „d. h." als Kurzformen.

Mit der Zeit werden wir uns die Formen „Fachfrau oder Kauffrau" genauso vertraut sein, wie „Fachmann und Kaufmann".

Ein Spezialfall in der deutschen Sprache bildet das „man". Mit einfachen Umformulierungen kann der Gebrauch vielfach vermieden werden. Als Beispiel wird aus „Man kann das auch so sehen" „Das kann auch so gesehen werden".

Geschlechtsneutrale Formulierungen lassen sich oft finden. Aus „Mannjahren" werden dann „Personenjahre" im EDV-Projekt.

Daß es grammatikalisch richtig sein muß, versteht sich. Wenn sie Augenärztin ist, heißt es eben „Sie ist Augenärztin." Oder: „Die Frau ist eine Spenglerin." Allerdings sollte auch bei dem bewußten Einsatz weiblicher Formen oder der ausdrücklichen Einbeziehung der Frauen das Kind

nicht mit dem Bad ausgeschüttet werden. So wurde auch in diesem Buch nicht konsequent die männliche und die weibliche Form verwendet und auch das Wörtchen „man“ findet sich. Flüssigeres Lesen und Verzicht auf allzu häufige Passivkonstruktionen, die schließlich ausdrücklich als schlechter Stil bezeichnet wurden, waren die Gründe dafür. Ein solches Abwägen ist unvermeidlich.
Sprechen Sie in der Anrede Vornamen aus. Oft werden fälschlicherweise nur die weiblichen Vornamen ausgesprochen – nicht jedoch die männlichen. So wird in einer Veranstaltung „Edeltraud Schupp und Herr Huber“ begrüßt. Sprechen Sie besser „Edeltraud Schupp und Marco Huber“ an.
Neben der Verwendung einzelner Wörter scheint mir aber vor allem eine sinnvolle inhaltliche Darstellung nötig. Keine Diskriminierung entsteht unter anderem, wenn Frauen und Männer gleichhäufig als aktive und erfolgreiche Personen beschrieben werden. Handhaben Sie das? Überprüfen Sie sich einmal kritisch auf diesen Punkt hin.

Sprechverhalten ändert sich nicht von heute auf morgen

Ich denke, vieles, was in diesem Kapitel aufgezeichnet wurde, bedarf eines Lernprozesses. Und Lernprozesse wiederum bedürfen der Zeit. Was uns heute noch ungewohnt und fremd erscheint und ein ablehnendes Verhalten auslöst, wird vielleicht schon bald zur Gewohnheit und uns selbstverständlich. Vielleicht wird langfristig für das gesellschaftliche Leben die Geschlechtszugehörigkeit immer bedeutungsloser. Damit müßte dann wohl auch immer weniger auf die Verschiedenartigkeit hingewiesen werden. Genausowenig wie auf Personen mit und ohne Brille speziell hingewiesen wird.

Hilfsmittel, die den Vortrag

Hilfsmittel sind technische Geräte oder Einrichtungen, die die Wirksamkeit eines Vortrags erhöhen. Diese Anschauungsmittel dienen zur akustischen, optischen, figürlichen oder audiovisuellen Ergänzung der gesprochenen Wörter. Sie geben dem Referenten Sicherheit. Seine Informationen kann er gezielter und attraktiver übermitteln, da er einen roten Faden hat. Sitzungen werden effektiver durchgeführt. Beim Empfänger werden zusätzliche Sinne angesprochen (Auge oder Ohr). So ist es eine alte Weisheit, daß ein Bild mehr als 1 000 Wörter sagt!

Der Nutzen der technischen Hilfsmittel

Jedes Hilfsmittel ist für einen bestimmten Zweck am besten geeignet. Es ist wie mit einem Werkzeugkasten. Wer einen solchen besitzt, kann als Heimwerker für jedes Problem das richtige Werkzeug zücken. Für den Nagel den Hammer – für die Schraube den Schraubenzieher. Klar könnte man auch mit dem Hammer eine Schraube ins Holz schlagen – zweck-

i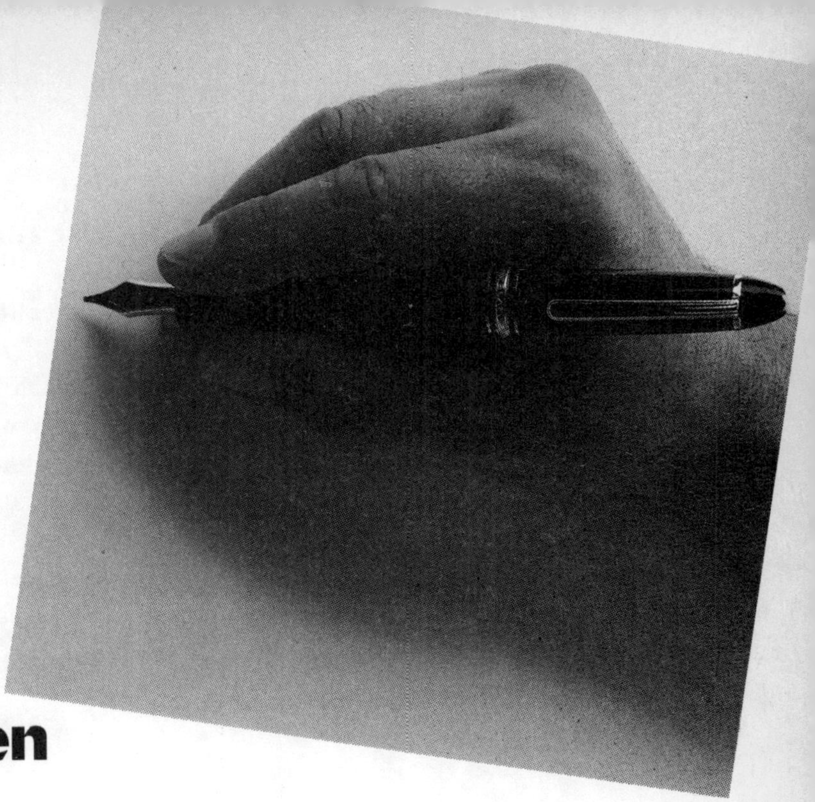

unterstützen

mäßig ist das allerdings nicht. Wer bei den Hilfsmitteln deren viele kennt, kann dann je nach Problem das richtige einsetzen. Zudem hängt die Wahl des Hilfsmittels von Ihrer Person, dem Budget und dem Thema ab. Es lohnt sich daher, verschiedene Möglichkeiten kennenzulernen, von denen Sie vielleicht heute glauben, daß Sie nie in die Lage kommen, sie zu nutzen.

Hilfsmittel sollen:

- besser sein, als eine Präsentation ohne Hilfsmittel,
- den Monolog auflockern,
- wortreiche Erklärungen ersetzen,
- mehr Informationen übermitteln,
- verbindlicher sein als mündliche Äußerungen,
- Aufmerksamkeit erhalten,
- sich beschränken auf das Wesentlichste,
- übersichtlich gestaltet sein,
- Erinnerungswerte steigern,
- zielgerichtet sein,

- keine Details enthalten,
- Strichzeichnungen statt Gemälde zeigen,
- die Glaubwürdigkeit steigern,
- einfach, klar, übersichtlich und verständlich sein,
- für alle Zuschauer von der Größe her sichtbar sein,
- leserlich (Schriftgröße) und grafisch ansprechend sein,
- nicht vom Präsentator angesehen werden (dieser hält den Blickkontakt zu den Anwesenden),
- erst wenn und solange sie benötigt sind, gezeigt werden.

Das komplizierteste und technisch aufwendigste Hilfsmittel muß nicht immer das zweckmäßigste sein. Wählen Sie von zwei gleich wirksamen Hilfsmitteln jeweils das technisch einfachere.

Erinnerungswert in Abhängigkeit von der Methode

Das Auge ist der wichtigste Informationslieferant

Der Mensch nimmt über 80 Prozent seiner Informationen über das Auge auf, noch gut zehn Prozent über das Ohr und ganz wenige Prozente über die Nase beziehungsweise den Tastsinn. Aufgenommen werden somit vorwiegend Bilder. Bilder werden zudem durch unser Gehirn gegenüber reinem Text intensiver und rascher verarbeitet und lösen eine überdurchschnittliche innere Aktivierung bei der Auseinandersetzung aus. Bilder unterliegen zudem gegenüber dem Text weniger der abwägenden kritischen Kontrolle des Konsumenten, sondern werden mit weniger gedanklichem Aufwand verarbeitet. Wie verhält es sich jedoch mit der Behaltensleistung?
Die Lernmethoden können auch anhand dieser Kanäle unterschiedlich gewählt werden. Das Erkennen eigener Stärken erleichtert die Wahl der Lernform.

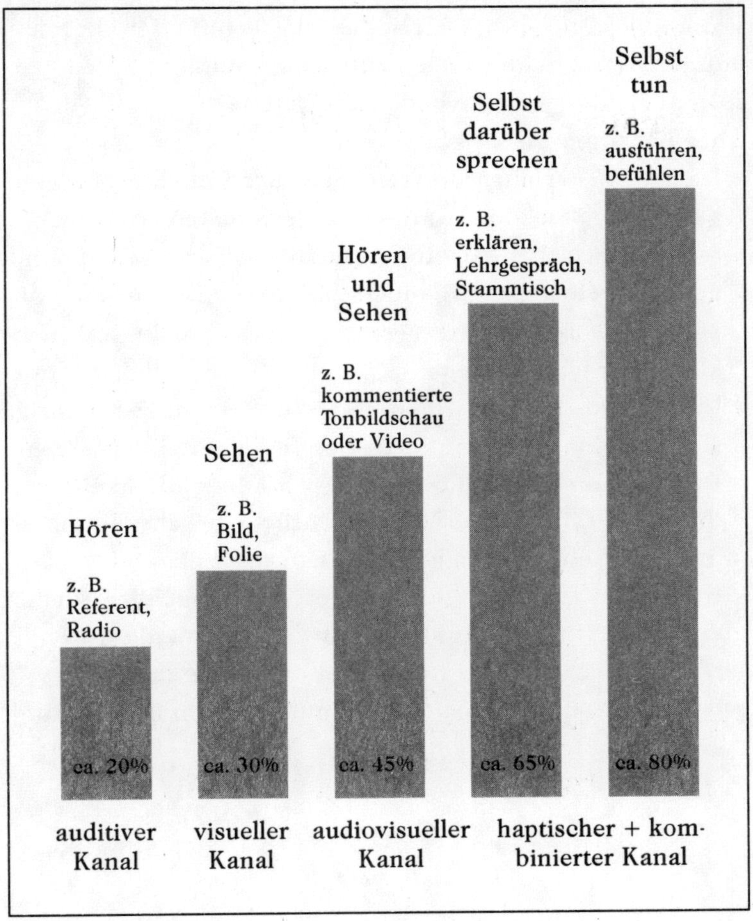

Unsere Behaltensleistung steigert sich, je mehr Sinne angesprochen werden

Selbstverständlich beeinflussen neben der Beteiligung möglichst vieler Sinne noch weitere Faktoren das Behalten. Das sind:

- Art des Materials
- Lern- und Präsentationsmethode
- Dosierung, Strukturierung, Gliederung
- Reihenfolge (gleichartiges stört sich gegenseitig)
- Motivation
- Lernplateau (lernen erfolgt schubweise)
- Feuer des Referenten

Gerade bei Präsentationen (Vorstellung von Produkten, Ideen oder Arbeitsergebnissen) mit dem Ziel, die Zuhörerinnen und Zuhörer zielgerichtet zu beeinflussen, auf den nötigen Wissensstand oder zur Entscheidung zu bringen, spielen Hilfsmittel eine bedeutende Rolle.

Hier stecken mögliche Fehlerquellen beim Einsatz von Hilfsmitteln

Aber Achtung:

- Immer vorher ausprobieren (geht der Projektor, ist eine passende Steckdose mit Zwischenstücken vorhanden, reicht das Kabel, ist eine Ersatzbirne bereitgelegt, sind gute Schreibstifte vorhanden, halten die Klebstreifen beziehungsweise die Reißnägel, sind Verdunkelungsmöglichkeiten vorhanden?).
- Unterlagen genau ordnen (ist die Reihenfolge richtig, stehen keine Bilder auf dem Kopf oder seitenverkehrt?).
- Deutlichkeit (Helligkeit, Größe, Übersichtlichkeit, für dritte verständlich, auf das Wesentliche beschränkt, möglichst nur eine Informationseinheit pro Schaubild).
- Hilfsmittel nur solange nötig einsetzen, nachher wieder entfernen (Projektor ausschalten), da sonst eine störende Diskrepanz zwischen Hilfsmittel und Rede entsteht.
- Referent könnte durch die Hilfsmittel in den Hintergrund gedrängt werden.

Die gebräuchlichsten Hilfsmittel

Die nachstehende Aufzählung nennt technische Hilfsmittel. Sie beweist, daß ein Referent oftmals auf viel mehr Geräte zurückgreifen könnte, als er glaubt. Die Hilfsmittel sind alphabetisch geordnet. Lassen Sie sich inspirieren.

Anschlagwand, Bild, Buch, Compact Disc, Computer, Dia, Diktiergerät, Epidiaskop, Episkop, Faserschreiberwand, Fernseher, Film mit Projektor, Filzwand, Flip-chart, Foto, Gerät für programmierte Unterweisungen, Geräusche, Grafik, Heft, Tageslichtprojektor, Illustrierte, Karte, Kassette,

Klettenwand, Lautsprecheranlage, Lehrbuch, Lerngerät für den programmierten Unterricht, Lernsystem, Magnet- und Haftwand, Mikrofon mit Verstärker und Lautsprecher, Modell, Moltonwand, Musik, Muster, Nylonklettenwand, Packpapier, Pinnwand, Plakat, Plan, Planhalteschienen, Platten, Pressemappe, Projektor (mit Leinwand), Prospekt, Puppen(-theater), Referentenkoffer, Sandkasten, Schallplatte, Schaubild, Schwarzes Brett, Simulator, Skizze, Skript, Sprachlabor, Tabelle, Tafel, Tageslichtprojektor, technisches Gerät wie Voltmeter, Tonband, Tonbildschau, transportable Lautsprecheranlage, TV, Video, Zeitschrift, Zeitung.

Tageslichtprojektor mit Folien

Ein praktisches und vielseitig einsetzbares Mittel

Der Tageslichtprojektor wird auch Prokischreiber, Overheadprojektor, Projektionsschreiber, Schreibprojektor, Arbeitsprojektor und in der Schweiz Hellraumprojektor genannt. Projektoren sind heute als Tisch- oder kompakte Koffermodelle erhältlich.

Der Tageslichtprojektor hat seinen Siegeszug in viele Sitzungen, Konferenzen, Präsentationen und in Schulungen angetreten. Denn aufgrund von Untersuchungen weiß man, daß sich Sitzungen und Konferenzen mit dem richtigen Einsatz von Tageslichtprojektoren durchschnittlich um fast ein Drittel verkürzen lassen.

Tageslichtprojektoren bieten Ihnen als Referenten gewaltige Vorteile. Nicht nur können Sie Ihre Text-, Grafik- oder Bildfolien zu Hause vorbereiten, sondern Sie können während des Vortrags (zusammen mit den Teilnehmern) die Folien weiterentwickeln. Durch die Visualisierung sprechen Sie die Zuhörer auch als Zuschauer an – dies verbessert das Erinnerungsvermögen markant (Grafik Seite 199). Auch auf größere Distanz sind Aufzeichnungen lesbar und dienen als Erinnerungsstütze.

Eine Folie ist nicht nur rasch, allenfalls mit dem Fotokopierer, erstellbar, sondern auch sehr kostengünstig. Zudem kann sie mehrmals (im gleichen Vortrag oder bei künftigen Referaten) verwendet werden.

Tageslichtprojektoren eignen sich vor allem in Schulungssituationen für Präsentationen von Teilnehmer- oder Gruppenlösungen.

Auch der Tageslichtprojektor hat seine Schwächen

Allerdings sollten Sie sich vor den Gefahren in acht nehmen. Sie müssen den Raum manchmal recht stark verdunkeln, damit Ihre Folien bis in die letzten Reihen lesbar sind. Zudem sind Sie von der Technik abhängig. Eine defekte Lampe oder ein falscher Stecker können Sie in arge Verlegenheit bringen.

Folien ermüden Ihr Publikum stark. Das helle Bild, das in der Regel zügige Sprechtempo und die Doppelrolle als Zuhörer und Zuschauer fordert die Anwesenden sehr. Vor allem dann, wenn noch gleichzeitig Notizen gemacht werden sollen, sind viele Leute überfordert.

Viele Referenten neigen dazu, aufgrund der Folien zu schnell mit Erklärungen vorwärts zu schreiten. Die Stoffdichte ist dann zu groß. Vorbereitete Folien verleiten dazu, sehr schnell zu sprechen, da sich der Folienersteller bei der Anfertigung der Folien längere Zeit mit dem Thema beschäftigt hat und daher für ihn alles klar ist.

Immer wieder muß man sich in Erinnerung rufen, daß der Erfolg nicht proportional zur Menge der Folien steigt. Besser ist es, Sie zeigen nur wenige Folien, die aber dafür in guter Qualität.

Grundregeln:

- Wenige Textzeilen pro Folie
- Eine Folie pro Gedanken
- Druckbuchstaben verwenden (Groß- und Kleinbuchstaben sowie weite Buchstaben-, Wort- und Zeilenabstände)
- Wenige Farben pro Folie einsetzen. Eher dunkle Farben als helle verwenden
- Folien nicht bei brennender Lampe wegziehen oder auflegen
- Genügend Pausen zum Abschreiben geben
- Rechtshänder stehen links neben dem Projektor, Linkshänder rechts neben dem Projektor. So verdecken Sie möglichst wenigen Personen die Sicht
- Direkt auf die Folie zeigen (so wird der Blickkontakt nicht lange unterbrochen) mit Pfeil oder Kugelschreiber

(nicht mit den Fingern) und nur in Ausnahmefällen mit einem Stab auf die Leinwand

- Wasserlösliche Filzstifte können mit Wasser korrigiert werden. Mit wasserfesten Filzstiften beschriebene Folien können mit speziellen Korrekturmarkern oder Alkohol (zum Beispiel Brennspiritus oder Rasierwasser) korrigiert werden

Damit Sie Ihre Zuschauer nicht unnötig ermüden, soll der Projektor ohne aufgelegte Folie abgestellt bleiben. Zudem bleibt so die Aufmerksamkeit beim Referenten.

Präsentationstechniken:

- Direktes Beschreiben: Die Folien(rolle) wird während des Vortrags beschriftet. Das aufgrund der eigenen Gedanken oder aufgrund der Stichwörter, die Ihnen die Zuhörerinnen und Zuhörer zurufen.
- Abdecken: Der noch nicht benötigte untere Teil der Folie wird mit einem Karton abgedeckt und erst Schritt um Schritt freigegeben. Zeigen Sie, worauf sich im Moment das Interesse richten soll. Sie steuern damit die Aufmerksamkeit ihrer Zuhörer.
- Überlagern: Mehrere Transparente werden nach und nach aufeinander gelegt (maximal vier Folien). Dadurch wird die Grundinformation erweitert (Umrisse eines Landes, später politische oder topographische Karte).
- Unterlegen: Eine Grundfolie wird unter die Folienrolle gelegt und kann dann ergänzt werden (zum Beispiel ein Steuerdeklarationsformular, Millimeterpapier für Grafiken).
- Zeigen von Gegenständen: Konturenreiche Gegenstände können direkt auf den Projektor gelegt werden.

Verschiedene Möglichkeiten, den Tageslichtprojektor zu nutzen

Flip-chart

Ein solcher Präsentationsständer mit plakatgroßen Papieren wird auch Flip-chart-Wand, Flip-Flap-Tafel, Blattafel oder Papierwand genannt.

Dazu wird sehr wenig Material benötigt. Ein Ständer oder eine Aufhängevorrichtung an der Wand zusammen mit einem großen Papierblock sowie farbige Schreiber in mittlerer oder großer Breite genügen. Das ist heute bereits Standardausrüstung vieler Schulungs-und Seminarzimmer oder könnte mit dem Auto bequem transportiert werden.

Mit Flip-chart-Blättern wecken Sie die Neugierde der Zuschauer auf das nächste Blatt – das Sie erst dann zeigen, wenn Sie wollen. Auf den großen Blättern ist der rote Faden mit den Kernpunkten notiert.

Kein Problem bildet hier ein Stromausfall oder eine defekte Steckdose

Von der Technik sind Sie hier nicht abhängig. Stromausfall kann Ihnen nichts anhaben. Auch muß der Saal nicht speziell verdunkelt werden.

Die Blätter können vom Ständer genommen und im Seminarraum an den Wänden befestigt werden, etwa mit Klebstreifen oder Reißnägeln. Heute können in zahlreichen Seminarräumen diese Merkzettel auch mit Magneten an speziellen Schienen oder an Spezialwänden aufgehängt werden.

Solche Blätter können Sie ebenfalls zu Hause vorbereiten. Gegebenenfalls wird ein Grundraster mit Bleistift notiert, da man den feinen Strich auf große Distanz nicht sieht.

In ganz großen Räumen allerdings, in denen Sie noch mit einem Tageslichtprojektor arbeiten können, wird Ihr Flipchart unlesbar. Die sperrigen Flip-chart-Ständer machen zudem dieses Hilfsmittel für Bahnreisende nicht gerade attraktiv.

Saubere Blattgestaltung verlangt etwas Übung und eine sichere Hand, da Sie nachträglich nur schlecht korrigieren können.

Wie handhabe ich den Flip-chart optimal? Folgende Tips gilt es zu beachten:

- Das nächste Blatt ist erst dann aufzudecken, wenn die Informationen besprochen werden.
- Das Blatt sollte nur so lange wie nötig auf dem Ständer bleiben.
- Notieren Sie nur Stichwörter, keine ausführlichen Texte!
- Zeichnungen und Diagramme sind hervorragend geeignet.
- Verwenden Sie Farben. Das bringt Übersicht und Klarheit.
- Bleiben Sie auf der Seite stehend mit dem Blick zum Publikum, wenn Sie den Flip-chart erläutern. (Ansonsten würden Sie den Zuschauern den Rücken zuwenden.)

Wissen Sie, daß mit einem Klebestift oder mit Klebstreifen auch Teilnehmerbeiträge, gesammelt auf verteilten Zetteln, aufgehängt werden können?

Pinnwand und Wandtafel

Die Pinnwand ist eine Steck-, Haft- oder Magnetwand. Auf ihr können Kärtchen aufgehängt und bei Bedarf leicht umgruppiert werden. So können wechselnde Zusammenhänge und Strukturen aufgebaut und verschiedene Gruppenmeinungen beziehungsweise Szenarios durchgespielt werden.

Mit dem Rücken zum Publikum schreiben – ein Nachteil

Es gelten analoge Regeln wie beim Flip-chart. Die größere Schreibfläche bietet zahlreiche Vorteile, allerdings auch gewichtige Nachteile. Größere Diagramme, die längere Zeit stehenbleiben müssen oder fortlaufend weiterentwickelt werden, sind mit Vorteil auf einer Tafel zu notieren. Diese blendet nicht, im Gegensatz zur Leinwand des Tageslichtprojektors. Beim Schreiben wendet der Referent allerdings den Zuschauern den Rücken zu – oft wird in diesen unglücklichen Positionen auch noch das Tafelbild erläutert. Besser wäre es, zur Seite zu treten und mit einem Zeigestab, einer Teleskopantenne oder einem Bambusstab die Erläuterungen abzugeben. Zudem ist die Fläche sehr beschränkt und saubere Tafelbilder benötigen Zeit und Übung.
Auch hier können Teilnehmerbeiträge auf Zetteln auf der Wand festgehalten werden. Sie können mit Leim, Leimspray, Nadeln oder Magneten – je nach Wandart – befestigt werden.
Bei Wandtafeln besteht die Gefahr, daß der Referent zu klein schreibt, da er selbst auf sehr kurze Distanz die Schrift liest.

Weitere Hilfsmittel

Neben den bereits vorgestellten Hilfsmitteln werden noch häufig eingesetzt:

Dia/Film/Video

Sie alle eignen sich zur Verdeutlichung oder natürlichen Darstellung von Gesagtem, auch zur Einleitung oder zum Abschluß eines neuen Themas. Der Motivationscharakter oder die Unterstützung beim Lerntransfer ist nicht zu unterschätzen. In Lernsituationen sollen diese Medien immer zwischen Vorbereitungsteil und einem anschließenden Auswertungsteil eingebettet sein.

Bilder, bewegt oder unbewegt, lockern auf und wecken Interesse

Insbesondere regelmäßig wiederkehrende Präsentationen, zum Beispiel Betriebsvorstellungen oder Instruktionen, können mit Dias, Filmen oder Videos attraktiv gestaltet werden.

Zahlreiche Institutionen verleihen Spiel- oder Sachfilme. Lernfilme eignen sich vor allem zur Demonstration von Bewegungsabläufen oder -vorgängen beziehungsweise bestimmten Verhaltensweisen oder zu Werbe- und PR-Zwekken. Die Präsentation verlangt in der Regel wenig technische Kenntnisse, hingegen den richtigen Projektor (8-/16-mm, Stummfilm/Tonfilm mit Licht- oder Tonfilmspur?).

Der Raum muß verdunkelbar sein und die Leinwand muß entweder bereits fest montiert sein oder muß mitgenommen werden. Zeigen Sie nur qualitativ erstklassige Bilder (die Zuhörerschaft stellt heute hohe Ansprüche), es sei denn, es wären Bilder von gemeinsamen Aktivitäten.

Bei Dias ist ein dauerndes An- und Abschalten des Lichtes zu verhindern (Dias en bloc zeigen). Sprechen Sie lauter als sonst, da im verdunkelten Saal der Referent nur noch gehört und nicht mehr gesehen wird. Die Aufmerksamkeit der Zuhörer ist neben der Rede noch auf das Bild konzentriert. Vorsicht: Sie werden von der Technik abhängig.

Dias eignen sich für Produktinformationen, wenn zum Beispiel geeignetes Demonstrationsmaterial zum Erlernen der Sortimentskenntnisse fehlt, oder für sonstige Informationen aller Art.

Stehen Sie vor dem Publikum, und sprechen Sie frei. Benutzen Sie eine Fernbedienung, oder lassen Sie eine andere Person den Diaprojektor betätigen. Zu den Bildern ist meist kein oder wenig Kommentar angebracht – und dann soll nicht zur Leinwand gesprochen werden! Die optimale Projektionsdauer je Bild beträgt in der Regel zehn bis 30 Sekunden. Gesamtdauer: Maximal 20 Minuten (je nach vorangegangener Vortragsdauer). Überblendungen, bei denen ein Bild, ohne daß es wieder ganz dunkel im Saal wird, zum anderen übergeht, und Tonbänder müssen sorgfältig synchronisiert sein und sind zeitaufwendig in der Erstellung. Diese Medien sind anspruchsvoll, aufwendig und kostspielig in der Entwicklung. Zudem ist man während der Präsentation äußerst unflexibel.

Für den Einsatz von Videofilmen braucht es Übung. Insbesondere dann, wenn selbst aufgenommen wird und eventuell diese Sequenzen, zum Beispiel in einem Verkaufsseminar, ausgewertet werden sollen. Allerdings ist dies heute ein relativ kostengünstiges Verfahren zur Erstellung von Filmen zu Fallstudien, für Instruktions- oder Demonstrationsprogramme oder Zeitstudien. Hier wird die Mehrfachverwendung angestrebt. Daneben gibt es käufliche beziehungsweise ausleihbare Konserven oder die Programmaufnahme direkt vom Fernsehen. Beides bietet sich für den Privatgebrauch an. Hier ist allerdings die Gefahr der fehlenden Aktualität besonders groß.

- Der Videorecorder sollte nur in kürzeren Sequenzen eingesetzt werden.
- Beachten Sie die Copyright-Vermerke.

So könnte ein Videofilm strukturiert werden

Die Erstellung eines Videofilmes kann in folgenden Schritten geschehen:

- Zielsetzung, Inhalt und Aufbau
- Textformulierung, Bildentwürfe
- Realisation
- Validierung
- Einsatz

Modell/Muster

Konkret unterstützen auch Modelle und Muster Ihre Ausführungen. Dazu müssen Sie einleuchtend und für jedermann sichtbar sein.

Verteilen Sie Gegenstände, sofern die Teilnehmer diese Unterlagen nicht sofort benötigen, erst im Anschluß an den Vortrag. Damit wandert die Aufmerksamkeit nicht von Ihnen auf die Gegenstände ab.
Kleinere Gegenstände können Sie auch durch die Reihen wandern lassen. Damit kann das Publikum die Gegenstände einmal berühren und in die Finger nehmen. Das erhöht das Verständnis und die Identifikation.
Für den professionellen Einsatz gibt es zahlreiche Modelle, die Sie kaufen können. Oft haben selbst gemachte, einfache Modelle aber die gleiche Wirkung.

Tonband

Lassen Sie andere Personen sprechen, oder untermalen Sie die Veranstaltung mit stimmiger Musik. Das Tonbandgerät dient in Trainingsveranstaltungen auch zur Erfolgskontrolle. Denken Sie an eine Verkaufsschulung, an Sprach- und Sprechtraining oder an andere Gelegenheiten.
Bedenken Sie die Copyright-Vorschriften, wenn Sie einen Life-Mitschnitt von Kongressen, Veranstaltungen oder Radiosendungen machen wollen. Insbesondere wenn Sie das Aufgenommene öffentlich abspielen wollen, gelten gesetzliche Bestimmungen. Erkundigen Sie sich beim Veranstalter, ob er Ihnen die Bewilligung zum Mitschnitt erteilt.

Buch und Foto

Sie sind nur bei kleinen Gruppen geeignet

Am Ende der Ausführungen können bei kleinen Teilnehmergruppen Bücher oder Fotos durch die Reihen gegeben werden. Beachten Sie, daß dies nur bei Unterlagen möglich ist, die nicht stark erklärungsbedürftig sind, und daß die Beschäftigung mit diesem Material viel Zeit in Anspruch nimmt.

Skripte

Sie dienen als Zusammenfassung des behandelten Stoffes. Aus didaktischen Gründen müssen Skripte genügend Platz für handschriftliche Ergänzungen lassen (breiter Rand oder unten frei, einseitig bedruckt). Neben dem Extrakt Ihres

Vortrages kann ein Skript auch Aufgaben, Fragen, Fallstudien oder Arbeitsblätter enthalten zur Aktivierung der Teilnehmer. Dieses Skript kann später zu Nachschlagezwecken verwendet werden. Lose Blätter sind zwar nicht sonderlich präsentabel und die Gefahr der „fliegenden Blätter" ist größer, sofern sie nicht in einem Ordner abgegeben werden, doch erlauben sie dem Lernenden besser, eigene Unterlagen einzufügen. Der Umfang richtet sich nach dem Ziel, dem Publikum und der Zeit. Jedenfalls ist es Werbung für den Referenten (beziehungsweise für seine Firma), wenn die Unterlagen attraktiv gestaltet sind und seinen Absender enthalten. Werden solche Dokumentationen erst am Schluß abgegeben (das verhindert das Blättern zwischendurch), so sind sie bereits zu Beginn anzukündigen.
Schriftliche Informationen sind aufwendig in der Herstellung. Als Faustregel kann gelten, daß mindestens eine Stunde in eine Seite investiert werden muß.

Musterreden und Gliederungsbeispiele

Redegelegenheiten gibt es viele. Von der Abschiedsfeier über das Betriebsfest, zur Hochzeit, der Pokalübergabe, bis hin zu Weihnachten reicht die Aufzählung. Auch in der Vergangenheit gab es schon genügend Anlässe, um das Wort zu ergreifen. Von den berühmtesten und größten Rednern der Geschichte sind uns heute zahlreiche hervorragende Reden erhalten. Verschiedentlich werden für die zahlreichen Redegelegenheiten auch Schriften mit Musterreden herausgegeben. Dürfen nun diese Vorlagen, bewährt und ausgefeilt, unbesehen übernommen werden?
Natürlich können sie nicht genau eins zu eins übernommen werden! Denn was in einen bestimmten Rahmen und in eine bestimmte Zeit paßt, das muß für Ihre Bedürfnisse noch lange nicht geeignet sein. Auf der anderen Seite, was bei Ihnen glaubwürdig und echt wirkt, muß bei anderen Rednern nicht unbedingt zutreffen. Die Analyse einer guten

Rede kann Ihnen jedoch wertvolle Erkenntnisse über Sprache, Stilmittel und Aufbauformen vermitteln. Außerdem kann man in solchen Vorlagen oft Anregungen finden, welche einem bei der Erstellung der eigenen Rede nützen.
Es ist immer besser, das Handwerk zu erlernen, als sich als Kopist zu betätigen. Reine Schablonenreden ergeben reine Schablonenredner.
Die nachfolgenden Musterreden sind daher als Anregungen und Beispiele zu verstehen. Es ist keineswegs so, daß Sie in Ihrer Redesituation voll übernommen werden können – immer müssen sie auf Ihre Person und den Anlaß zugeschnitten werden.
In einem eigenen Kapitel finden Sie einige Gliederungsbeispiele, das heißt stichwortartige Vorlagen. Diese zeigen Ihnen beispielhaft, wie eine bestimmte Redeart vorbereitet werden kann.

Reden zu privaten Anlässen (Gesellschaftsreden)

Laudatio auf Dr. Hanspeter Gabathuler

Lieber Hanspeter Gabathuler,
liebe Gäste!

Ein Rückblick auf das, was gewesen ist

Nur einige Marksteine zu Ihrem Wirken bei uns in der Firma. Ich habe nach 30 Jahren noch Ihr Bewerbungsschreiben an Herrn Dr. Reich gefunden. Und ... ?! Was hat den damaligen Geschäftsleiter wohl damals bewogen, Sie anzustellen? Bestimmt bestach ihn Ihre theoretische Ausbildung und die praktische Erfahrung: Handelsschule, Studium der Wirtschaftswissenschaften, Dissertation über „Ethik im Management", selbständige Führung einer Controllingabteilung, Leitung eines kleinen Fabrikationsunternehmens. Jedenfalls ist die Ausbildung mit einem roten Ausrufezeichen am Rand markiert worden.
Aber das allein kann es nicht gewesen sein. Herr Dr. Reich als guter Menschenkenner hat sicher erkannt, daß er in Ihnen eine Persönlichkeit anstellen würde, die alle Anlagen für einen ausgezeichneten Berater und Vorgesetzten mitbringt: Intelligenz, analytisches Denkvermögen, Gewissenhaftigkeit und ein äußerst verbindliches Auftreten, verbunden mit einer gesunden Portion Ehrgeiz. Wie nicht anders von Ihrem Vorgesetzten erwartet wurde, haben Sie 1963 das Managementdiplom mit bestem Erfolg erworben. Welche hervorragende Leistung! Bereits 1968 hat man Ihnen die Leitung der Marketing- und Verkaufsabteilung anvertraut – obwohl Sie der jüngste der möglichen Kandidatinnen und Kandidaten waren. Sehr zu Recht war man überzeugt, daß es Ihnen dank Ihrer Ausgeglichenheit gelingen würde, die damaligen Verkäuferindividualisten zu führen. Ein Unterfangen, das genauso schwierig anmutet, wie einen Sack voll Flöhe zu hüten. Was von außen als unmögliche Aufgabe erschien, ging Ihnen scheinbar einfach von der

Hand. Die Abteilung war in Bewegung – ein permanentes Gemurmel.
Nun zu den Jahren Ihres Wirkens in Hamburg und später auch in der Geschäftsleitung. Sie läuteten die Zeit des großen Wachstums ein. Diese gelegentlich stürmische Entwicklung hat Ihnen nicht nur eitel Freude bereitet. Doch Sie konnten die Firma entscheidend prägen und haben so die Grundlagen für die erfreuliche Weiterentwicklung in den letzten fünf Jahren gelegt.
Ich möchte Ihnen im Namen aller Mitarbeiterinnen und Mitarbeiter, des Verwaltungsrates, aber auch der Geschäftsleitung herzlichst danke sagen für alles, was Sie in den letzten dreißig Jahren für die Firma getan haben.
Wer rastet, der rostet – damit Ihnen dies nicht geschieht und als kleine Erinnerung an diesen Tag, übergebe ich Ihnen von der Geschäftsleitung einen Feldstecher. Er soll Sie auf Ihren Bergwanderungen – vielleicht aber auch beim Langlauf – begleiten und Ihnen Ihr geliebtes Tirol noch näher bringen. Es könnte allerdings auch als Aufforderung aufgefaßt werden, das Geschäft nur noch aus der Ferne ins Visier zu nehmen, doch diese Bedeutung hat es ganz sicher nicht, denn wir freuen uns, Sie noch einige Jahre als Verwaltungsratspräsidenten und Berater in unserem Kreise zu behalten.

Geburtstagsrede

Eine kurze, einminütige Rede anläßlich des Geburtstages des Freundes Theo Sommerwald.
Leitidee: Was war am Tage Deiner Geburt?

Lieber Theo!

Humor ist bei einer fröhlichen Feier willkommen

Weißt Du, welche zwei wesentlichen Dinge sich am 5. Mai 1965 ereignet haben? Einerseits hat jemand geschrien: „I'm the greatest!" und andererseits jemand „wäh!"
„I'm the greatest", hat Cassius Clay (heute Mohammed Ali genannt) geschrien, als er erneut seinen Boxweltmeistertitel gegen Sonny Liston bereits in der ersten Runde durch K.O.-Sieg für sich errungen hatte. „Wäh", hast Du ge-

schrien, als Du auf die Welt gekommen bist. Damals war dieser Urschrei allerdings noch nicht Ausdruck Deiner großen Begeisterung.
Heute kennen wir alle Deine ansteckende Begeisterungsfähigkeit und Deine Lebensfreude.
Von Cassius Clay spricht heute kein Mensch mehr. Von Dir sprechen wir dafür alle. Wir sagen heute: „You are the greatest!“ In diesem Sinne möchten wir alle mit Dir anstoßen, lieber Theo, auf Deinen heutigen Geburtstag.

Eine Patin spricht bei der Tauffeier

Liebe Eltern, liebe Gäste!

Wir sitzen in froher Runde und prosten uns an einer festlichen Tafel zu. Wir haben unsere Glückwünsche ausgesprochen und nehmen Anteil an diesem Glück, daß ein Mensch geboren, daß er getauft ist und zu unserer Gemeinschaft gehört. In diesen Stunden klingt eine Stimmung auf, wie sie uns selten zuteil wird, denn wir freuen uns mit euch, den glücklichen Eltern, über das schönste Geschenk, das Menschen gegeben werden kann: Mann und Frau sind Vater und Mutter geworden!
Ich erinnere mich gut, als ihr, liebe Eltern, uns das erste Mal besuchtet und euch mit unseren Kindern beschäftigtet. Ihr habt mit ihnen wie mit kleinen Freunden gespielt, selbstvergessen und voller Ideen, auf die unsere beiden Kleinen voller Freude eingingen. Wir haben schon damals gewußt, daß eure Kinder eine glückliche Kindheit haben werden. Euer Wunsch ist in Erfüllung gegangen, ihr habt ein eigenes Kind. Vorläufig liegt es wohlbeschützt in der Wiege. Natürlich ist es das prächtigste Kind auf der Welt. Denn es ist euer Kind, und euer Kind ist die größte Kostbarkeit. Kostbarkeiten werden wohlbehütet und viel bewundert. Wir sind hier zum Bewundern und sind sicher, daß ihr euer Kind gut umsorgt. Ihr werdet es dabei nicht immer leicht haben. Unsichtbar lauern Gefahren. Gebe Gott, daß es vor Krankheit und Unfällen bewahrt bleibe. Wir Paten sind stolz. Erstens, weil man uns gebeten hat,

Eine große Aufgabe liegt vor den Eltern

eine so schöne und so wichtige Aufgabe zu übernehmen. Zweitens, weil wir uns darauf freuen, als Paten zu handeln. Wir wollen ja nicht nur gelegentlich einmal nachfragen oder ein Geschenk mitbringen. Dem jungen Menschen wollen wir als Mitglieder der christlichen Gemeinschaft Betreuer sein, den Eltern zur Seite stehen und dem Kind als gute Freunde begegnen. Wir wollen moderne Paten sein. Nicht streng, ernst und zugeknöpft, nein, fröhlich und – wenn immer möglich – bereit mitzuspielen.
Heute beginnt eine neue Zeitrechnung, ein neuer Weg führt in die Zukunft. Glück und Liebe sollen ihn ebnen. Ich bitte Sie alle, mit mir das Glas zu erheben und unser aller Wunsch auszusprechen, daß Kind und Eltern eine glückliche Zukunft beschert sein möge.

Rede zur Hochzeit

Es spricht der Vater des Bräutigams.

Liebes Brautpaar, liebe Hochzeitsgäste!

Ein passendes Zitat ist ein guter „Aufhänger“ für eine Rede

Wir kennen sicherlich alle jenen Vers Goethes, in dem es heißt:
Willst du immer weiter schweifen?
Sieh, das Gute liegt so nah.
Lerne nur das Glück ergreifen,
denn das Glück ist immer da.
Es mag auf den ersten Blick eine etwas kühne Behauptung sein, das Glück sei immer da. Haben wir nicht alle im Laufe unseres Lebens schon oft die Erfahrung machen müssen, daß das Unglück zumindest nicht weniger selten ist als das Glück? Haben wir nicht schon oftmals beinahe verzweifelt nach ihm gesucht, ohne es zu finden? Und hat es uns nicht häufig gerade dann verlassen, wenn wir glaubten, es fest in unseren Händen zu halten? Aber der Dichter wird sich doch bestimmt etwas dabei gedacht haben, wenn er vom Glück sagt, es sei jederzeit gegenwärtig und der Mensch brauche nur danach zu greifen. Wenn das tatsächlich so ist, dann muß unsere Einstellung zum Glück falsch sein. Dann kann die Tatsache, daß es uns so oft enttäuscht hat, nur

darauf beruhen, daß wir nicht verstehen, es zu finden, daß wir an ihm vorübergehen, ohne es zu wissen. Vielleicht warten wir allzusehr darauf, daß das Glück ohne unser eigenes Zutun von sich aus an uns herantritt und sich uns anbietet. Aber dürfen wir das? Können wir wirklich erwarten, daß es uns in den Schoß fällt wie eine reife Frucht? Oder müssen wir uns nicht vielmehr darum bemühen, wie man sich im Leben normalerweise um alles bemühen muß, was es reicher und wertvoller machen kann?
Ich glaube, hier liegt gleichzeitig unser Fehler und das Geheimnis des Glückes. Wir erkennen es in den meisten Fällen nicht. Wir lassen uns zu sehr von den Schattenseiten unseres Lebens beeinflussen, um noch einen Blick für das Lichte und Klare zu haben. Wir tragen eine Brille, deren Gläser im Laufe unseres Lebens immer dunkler werden und die uns dadurch immer mehr nur seine finsteren Seiten zeigt, während sie unseren Blick gegen das Licht abstumpft und unempfindlich macht. Dann können wir natürlich vergeblich nach dem Glück suchen. Dann kann es uns sogar die Hand entgegenstrecken, ohne daß wir es überhaupt noch bemerken.
Ihr aber, die ihr heute am Anfang eures gemeinsamen Lebens steht, die ihr noch einen klaren und ungetrübten Blick für Liebe und Glück besitzt, ihr müßtet wissen, wo ihr sie zu suchen habt. Für euch müßte es ein leichtes sein, das Glück ergreifen zu lernen, wie es Goethe sagt. Für euch darf es keinen Zweifel daran geben, daß das Glück immer da ist. Es liegt in einem einzigen Wort, in einer Geste, es findet sich in einer zärtlichen Bewegung und sogar im Schweigen. Wohin ihr auch schauen werdet, immer wird es euch in seinen unzähligen Verwandlungen erscheinen, und ihr braucht es nur zu nehmen. Aber gerade darin, daß es im Grunde so einfach ist, es zu finden, liegt die große Gefahr, daß man an ihm vorübergeht. Wenn die Rosen zu Tausenden auf dem Markt angeboten werden, übersieht man schnell ihren Reiz und die Mühe, die sie erfordern. Erst wenn sie selten geworden sind, sehnt man sie herbei. Nicht anders ist es mit dem Glück und mit der Liebe.

Theodor Fontane hat es einmal so wunderbar und so einfach formuliert, daß ich euch seine Worte als letztes mit auf den Weg geben möchte: „Die Liebe lebt von liebenswürdigen Kleinigkeiten, und wer sich eines Frauenherzens dauernd versichern will, der muß immer neu darum werben, der muß die Reihe der Aufmerksamkeiten allstündlich wie einen Rosenkranz abbeten. Und ist er fertig damit, so muß er von neuen anfangen."

Goldene Hochzeit

Es spricht die Bürgermeisterin der Gemeinde.

Hochverehrtes, liebes Jubelpaar!

Erinnerung an schöne und schwere Stunden auf dem gemeinsamen Lebensweg

Ein halbes Jahrhundert ist verstrichen, seit Sie sich die Hände reichten, um vor dem Traualtar den Bund fürs Leben einzugehen und einander Treue zu geloben. Zahllose junge Paare legen heute noch das gleiche Gelöbnis ab – doch längst nicht allen ist es beschieden, auch den fünfzigsten Jahrestag ihrer Hochzeit zufrieden und glücklich zu erleben und trotz dieser langen und oft schweren Wegstrecke eines gemeinsamen Lebens sich Ihrer Gesundheit und Rüstigkeit so zu erfreuen, wie Sie es können. In schönster Zweisamkeit und in tiefem Vertrauen zueinander haben Sie eine lange Strecke zurückgelegt. Sie wird gewiß nicht selten durch Schweres und Bitteres geführt haben, aber sicher hat auf ihr auch viel Sonnenschein gelegen. Freud und Leid wechseln nun einmal im menschlichen Leben so häufig wie strahlender Himmel und grau-düstere Wolken. Und nicht jeder Mensch kann sich in diesem steten Wechsel von Gutem und Schlechtem ein goldenes, fröhliches Herz bewahren. Wenn ich Sie aber heute so heiter und ruhig vor mir sehe, so kann ich gar nichts anderes sagen als: Sie beide haben sich Ihr goldenes Herz bewahrt, und so ist eigentlich ganz natürlich, daß Sie nun auch gemeinsam Ihre goldene Hochzeit feiern. Ihnen zu Ihrem hohen Festtag die herzlichsten Glückwünsche der Stadt/Gemeinde ... auszusprechen, ist für mich eine besondere Aufgabe – eine Aufgabe, die ich gern und mit großer Freude erfülle –, geschieht es

doch wirklich nicht oft, daß zwei Menschen 50 lange Jahre miteinander glücklich sein können und füreinander einstehen, wann immer es das Schicksal verlangt.
Treue, echte Treue, liebes Jubelpaar, ist in unserer manchmal so seelenlosen und gefühlsarmen Zeit etwas sehr Seltenes geworden. Der Mensch unserer Tage, von Terminen gelenkt und der Uhr versklavt, scheint nur in der Jagd nach dem Geld und immer besseren Posten noch einen Sinn zu sehen und in seiner Freizeit nur noch mit billigen Vergnügen seine Befriedigung zu finden. Herzenstakt und menschliche Wärme sind in zahlreichen Ehen einer Oberflächlichkeit, ja, Gleichgültigkeit gewichen, die sich immer wieder verhängnisvoll auswirkt und die beiden Partner voneinander wegtreibt, statt daß ein tiefes und liebevolles Verständnis sie immer enger zusammenführt.

Ein Freudentag auch für die Gäste

Wie ein Lichtblick wirkt deshalb ein Tag wie der heutige auf alle, die – wie ich – erleben dürfen, daß Treue kein leeres Wort ist! Jeder der zu Ihnen kommt, um Ihnen zu dem wunderbarsten aller Ehefeste zu gratulieren, sollte über Sie beide nachdenken und sich fragen, ob auch er 50 lange Jahre treu sein wird – er wird dann schnell erfassen, wir gut und fest Sie das Gelöbnis eingehalten haben, das Sie sich heute vor einem halben Jahrhundert gaben.
Aber nicht nur als Ehepaar haben Sie Ihre Pflicht – und mehr als Ihre Pflicht – getan. Auch als Bürger und Mitbürger sind Sie bis zum heutigen Tage den geraden Weg gegangen, selbst wenn ihn zuweilen Dornengestrüpp bedeckte oder wenn er steinig und hart war. Immer hilfsbereit und immer schaffensfroh haben Sie von Ihrer gemeinsamen Kraft noch anderen ein guten Teil abgegeben und sind als rechtschaffene Mitbürger Beispiel für andere gewesen. Dafür haben wir Ihnen zu danken, wir alle, die wir in unserer schönen Stadt ... leben! Für Ihren weiteren gemeinsamen Lebensweg aber wünschen wir Ihnen alles, was Sie sich selbst vom Schicksal erhoffen! Möge es Sie uns noch recht lange erhalten!

Reden im Verein oder Verband

Werbung zur Mitgliedschaft in einem anthroposophischen Verein

Sehr geehrte Damen und Herren!

Neue Entwicklungen brauchen Zeit – und Unterstützung aller Interessierten

Wer in Fachzeitungen die Aussagen von medizinischen Koryphäen liest, der stellt rasch fest, daß sich heute in deren Denken einiges verändert hat. Das rein mechanische Denken ist vorbei. Allerdings nicht von heute auf morgen – es brauchte und braucht noch immer Zeit. Oftmals kommen die neuen Erkenntnisse nicht von Hochschulen und Gesundheitsämtern, sondern von der Basis. Von gesundheitsbewußten Verbänden, von notleidenden Patienten.
Immer mehr Ärzte haben ihr schulmedizinisches Wissen, das eine hervorragende Basis bildet, durch Erkenntnisse der Anthroposophie erweitert. Dies bildet die Möglichkeit, den Menschen in seiner Gesamtheit zu erfassen. Zudem hat so der Patient volle Therapiefreiheit. Das kann nur bewahrt werden, wenn es gelingt, dieses freiheitliche und menschengerechte Gesundheitswesen zu erhalten und auszubauen.
Gerade Ihr Beitritt zu unserem Verein ist daher sehr wichtig, damit der freiheitliche Gedanken im Gesundheitswesen weiterhin erhalten bleibt. Die anthroposophisch erweiterte Medizin braucht eine breite Basis.
In unserem Verein setzen wir uns für ein freiheitliches Heilwesen ein. Das heißt, jeder Mensch soll diejenige Krankheitsbehandlung erhalten, die er sich wünscht. Der Arzt soll dazu alle Heilmethoden und Heilmittel einsetzen können – nicht nur die etablierten Therapieformen. Seien dies also homöopathische, anthroposophische oder andere.
Auf der linken Seite im Saal liegt auf einem Büchertisch noch Fachliteratur aus. Hier finden Sie auch ein Anmeldeformular unseres Vereins. Ich würde mich freuen, wenn ich Sie bei uns begrüßen dürfte. Gerne stehe ich Ihnen nun, verehrte Anwesende, für Ihre Fragen zur Verfügung.

Gründung eines Heimatvereins

Liebe Heimatfreunde,
meine sehr geehrten Damen und Herren!

Der Zweck unserer Zusammenkunft ist die Gründung eines Vereins mit dem Ziel der Pflege und Förderung alten Kulturgutes und der Liebe zu unserer schönen Heimat. Die Damen und Herren, die sich dieser Aufgabe seit längerer Zeit gewidmet haben und mit großem Idealismus darangingen, im alten Rathaus ein kleines heimatkundliches Museum und lokales Archiv einzurichten, verdienen unsere besondere Anerkennung für die vorbildlich geleistete Arbeit. Ihnen verdanken wir auch den Plan zur Gründung dieses Vereins. Insbesondere ist die Tätigkeit von Herrn Studienrat ..., der seit Jahren mit der Sammlung alten Volksgutes und heimatkundlicher Schriften hervorgetreten ist, lobend zu erwähnen. Seine weit über unsere engere Heimat hinaus bekanntgewordenen heimatkundlichen Schriftenreihen haben einen solchen Anklang gefunden, daß sie zur Zeit vergriffen sind. Darüber hinaus haben wir auch dem Herrn Landeskonservator ..., dem Landschaftsverband und unserer Stadtverwaltung für die bisherige großzügige Unterstützung unserer Vorarbeit zu danken.

Dank und Anerkennung für alle, die die Gründung ermöglicht haben

Die Mitarbeitergruppe setzt sich aus den Damen ..., und den Herren ... (Aufzählung der beteiligten Personen) zusammen, von denen sich alle bereitfanden, leitende Funktionen im Vorstand zu übernehmen. Ich hoffe, daß sich noch weitere Damen und Herren bereitfinden werden, den Kreis unserer Mitarbeiter zu vergrößern. Ich appelliere besonders an die jüngeren Jahrgänge, ihr Interesse an dieser wertvollen Arbeit zu bekunden.

Für die zweckgebundene, überaus großzügige Stiftung der Firma ... wollen wir unseren Dank in der Form zum Ausdruck bringen, daß wir dem Leiter dieses Unternehmens, Herrn ..., die Ehrenmitgliedschaft in unserem Verein antragen. Die Stiftung soll für die Renovierung unseres alten Wehrturms, die Restaurierung alter Heimatbilder und für die Öffentlichkeitsarbeit verwendet werden. Wir sind dank-

bar für jede finanzielle Unterstützung nicht nur aus dem Kreise der Mitglieder, und wir bitten deshalb in diesem Zusammenhang über die als Beitrag festgesetzte Summe von DM ... hinaus um großzügige Spenden.
Auch bei der geplanten Sammlung alten Kultur- und Volksgutes appellieren wir an die Großzügigkeit unserer Mitglieder und der Bürger unserer Stadt. So manches alte, für den Besitzer wertlose Stück, das bislang auf Dachböden oder in Abstellkammern verstaubt, kann für unsere Zwecke von großem Wert sein. Ich denke hier besonders an alte Truhen, Vasen und andere Kunstgegenstände, Spinnräder und handwerkliche Arbeiten aller Art aus unserer Heimat.
In diesem Zusammenhang sei erwähnt, daß das Landesdenkmalamt bereits unseren Anregungen nachgekommen ist, Pläne zur Wiederherstellung unserer zum Teil noch erhaltenen Stadtmauer zu entwickeln. Unsere weiteren Ziele bestehen darin, durch Vortragsreihen über Heimatkunde das Interesse der gesamten Bevölkerung zu wecken und zu fördern. Das Museum soll an allen Nachmittagen geöffnet sein und ebenfalls dazu beitragen, Einblicke in die jahrhundertealte Tradition unseres Heimatgebietes zu gewähren. Darüber hinaus sind sonntägliche Wanderungen in die Umgebung geplant, die, unter der Führung von Herrn Studienrat ... als bestem Kenner unserer Heimatgeschichte, allen zu schönen Erlebnissen werden dürften. Ferner sollen Ausstellungen moderner und alter handwerklicher Kunst sowie Kunstausstellungen alter und moderner Heimatbilder allen Bürgerinnen und Bürgern das Wesentliche unserer Arbeit näherbringen. Hier seien insbesondere unsere jungen Talente aufgerufen, durch Bilder mit landschaftlich reizvollen Motiven eine Gegenüberstellung zu alten Landschaftsbildern unserer Heimat zu versuchen.

Hinweise auf Aktivitäten und Veranstaltungen

Nachdem ich Sie, meine Damen und Herren, mit den Plänen und Zielen unseres Vereins bekanntgemacht habe, bitte ich Sie, unsere Bestrebungen tatkräftig zu unterstützen und nunmehr die Wahl unseres Vorstandes vorzunehmen. Als ersten Vorsitzenden haben wir den alten Heimatfreund, Herrn ..., vorgeschlagen, als seine Stellvertreterin Frau ...

Referentenvorstellung am Beispiel eines ornithologischen Vereines

Anläßlich einer Veranstaltung wird anhand des folgenden Aufbaues ein Hauptredner vorgestellt:

- Anrede und allgemeine Begrüßung zur Veranstaltung
- Begrüßung des Vortragenden
- Bitte an den Referenten zu beginnen

Liebe Vereinskolleginnen und -kollegen,
liebe Gäste!

Eine Referentenvorstellung sollte kurz sein: die eigentliche Redezeit steht ihm zur Verfügung

Wir treffen uns zur dritten Veranstaltung der Reihe „Singvögel". Ich freue mich, Ihnen Herrn Vogel, den Biologen aus Nesthausen, vorstellen zu dürfen. Er wird nach einem Einleitungsreferat Dias zum Thema „Nistplätze der Singvögel" zeigen.
Sehr geehrter Herr Vogel, wir freuen uns, daß Sie neben Ihrer ausgedehnten Tätigkeit am Institut für Vogelkunde und Ihrer publizistischen Tätigkeit zu uns gefunden haben. Ihr Thema „Nistplätze der Singvögel" ist für unseren Verein ganz besonders aktuell, da wir für den nächsten Frühling eine Aktion zu diesem Thema vorgesehen haben. Wir möchten 100 neue Nistkästen bauen.
Herr Vogel, ich bitte Sie, zu beginnen.

Eröffnung der Jahreshauptversammlung

Rede des Vorsitzenden

Verehrte Gäste,
liebe Vereinsmitglieder!

Jahreshauptversammlungen sind im allgemeinen keine sehr unterhaltsamen Ereignisse. Aber sie sind wichtig, denn ein Verein bedarf der Führung und Verwaltung. Beide müssen demokratisch sein. Ohne das Vertrauen der Mitglieder hätte unsere Arbeit im Vorstand keinen festen Boden. Wir sind davon überzeugt, daß die Demokratie nicht erst beim Staat beginnt, sondern bereits in jedem Verein. Deshalb auch der Dank für Ihr Kommen.

Es obliegt mir vor Eintritt in die Tagesordnung eine besonders traurige Pflicht. Im vergangenen Jahre gingen folgende Mitglieder für immer von uns ... (Namen). Ihr Verlust ist schmerzlich. Unsere Gemeinschaft muß mit ihnen hochgeachtete Menschen entbehren, die uns sehr nahestanden. Wir werden ihnen immer ein ehrendes Andenken bewahren. Ich bitte Sie, sich zu Ehren unserer verstorbenen Mitglieder von den Plätzen zu erheben ... Ich danke Ihnen. Es ist festgestellt worden, daß die Versammlung beschlußfähig ist. Die Tagesordnung ist Ihnen durch die Vereinszeitung bekannt. Die Berichte der einzelnen Abteilungen sind ebenfalls dort veröffentlicht worden. Werden Ergänzungen zur Tagesordnung gewünscht? ... Das ist (nicht) der Fall. Ich komme dann zum Geschäftsbericht über das vergangene Jahr.

Revisionsbericht nach der Prüfung der Vereinskasse

Es spricht der Revisor einer Vereinskasse anläßlich der Generalversammlung.

Liebe Mitglieder,
liebe Vorstandsmitglieder!

Mit großer Freude haben Sandro Lux und ich die Rechnungsrevision – natürlich auch mit dem notwendigen Ernst und großer Sorgfalt – am 27. April 19.. durchgeführt. Gesetz und Statuten verpflichten uns dazu.

Hier stehen Zahlen und Fakten im Zentrum

Dabei konnten wir feststellen, daß der Verein das vergangene Vereinsjahr mit einem Vorschlag von DM 1.720,50 abgeschlossen hat und das Vereinsvermögen mittlerweile auf DM 19.340,40 angewachsen ist.
Aufgrund unserer Prüfung können wir Ihnen bestätigen, daß die Bücher sorgfältig und ordnungsgemäß geführt wurden. Für Beanstandungen gab es keinerlei Anlaß. Die zur Verfügung stehenden Mittel unseres Vereins wurden nach den Grundsätzen einer geordneten Finanzwirtschaft verwendet und das Vermögen zweckmäßig verwaltet.
Nach der Prüfung bestehen gegen die Erteilung der Entlastung des Vorstandes keine Bedenken. Dem Verein kann

bezüglich seiner Finanzkraft ein gutes Zeugnis ausgestellt werden. Dies ist die Leistung unseres Kassieres Piedro Amrein, der dieses nicht immer leichte Ehrenamt mit Freude ausführt, ordnungsgemäß bucht und aktiv mitarbeitet, um die Ausgaben so gering wie möglich zu halten, ohne dem Verein dadurch die Dynamik zu nehmen. Es ist uns daher ein Anliegen, dem Kassierer Pedro Amrein für seine vorzügliche Arbeit den herzlichsten Dank auszusprechen. Wir sind sicher, daß sie uns darin mit einem Applaus zustimmen werden.
Zum Abschluß beantragen wir, die Rechnung abzunehmen und dem Vorstand Entlastung zu erteilen.

Ehrung von Mitgliedern (25 Jahre Mitglied des Vereins)

Ansprache des Vereinsvorsitzenden

Verehrte Gäste, liebe Vereinsmitglieder!

Sich einer Gemeinschaft zu widmen ist eine verdienstvolle Sache

Wir ehren in Ihnen eine der stärksten Tugenden: die Treue, die Beständigkeit. Sie blicken auf eine 25jährige Mitgliedschaft zurück, während der Sie mit den Geschicken des Vereins immer eng verbunden waren. Sie waren sich nicht zu schade, einen Teil Ihrer freien Zeit über 25 Jahre einer Gemeinschaft zu widmen. Was das bedeutet, begreift besonders die Jugend häufig nur schwer. Wenn wir unserer Jugend aber erzählen, was in diesem Vierteljahrhundert alles geschehen ist, wie unser persönliches Leben durcheinandergewürfelt wurde, wie wir politische Stürme, wirtschaftliches Auf und Ab, Verlust teurer Menschen ertragen mußten; wenn wir unserer Jugend klarmachen, welch eine wechselvolle Zeit diese 25 Jahre gewesen sind, dann wird ihr schließlich die Einsicht dämmern, was die Beständigkeit, die Treue der Mitgliedschaft während der Auflösung so vieler Bindungen bedeutet. Sie, liebe Jubilare, sind im Boot einer Gemeinschaft bis heute mitgefahren. Sie haben mit dafür gesorgt, daß das Vereinsleben keine Unterbrechung erfuhr. Gäbe es nur die Meisterschaft, das Training, das ... fest (z. B. Turnfest, Schützenfest usw.), gäbe es nur diese einzelnen Ereignisse, so würde das noch keinen Verein mit

eigenem Gesicht ausmachen. Es ist erst die dauernde Mitwirkung, dieses unsichtbare Band der Beständigkeit, das einen Verein erhält.
Mit ihrer langjährigen Mitgliedschaft ist ein bedeutendes Kapitel Vereinsgeschichte verbunden. Und so möchten wir hoffen, daß Sie durch Ihre weitere Treue am nächsten Kapitel, dem der Zukunft, mitwirken. Denn wenn wir Sie ehren, dann geschieht das nicht, um Sie aus der ersten Reihe des Vereinslebens zu verabschieden. Nein, wir ehren Sie nicht nur dankbar für die Treue in Vergangenheit und Gegenwart, sondern auch als Mitwirkende an der Zukunft.
Diese silberne Nadel verleihe ich Ihnen als Anerkennung, und wir hoffen, daß wir Ihnen auch die goldene Nadel für 50jährige Mitgliedschaft anstecken können.

Vorausschau auf die gemeinsame Zukunft

Siegerehrung beim Sportfest

Rede des Wettkampfleiters

Liebe Teilnehmerinnen und Teilnehmer!

Der Wettstreit ist beendet. Ihr habt in fairer Weise die Kräfte gemessen. Der letzte wie der erste in jedem Wettkampf haben sich bis zum äußersten angestrengt. Es war eine schöne sportliche Begegnung. Es war ein großartiges Spiel aus Freude an der Leistung. Wir sind Euch dankbar dafür. Und wenn auch nicht der Sieg, sondern die Teilnahme entscheidet, dann wollen wir doch die Besten ehren. Wer gesiegt hat, ob um Brustbreite beim Lauf, um eine Fußlänge beim Sprung, der ist heute der Meister. Bewußt sage ich „heute“, denn sportliche Ehren müssen immer wieder neu erkämpft werden. Im Sport mag der, welcher heute geschlagen wurde, das nächste Mal schon der Sieger sein.
Ich ehre die Besten dieses Tages und rufe allen zu: Wer heute aber nicht erster wurde, der kann es bei einem der nächsten Male werden.

Straßenfest

Rede des Initiators

Liebe Nachbarn!

Rückblick: So ist das Fest zustande gekommen

Eigentlich fing alles im Supermarkt an. Wir unterhielten uns mit den neuen Nachbarn, der Familie ..., die mit der Errichtung ihres Hauses die letzte Baulücke in unserer Straße geschlossen hat. Plötzlich kam einer – ich weiß eigentlich nicht mehr, wer es war – auf die Idee, ob wir uns nicht einmal alle zusammen dort treffen sollten, wo wir wohnen, in unserer Straße. Ein richtiges Straßenfest mit Essen, Trinken und Tanzen, für Kind und Kegel, zum Kennenlernen, zum Unterhalten. Von der ersten Idee bis zum heutigen Fest sind noch keine zwei Wochen vergangen. Zwei Wochen, in denen alle mitgeholfen haben. Mancher Organisationschef in Betrieb und Verwaltung könnte vor Neid erblassen, so reibungslos hat alles geklappt. Auch viele ungeahnte Hobbys und Talente kamen zum Vorschein. Wußten Sie eigentlich, daß in dieser Straße sich seit nunmehr fünf Jahren die Schulzes und Müllers jede Woche mit ihren Kindern zur Folkloremusik treffen? Oder wußten Sie, daß Frau und Herr ... begeisterte Hobbyköche sind, wie sie uns gleich anschließend an unserer Grillstation beweisen wollen?
Sie sehen, was wir in den vergangenen zwei Wochen Neues über uns und andere dazugelernt haben, obwohl wir immer meinten, den Nachbarn doch schon gut zu kennen. Wir haben uns in diesen wenigen Tagen des gemeinsamen Organisierens alle ein wenig besser kennengelernt. Dies soll auch in Zukunft so weitergehen. Ich kann Ihnen heute nämlich schon versprechen, daß es nicht bei diesem einen Fest in unserer Straße bleiben wird. Alle, die bei der Vorbereitung geholfen haben, haben die anderen so angesteckt, daß sie heute schon darauf brennen, beim nächsten Mal mitzuhelfen. Dies soll auch so sein. Nun bleibt mir eigentlich nur noch übrig, Ihnen allen ein paar nette Stunden mit den Nachbarn in Ihrer Straße zu wünschen. Viel Spaß und auf gute Nachbarschaft!

Reden im Betrieb und in der Öffentlichkeit

Firmenjubiläum

Ein Geschäftspartner spricht ein Grußwort anläßlich einer Einladung zum Firmenjubiläum.

Sehr geehrter Herr Direktor ...,
sehr geehrte Mitarbeiterinnen und Mitarbeiter
der Firma XY!

Zum 20jährigen Bestehen Ihrer Firma überbringe ich Ihnen als Lieferant von all unseren Mitarbeiterinnen und Mitarbeitern die besten Glückwünsche.
Unsere Geschäftsbeziehungen sind nur unwesentlich jünger als 20 Jahre. Auch wir können in einem halben Jahr unser 20jähriges Jubiläum feiern. Somit sind unsere Firmen praktisch gleich alt und miteinander – auch durch einander – groß geworden.

Die Leistungen des Unternehmers werden gewürdigt

In den vielen Jahren der intensiven Zusammenarbeit konnte ich viele positive Erfahrungen mit Ihrer Firma machen. Insbesondere hat mich beeindruckt, mit welcher Weitsicht der Gründer Samuel Muster die Firma geführt hat. Als starke Persönlichkeit ist es ihm gelungen, Freiräume zu schaffen. Freiräume für die Mitarbeiterinnen und Mitarbeiter, die zu Kreativität und unternehmerischem Denken verhelfen und so motivierte Personen zum Erfolg führen. Der unternehmerische Erfolg war damit logische Folge einer Topmannschaft. Diese Leistung ist bestimmt in großem Maße auf den Inhaber und Geschäftsführer Samuel Muster zurückzuführen. Samuel Muster ist es in vorbildlicher Weise gelungen, den „menschlichen Faktor“ umzusetzen und ihm die nötige Bedeutung zu geben. Diese Fähigkeiten bewundere ich an Ihnen, Herr Muster. Sie sind für uns ein Ansporn, ebenbürtige Leistungen für Sie zu erbringen.
Für die Zukunft wünsche ich Ihnen, sehr geehrter Herr Muster, sowie Ihren Mitarbeiterinnen und Mitarbeitern wei-

terhin viel Erfolg. Als Zeichen unserer Dankbarkeit für die gute Zusammenarbeit und als Erinnerung an diese Jubiläumsfeier möchte ich Ihnen eine kleines Geschenk überreichen. Ich habe Ihnen hier ein ...

Verabschiedung einer Mitarbeiterin (Pensionierung)

Es spricht der Abteilungsleiter anläßlich des Austrittes einer Mitarbeiterin, die in den Ruhestand geht.

Liebe Frau Huber!

17 Jahre lang waren Sie jetzt bei uns tätig. Wir sind heute zusammengekommen, um Abschied von Ihnen zu nehmen, da Sie in den Ruhestand treten.
Für Sie ist es ein Abschied von der Pflicht – gelegentlich auch von Mühsal, aber wohl auch von der Freude am Beruf. Sie brauchen nun nicht länger fünfmal in der Woche acht Stunden hier zu sein, sondern können frei über den Tag verfügen. In der Tat, ein neuer Lebensabschnitt beginnt für Sie.

Ein Vorausblick auf den neuen Lebensabschnitt

Es ist kein immer nur leichter Lebensabschnitt, der jetzt kommen wird. Sie müssen die Gestaltung des Tages noch stärker selbst in die Hand nehmen. Wir alle jedoch wissen, wie engagiert sie handarbeiten. Nun werden Sie Ihr Hobby, liebe Frau Huber, noch weiter perfektionieren können. Ihre Familie und Ihre Freunde werden sicher viel Freude an den von Ihnen angefertigten Geschenken zu Weihnachten und zum Geburtstag haben. Diese wunderschöne Freizeitbeschäftigung wird Ihnen den Übergang ins Rentnerleben erleichtern.
Doch welche Stationen haben Sie bei uns im Beruf durchschritten? Zuerst waren Sie in der Abteilung ... Doch bereits nach zwei Jahren wurden Sie zur Leiterin befördert, aufgrund Ihrer Fähigkeiten und Ihrer ausgezeichneten Fachkenntnisse. Diese Abteilung haben Sie mit Weit- und Umsicht geführt, und ich weiß, daß die teilweise jüngeren Mitarbeiterinnen und Mitarbeiter in Ihnen fast eine zweite Mutter gefunden haben. Und eine Mutter läßt man ungern ziehen.

Ganz besonders möchte ich Ihren großen Einsatz, aber auch Ihre Loyalität im Zusammenhang mit dem EDV-Projekt hervorheben. Sie haben sich, wie jüngere Mitarbeiterinnen und Mitarbeiter, für die moderne Technik interessiert und rasch den Zugang gefunden. Ich kann mich noch gut erinnern, wie Sie mir kurz nach der Umstellung einmal gesagt haben: „Ich kann mir gar nicht mehr vorstellen, daß es ohne Computer auch gehen würde!"
Ihre Nachfolgerin, Frau Vera Schönenberg, kann Sie wohl – nach einer Einführungsphase – fachlich ersetzen. Persönlich kann kein Mensch ersetzt werden. Ihre Fröhlichkeit, Ihr ansteckendes Lachen und Ihre ausgleichende Gerechtigkeit werden uns fehlen.
Herzlichen Dank nochmals für alle Jahre der Treue und des Einsatzes. Als kleines Zeichen unserer Wertschätzung überreiche ich Ihnen im Namen der gesamten Belegschaft eine ...
Für den neuen Lebensabschnitt wünsche ich Ihnen nochmals alles Gute, viel Gesundheit und Lebensfreude. Und darauf wollen wir nun gemeinsam anstoßen. Zum Wohl, Frau Huber.

Neujahrsansprache des Chefs

Meine sehr geehrten Damen und Herren,
liebe Mitarbeiterinnen und Mitarbeiter!

Ein Rückblick auf das Jahr und auf die Leistungen der Mitarbeiter

„Jahre lehren mehr als Bücher", sagt der Volksmund. Er hat Recht! Wir können aus den Büchern unseres Betriebes eine Menge Zahlen herauslesen, die als Aktiva oder Passiva der vergangenen zwölf Monate schwarz auf weiß festgehalten wurden. Nur schwer herauslesen aber können wir aus diesen Büchern die Leistungen des einzelnen während des Jahres, das nun hinter uns liegt. Als Leiter der Firma kenne ich diese Leistungen jedoch – und danke Ihnen dafür! Wenn man sich in unserem Haus umschaut, dann sieht man mehr, als Bücher verraten können. Sie alle haben auch im verflossenen Jahr getan, was Sie konnten, um die Aufwärtsentwicklung des Betriebes weiter zu fördern.

Wenn es dabei mitunter zu kleinen Problemen oder Ärgernissen gekommen ist, die im Zuge der Weiterentwicklung nicht zu vermeiden waren – wir wollen sie vergessen und uns jetzt nur noch der recht beachtlichen Erfolge freuen! Jeder von Ihnen weiß, wie schwierig es heutzutage ist, sich im Konkurrenzkampf am Markt zu behaupten. Wenn wir uns auch im letzten Jahr behauptet haben, dann war das keine Glückssache, sondern es lag einzig und allein an Ihnen! Jede Stunde fleißiger Arbeit an der Verladerampe, am Fließband, an der Schreibmaschine und nicht zuletzt im Außendienst hat ihren Lohn eingebracht und Früchte getragen. Sie hat uns aber gleichzeitig auch noch enger miteinander verbunden als eine große Gemeinschaft, in der jeder seine Pflichten erfüllt – zum Nutzen aller! „Das vorige Jahr war immer besser!“ – heißt das zweite Sprichwort, über das es sich lohnt nachzudenken. Es ist ein Zitat, das einen gewissen Pessimismus ausdrückt. Lassen wir diesen Pessimismus bei uns aber gar nicht erst aufkommen! Sagen wir lieber optimistisch: Das vergangene Jahr war gut, aber die kommenden zwölf Monate sollen noch erfolgreicher werden! An jedem Schreibtisch, vor jeder Werkbank und überhaupt in jeder Abteilung der Firma wollen wir so denken und handeln, um auch in Zukunft Ergebnisse erzielen zu können, mit denen wir zufrieden sind.

Erwartungen, die sich auf das neue Jahr richten

Und noch ein drittes Zitat gibt es, das ich hier anführen möchte! Es heißt: „Das Jahr hat ein weites Maul und einen großen Magen!“ Es weist uns darauf hin, daß wir auf unseren Lorbeeren nicht ausruhen dürfen, daß uns neue Aufgaben erwarten und daß wir diese Aufgaben bewältigen müssen, wenn wir nicht wollen, daß die Zeit uns überrundet und schlägt. Nun gut, meine Damen und Herren, stopfen wir dem kommenden Jahr das Maul und füllen wir ihm den Magen. Wir wollen das ja nicht deshalb tun, weil wir der Zukunft trotzen müssen, sondern wir wollen es tun, weil wir alle den Wunsch haben, in Sicherheit und Wohlstand zu leben. Ich danke Ihnen noch einmal dafür, daß Sie auch in den vergangenen zwölf Monaten Ihre Pflicht und oft mehr getan haben – jeder einzelne im Dienst am Ganzen.

Begrüßung der Feriengäste im Hotel

Der Hotelier begrüßt die Gäste.

Liebe Feriengäste!

Eine persönlich gehaltene Ansprache läßt die Gäste sich heimisch fühlen

Herzlich willkommen in unserem Landgasthof „Bären" in Bäretswil. Unser Team, Sandro Hoch aus der Küche, Sabina Klein aus dem Service, meine Frau und ich, freut sich, daß Sie zu uns gekommen sind.

Sie verbringen hier im Voralpengebiet Ihre Ferien. Bestimmt möchten Sie wissen, wo Sie denn gelandet sind. Ob das auch nicht zuweit weg von der Disco sei oder ob es gerade mindestens so weit sei, daß man nicht permanent den „Lärm" hört? Die einen möchten vielleicht auch wissen, ob es schöne Wanderwege bei uns im Bärental gibt und andere, ob es denn außer Wandern auch noch andere Freizeitmöglichkeiten gibt?

Nun, das Bärental bietet für jeden Geschmack etwas. Bäretswil selbst, ein alter Weiler, lädt zu einem kurzen und lohnenswerten Spaziergang ein. Aus der Keltenzeit, in der der Ort nachweislich erstmals besiedelt wurde, ist heute zwar nichts mehr zu finden. Wer jedoch auf den Bärenfels steigt, wird noch eine Ruine einer mittelalterlichen Burg finden – zudem wird er mit einem prächtigen Ausblick für den steilen Aufstieg belohnt.

Der Ort selbst mit seinen zahlreichen schmucken älteren Holzhäusern, seinen engen Gassen und Straßencafés dient als Kulisse für gemütliche Rundgänge und kleine Einkaufsbummel.

Bäretswil bildet, dank seiner zentralen Lage, den Ausgangspunkt für zahlreiche Wanderungen. Kurze Wanderrouten, die relativ flach verlaufen, wie diejenige zur Quelle des Bärenflusses, findet man ebenso wie steilere und längere Wanderwege, von denen die Tagestour über den Bärentritt und die drei Bären vielleicht am eindrucksvollsten und landschaftlich reizvollsten ist.

Von den winterlichen Skitouren und Pulverschneeabfahrten wollen wir bei diesem herrlichen Sommerwetter gar nicht erst schwärmen.

Hinweise auf mögliche Aktivitäten und Freizeitangebote

Und wer würde in dieser Oase vermuten, daß die nächste Stadt nur 20 Minuten mit dem Auto entfernt ist? Bärentown ist auch mit dem Postbus ab Dorfplatz in 30 Minuten erreichbar und bietet unzählige Einkaufsmöglichkeiten, ein Freibad und ein Heimatmuseum. In jedem Fall ist Bärentown eine Reise wert.

Ich habe Ihnen, verehrte Gäste, noch einen Prospekt, in dem alles Wissenswerte beschrieben ist, mitgebracht. Zudem kann ich Ihnen diesen Ferienpaß überreichen, damit erhalten Sie bei allen Bergbahnen, zahlreichen Museen und Ausstellungen sowie einzelnen Restaurants einen Rabatt bis zu 25 Prozent.

Ich wünsche Ihnen einen schönen Aufenthalt bei uns im Hotel Bären.

Gründungsrede für eine Bürgerinitiative gegen eine Ortsdurchfahrt

Rede einer Initiatorin

Meine sehr geehrten Damen und Herren,
liebe Mitbürgerinnen und Mitbürger!

Wer in den vergangenen Tagen aufmerksam die Presseberichterstattung verfolgt hat, wird festgestellt haben, daß offenbar die Gemeindeverwaltung den Ausbau der Ortsdurchfahrt vorantreiben will. Ohne daß die vielen, oft geäußerten Bedenken der Anlieger entsprechend gewürdigt worden sind, soll nunmehr im Hauruck-Verfahren die Planung durchgezogen und mit dem Bau der Straße möglichst noch in diesem Jahr begonnen werden. Es kommt nun darauf an, vor dem endgültigen Planfeststellungsverfahren noch einmal die Auffassung aller betroffenen Anlieger zu verdeutlichen. Deshalb freue ich mich ganz besonders, daß Sie heute hier erschienen sind, um zusammen in einer Bürgerinitiative der Gemeindeverwaltung den Willen ihrer Bürgerschaft darzulegen.

Lassen Sie mich aber zu Beginn noch einmal kurz all die Punkte zusammenfassen, die wir gegen den geplanten Ausbau der Ortsdurchfahrt bereits in der Vergangenheit angeführt haben. Unser Dorf ist eine der wenigen ursprünglich gebliebenen Gemeinden im südlichen Landesteil. Nunmehr läuft es Gefahr, wie an vielen anderen schlechten Beispielen in unserem Lande bereits vorexerziert, einer planerisch möglicherweise perfekten Reißbrettaktion geopfert zu werden. Der Hinweis der Planer, es erfolge keine Beeinträchtigung des Landschaftsbildes, ist allenfalls vom grünen Tisch her verständlich. Wer die örtlichen Verhältnisse aber kennt, wird ihn – bei vielem guten Willen – noch als Zweckoptimismus durchgehen lassen. Wenn eine Reihe von Vorgärten ganz oder teilweise verschwindet, ein dem Denkmalschutz unterliegender Seitentrakt eines jahrhundertealten Hofes abgerissen werden muß, neue hohe Stützmauern gebaut werden müssen und statt einer dem alten Dorfbild angepaßten, schmalen Straße sich ein neun Meter breiter Asphaltlindwurm breit macht, dann ist dies ein schwerwiegender, nicht mehr gutzumachender Eingriff in eine historisch gewachsene Gemeinschaftsstruktur.

Zusammenfassung der Gründe und Widerlegung der Gegenargumente

Wir müssen uns fragen, warum eigentlich keine neue Verkehrszählung und keine Lärmmessungen der Planung zugrunde gelegt werden? Die vorliegenden Werte von vor fünf Jahren sind völlig überholt und unrealistisch. Wären aktuelle Zahlen vorhanden, wäre die Rechnung einfacher, weil es nur noch zwei Möglichkeiten gibt: Entweder ist der Verkehr zu groß und die Lärmbelästigung zu stark für einen Kurort, dann braucht man eine Ortsumgehung, oder sie sind es nicht, dann reicht eine Reparatur der alten Ortsdurchfahrt ohne tiefgreifende Einschnitte. Warum aber dann auf jeden Fall beides gebaut werden soll, bleibt ein mit jeweils ... DM doch zu teuer bezahltes Geheimnis einer Gemeinde, der finanziell ohnehin das Wasser bis zum Halse steht. Fast alle Bewohner des Unterdorfes haben mit erheblichen eigenen Mitteln ihre Anwesen dem Fremdenverkehr erschlossen. Ihre Bemühungen werden unterlaufen durch die örtliche Verkehrssituation. Vor allem aber durch den Kiestransport, der nicht selten nach wenigen Tagen die erholungssuchenden Kurgäste wieder vertreibt. Ein Ausbau der Ortsdurchfahrt bringt hier keine Abhilfe, im Gegenteil.

Kiestransporter, die im Akkord fahren, werden die bessere Verbindung noch häufiger und noch schneller nutzen. Außerdem wirkt eine gut ausgebaute Straße wie ein Magnet auf andere Fahrzeuge. Und wer will eigentlich verhindern, daß bei Erschließung eines neuen Kiesvorkommens der Verkehr dann ebenfalls über die neu ausgebaute Straße führt? Den Optimismus des Ortsvorstehers in Ehren, aber da es sich hier um eine Landesstraße handelt, schafft es ja bereits heute die Ortsverwaltung nicht, den Kiesverkehr zumindest zeitlich so einzuschränken, daß die Kurgäste nicht „aus den Betten fallen". Lärm von morgens sechs bis abends sechs, über die Mittagszeit und nicht selten auch noch am Samstagvormittag.

Kritik an den Verantwortlichen

Eine neue Ortsdurchfahrt beseitigt das Problem nicht, sondern verstärkt es zusätzlich. Manchmal drängt sich einem der Verdacht auf, daß die schlechteste Lösung vor allem deshalb gesucht wird, weil im Vergleich zu anderen Lösungen mit weniger lautstarken Einsprüchen gerechnet wird. Bezeichnend und beschämend ist, daß die betroffenen Bürger erst jetzt gehört werden sollen, nachdem die Verwaltung bereits zugestimmt hat und der Baubeginn praktisch schon festliegt. Ein Beispiel dafür, wie man in einer Demokratie mit Bürgern nicht umspringen sollte, wenn man nicht von Amts wegen Resignation und Staatsverdrossenheit weiterzüchten will.

Meine sehr geehrten Damen und Herren, ich darf Sie namens der Gründerinnen und Gründer unserer Initiative bitten, die Ihnen vorliegende Resolution zu unterzeichnen. Wir werden Sie dann der Presse zugänglich machen und dem Gemeinderat übermitteln.

Eröffnung eines Vogelschutzgebietes

Der Initiator spricht.

Meine sehr geehrten Damen und Herren,
liebe Vogelfreunde!

Nun haben wir es endlich geschafft. Am heutigen Tage können wir dieses neue Vogelschutzgebiet seiner Bestimmung übergeben. Es war ein weiter Weg bis hierhin. Allen, die dabei mitgeholfen haben, dieses Ziel zu erreichen, darf ich heute an dieser Stelle sehr herzlich danken. Mein Dank geht zunächst an die Planungsbehörden von Stadt, Kreis und Land, die das Verfahren zur Ausweisung dieses Gebiets als Vogelschutzgebiet so zügig abgewickelt haben. Danken möchte ich vor allem aber allen Bürgern, die durch ihre Unterschrift unsere Initiative unterstützt, durch Leserbriefe in örtlichen Zeitungen auf unser Anliegen hingewiesen und durch Petitionen an die politischen Entscheidungsgremien letztendlich den gewünschten Erfolg herbeigeführt haben. Dank an dieser Stelle auch allen freiwilligen Helfern, Vereinen und Stiftern, die durch unentgeltliche Arbeit oder durch Bereitstellung teilweise erheblicher finanzieller Mittel die Herrichtung dieses Vogelschutzgebietes ermöglicht haben. Dank heute schon an jene, die diese Einrichtung künftig weiterbetreuen, ehrenamtlich und unentgeltlich.

Das gemeinsame Ziel wird beschrieben: Erhaltung der Vogelwelt

Sie alle fühlen sich einem Denken verpflichtet, das ich wie folgt zusammenfassen darf: Rettet die Vögel – damit wir überleben können. Die Zeit zur Umbesinnung ist gekommen. Früher haben in Deutschland 255 Vogelarten gebrütet. Davon sind 18 bereits ausgestorben, weiteren 102 droht das gleiche Schicksal, wenn der Mensch nicht endlich eingreift. Vogelschutz ist aber nicht einfach nur die Hilfe einiger tierliebender Menschen für eine bedrohte Art. Das Aussterben vieler Vogelarten sowie die Gefährdung einer weiteren großen Anzahl signalisiert uns, daß das ökologische Gleichgewicht in unserer Umwelt gestört, wenn nicht gar schon zerstört ist. Den Gefahren, denen diese Vögel zum Opfer gefallen sind, unterliegen wir auch. Ihre Lebensräume, die ihnen das Überleben erst ermöglichen, werden immer weiter vernichtet. Diese Lebensräume sind aber auch unsere Lebensräume. Bäche und Flüsse, Mischwälder, Feuchtgebiete, kurz die Landschaft in ihrer früheren Gestalt fällt immer mehr einem falsch verstandenen Fortschrittsglauben zum Opfer: Flüsse werden begradigt, Feuchtgebiete trockengelegt, Monokulturen in der Holzwirtschaft und der Landwirtschaft gefördert und durch Düngung und Schädlingsbekämpfung chemisch abgesichert, riesige Straßenbauvorhaben reißen gewachsene Landschaften auseinander, und als Abfallprodukt unserer auf Wachstum eingestellten Gesellschaft werden wir mit Umweltgiften aller Art in Luft, Wasser und Boden überschüttet. Der zunehmende Flugverkehr, Schädlingsbekämpfung aus der Luft, das Abflämmen geernteter Felder – auch dieses sind Faktoren, die unsere Vögel gefährden.

Gründe für das Engagement werden erläutert

Aber nicht nur die Vögel sind in Gefahr. Auch die Chancen des Menschen, den von ihm selbst angezettelten Raubbau an seiner Umwelt unbeschadet zu überleben, werden immer kleiner. Hier müssen neue Zeichen gesetzt werden. Es reicht nicht aus, einmal im Jahr entrüstet dagegen zu protestieren, daß in Italien Millionen von Vögeln abgeschossen werden und als angebliche Delikatesse verspeist werden. Ebenso inhuman und ökologisch widersinnig ist es, ihnen, wie es bei uns geschieht, vorsätzlich oder auch nur gedankenlos die Lebensräume zu zerstören oder mit Umweltgiften zu belasten.

Wir alle, die wir uns für dieses Vogelschutzgebiet eingesetzt haben, wollen ein Zeichen setzen. Wir wollen durch unser Engagement und unsere Arbeit dokumentieren, daß uns die Rettung dieser bedrohten Tierart zu einem ernsten Anliegen geworden ist. Jenen aber, die dieses wichtige Alarmzeichen für eine gefährdete Umwelt nicht sehen wollen oder können, möchten wir heute sagen: Rettet die Vögel – damit wir eine Chance haben, zu überleben! Im Namen aller, die an diesem neuen Vogelschutzgebiet mitgearbeitet haben, darf ich Sie nun zu einem Rundgang einladen. Vielleicht ermutigt dies den einen oder anderen, ebenfalls bei uns mitzuarbeiten. Wir sind für jede Unterstützung dankbar.

Antrittsrede eines neuen Bürgermeisters

Frau Vorsitzende, Herr Landrat,
meine sehr geehrten Damen und Herren!

Rückblick auf den eigenen beruflichen Werdegang

Als ich vor 20 Jahren beim hiesigen Amtsgericht meine Tätigkeit als Referendar antrat, hätte ich selbst in meinen kühnsten Träumen nicht zu hoffen gewagt, daß ich einmal als der gewählte Repräsentant aller Bürger vor Ihnen stehen würde. Durch meinen beruflichen Werdegang in dieser Stadt und durch die vielfältigen Kontakte zu ihren Bürgern, zu Nachbarn und Freunden ist in den zurückliegenden Jahren mein Interesse an der Kommunalpolitik entstanden und gewachsen. Meine Tätigkeit beim Amtsgericht, meine Tätigkeit in einer hiesigen Rechtsanwaltskanzlei sowie 10 Jahre Arbeit in der kommunalen Selbstverwaltung haben mir das breite Spektrum der politischen Tagesarbeit verdeutlicht. Sie, meine Damen und Herren des Stadtparlaments, haben mich durch Ihr Vertrauen in das verantwortungsvolle Amt eines Bürgermeisters berufen. Dieses Vertrauen betrachte ich als Vorschuß auf eine Arbeitshypothek, die ich – wie ich hoffe – zu Ihrer aller Zufriedenheit verzinsen und tilgen werde. Es ist heute sicher nicht die Zeit, Ihnen mit fertigen Konzepten oder gar Rezepten unsere künftige Arbeit vorzustellen. Dafür wird in den ausstehenden Beratungen und Sitzungen Zeit genug sein. Grundvoraussetzung für das Erreichen unserer gemeinsamen Ziele ist jedoch eine fruchtbare Zusammenarbeit zwischen Stadtverordnetenversammlung einerseits und Stadtverwaltung andererseits. Wenn beide Partner bemüht bleiben, nicht auf vermeintlichen Rechten und Pflichten zu beharren, sondern in wechselseitiger Offenheit das gemeinsame Ziel anzustreben, werden wir es auch erreichen.
Jedoch entscheidet nicht nur ein gutes internes Verstehen über das Wohl eines Gemeinwesens. Ebenso bedeutsam ist ein gutes Verhältnis zum Landkreis und zur Landesregierung. Es wird immer gut sein, wenn Kreis und Landesregierung Aufsichtsinstanz in zweiter, jedoch Selbstverwaltungskörperschaft in erster Linie sind. Der Kreis soll als fürsorg-

licher, beratender und, wenn nötig, auch mahnender „Vater“ tätig sein, der es nicht übelnimmt, wenn der Sohn mit eigenen Meinungen und Wünschen zu ihm kommt und diese Meinungen mit Nachdruck zu vertreten sucht. In diesem Sinne, sehr verehrter Herr Landrat, werde auch ich mich hier bemühen, stets ein rühriger und fleißiger Sohn unseres Kreises zu sein.

Die zukünftigen Aufgaben werden skizziert

Ein ebenso gutes Einvernehmen werde ich zu unseren Nachbarn anzustreben suchen. Ich bin mir bewußt, daß wir in den nächsten Jahren keine kommunale „Vogel-Strauß-Politik“ betreiben können. Das käme einer Selbstaufgabe gleich. Es war einst der Stolz unserer Vorfahren, Bürger einer freien Stadt zu sein. In dieser Hinsicht ist allerdings heute, wenn auch unausgesprochen, eine gewisse Kommunalverdrossenheit und eine merklich wachsende Entfremdung des Menschen zu seiner kommunalen Behörde zu beklagen. Die Ursachen hierfür mögen mannigfacher Art sein. Für die verantwortlichen Organe ergibt sich jedoch hieraus die Notwendigkeit, die Umwelt des Bürgers zu verbessern, ihn an der Lebensgemeinschaft unserer Stadt stärker zu interessieren und ihn wieder davon zu überzeugen, daß Verwalten nicht Selbstzweck, sondern eine gemeinschaftsbezogene, dem Gemeinwohl dienende Tätigkeit ist.
Ich möchte in diesem Zusammenhang nicht vergessen, die hervorragenden Leistungen meines Amtsvorgängers zu würdigen. Mit meinem Amtsantritt endet die Amtszeit des sehr verehrten Herrn Kollegen ... Sie, Herr Kollege, haben viele Jahre in treuer Pflichterfüllung dieser Stadt und ihren Bürgern gedient. Sie können stolz auf eine hervorragende Verwaltungslaufbahn zurückblicken. Daß ich ein wohlvorbereitetes Amt übernehmen kann, ist Ihr Verdienst und mein Dank dafür kommt von Herzen.
Für meine künftige Arbeit werde ich mir den Wahlspruch der alten Städte zu eigen machen, der da lautet: „Des Bürgers Wohl ist oberstes Gesetz.“

Einweihung einer Gedenktafel für Opfer und Verfolgte des Nationalsozialismus

Ansprache des Landrats

Meine sehr geehrten Damen und Herren!

Ein ernsthafter Anlaß erfordert eine besonders sorgfältige Wortwahl

In einem Flugblatt der Münchener Studenten, die, verfolgt und geächtet, gegen den Nationalsozialismus kämpften, hieß es: „Die Freiheit der Rede, die Freiheit des Bekenntnisses, der Schutz des einzelnen Bürgers vor der Willkür verbrecherischer Gewaltstaaten – das sind die Grundlagen des neuen Europas!" Wie wahr jenes Flugblatt sprach, wissen wir heute, die wir in einem Staat leben, in dem von Freiheit nicht nur geredet wird, sondern der die Freiheit der Persönlichkeit auch in seinem Grundgesetz fest verankert hat. Denn ohne Freiheit gibt es keine Gerechtigkeit – und wo keine Gerechtigkeit ist, ist keine Freiheit –, beides gehört unlösbar zueinander.

Diese Stunde, meine Damen und Herren, ist ein ernster Anlaß, Rückschau zu halten auf eine düstere Vergangenheit, eine Zeit voller Schrecken und Unheil. Gedenken wir in dieser Stunde der Toten von Auschwitz, Bergen-Belsen und Dachau – gedenken wir der Männer, Frauen und Kinder, die in den Konzentrationslagern erschossen, vergast oder erhängt wurden – gedenken wir der Deutschen, Franzosen, Polen, Russen und Angehörigen anderer Völker, die hinter den Stacheldrahtzäunen der SS verschwanden und getötet wurden. Gedenken wir der vielen Widerstandskämpfer, die mit Waffen des Geistes gegen den Ungeist der Hitlerschen Diktatur fochten, ohne der Gefahr zu achten, daß es ein Kampf gegen eine Übermacht war, der sie auf die Dauer unterliegen mußten. Alle diese Kämpfer für die Freiheit lebten für eine Zukunft des freien Menschen, und doch rechneten sie nicht damit, den Lohn für ihren Kampf und ihr Denken selbst auch zu erhalten. Jeder von ihnen hatte den Tod stündlich, ja, zu jeder Minute und jeder Sekunde vor Augen. Nicht alle starben in dem sicheren Wissen, daß ihr Opfer nicht umsonst sein würde! „Es gilt den Kampf jedes einzelnen von uns um unsere Zukunft, unsere Freiheit und unsere Ehre in einem seiner sittlichen Verantwortung bewußten Staatswesen!" mahnte das letzte Flugblatt der Weißen Rose – und dieser Kampf wurde auch weiter fortgeführt, als die Mitglieder dieser tapferen Widerstandsgruppe längst hingerichtet worden waren. Ihr sehnlicher Wunsch aber ist inzwischen wenigstens teilweise in Erfüllung gegangen. Doch das genügt noch nicht! Jeder einzelne von uns muß alles tun, damit der Geist der Unfreiheit und des Terrors nicht noch einmal geweckt werden kann. Mit unserer ganzen Kraft müssen wir uns dafür einsetzen, daß sich die Vorgänge jener finsteren Zeit nie wiederholen können! Geloben wir deshalb an dieser Stelle und zu dieser Stunde, daß wir jederzeit das Recht, die Sicherheit und die Freiheit des einzelnen achten wollen, damit wir selbst in Recht, Sicherheit und Freiheit im vereinten Deutschland leben können!"

Die Vergangenheit als Mahnung für die Zukunft

1000-Jahr-Feier einer Gemeinde

Rede eines Regierungsvertreters

Sehr geehrte Frau Landrätin, Herr Bürgermeister, meine sehr geehrten Damen, meine Herren!

Die Gemeinde ... kann in diesen Wochen auf eine 1000jährige Geschichte zurückblicken. In dieser langen Zeit spiegelt sich nicht nur die Geschichte eines kleinen Gemeinwesens wider, sondern die Geschichte eines ganzen Volkes. Der ständige Wechsel von weltlicher und kirchlicher Herrschaft, Kriege und Katastrophen haben in dieser Gemeinde dem Bürger alles abverlangt. Eine Anpassung an die jeweilige Herrschaft, Flucht oder Auswanderung, persönliche Opfer an Eigentum oder Gesundheit, die persönliche Belastung des einzelnen durch Ereignisse, an deren Entstehung ihm unbekannte höhere Gewalten wirkten, waren für den früheren Bürger dieser Gemeinde oft mehr, als er zu tragen bereit oder in der Lage war. Wenn, wie in ..., eine gut geführte und reich illustrierte Chronik vorhanden ist, fällt es nicht schwer, die Entwicklungen durch Jahrhunderte nachzuzeichnen und zu beweisen, wie schwierig, aber zugleich unaufhaltsam der Kampf um die Befreiung des Bürgers von leiblicher und dinglicher Abhängigkeit und um den Aufbau eines demokratischen Gemeinwesens gewesen ist. Wenn wir heute auf diese 1000 Jahre zurückblicken, so sollten wir uns nicht nur beeindruckt zeigen von einer solch langen Tradition. Dieser Rückblick sollte gleichzeitig Ansporn für alle Bürger und ihre gewählten Vertreter sein, auch in der Zukunft durch enge und vertrauensvolle Zusammenarbeit im Rahmen der kommunalen Selbstverwaltung weiterzuwirken zum Wohle aller. Ich glaube, daß dies ein besonderes Erfordernis unserer Zeit ist, nämlich, daß wir uns zusammenschließen müssen, wenn wir vorwärts kommen wollen. Die Geschichte gerade dieser Gemeinde beweist, daß Zusammenwirken und Zusammenstehen ihrer Bürger früher in Notlagen ohne persönliche Vorbehalte praktiziert worden ist. Insofern hat sich im Vergleich früherer mit den heutigen Tagen das Bild etwas gewandelt. Heute müssen alle an der Weiterentwicklung mitarbeiten, auch wenn es nicht um die Beseitigung akuter Notstände geht, einfach aus der Überlegung heraus, daß in einer fortschreitend hochindustrialisierten und technisierten Arbeitswelt Probleme der Gemeinschaft nur durch erhebliche finanzielle Aufwendungen gelöst werden können. Das ist der eine Gesichtspunkt, und da es an den Geldbeutel geht, ein besonders kräftiger Impuls für die Gemeinschaftsarbeit.

Der Bogen von damals zu heute wird geschlagen

Auf der anderen Seite brauchen wir eine intakte kommunale Selbstverwaltung unter Einschluß der aktiven Mitarbeit aller Bürger, damit wir gegenüber der sich immer mehr abzeichnenden Machtkonzentration der Regierung ein demokratisches Gegengewicht auf unterer Ebene besitzen.

Sie wissen alle, daß der Staat sich heute noch vielfach darauf beschränken kann, durch Gesetze relativ abstrakte Rahmenbedingungen für die ihm übertragene Daseinsfür- und -vorsorge zu treffen. Die konkreten Entscheidungen im Detail, so stark sie auch durch die übergeordneten Gebietskörperschaften, wie z. B. Landkreise, Regierungspräsidien oder Bund vorgegeben sein mögen, fallen in den Bereich der Kommunen. In keinem anderen Fall mischt sich die öffentliche Hand so spürbar ein in das wirtschaftliche, soziale und private Leben der Bürger wie in einer Gemeinde. Arbeit in einer Gemeinde ist harte, praxisbezogene Arbeit, die allerdings – und das ergänzt das soeben Gesagte – im Rahmen einer geschlossenen gesellschaftspolitischen Konzeption stehen sollte. Ein zweites kommt hinzu, die Neuorientierung kommunaler Tagesarbeit. Die Aufgaben wachsen qualitativ und quantitativ beträchtlich. Das bedeutet, daß die öffentliche Hand und natürlich hier auch die Gemeinden sich überlegen müssen, wie die Verwaltungskraft so gestärkt werden kann, daß sie den wachsenden Anforderungen gerecht wird. Kurzum, es ist die Frage, die in der politischen Diskussion recht allgemein mit der Bezeichnung Verwaltungsreform umschrieben wird und die auch je nach dem Standort des jeweiligen Diskussionspartners zu völlig entgegengesetzten Ergebnissen führt. Gleichgültig, welches Konzept man auch immer verwirklichen wollte,

Nennung des Ziels, auf das man hinarbeitet

Endziel muß sein, die Grundeinheit unseres Staates – die Gemeinde – am Leben zu erhalten und sie nicht in die Zwangsjacke einer alles umfassenden Staatsführung zu pressen.

Wer an einer Weiterentwicklung unserer Gesellschaft sowie an der Festigung unserer Demokratie interessiert ist, darf das Selbstbestimmungsrecht der Gemeinden nicht antasten. Nur so ist gewährleistet, daß der Bürger sein Interesse an der Mitbestimmung und Mitwirkung in allen die Öffentlichkeit betreffenden Fragen nicht verliert. Die Gemeinde ... hat in den 1000 Jahren ihres Bestehens dieses vorgelebt. Bürgersinn und Bürgerinitiative haben den Kampf mit den Problemen in der Vergangenheit erfolgreich geführt. Aus diesem Grunde, meine Damen und Herren, hat die Landesregierung Ihnen und Ihrer Gemeinde die ... -Plakette verliehen. Zu dieser Auszeichnung darf ich Ihnen im Namen der Landesregierung recht herzliche Glückwünsche aussprechen. Möge diese Auszeichnung Sie stets daran erinnern, daß nur der persönliche Einsatz des Bürgers den Fortschritt sichert. Bei diesem gemeinsamen Bemühen darf ich Ihnen allen Erfolg wünschen.

Grundsteinlegung für die Stadtbibliothek

Ein Vertreter der Landesregierung spricht

Herr/Frau Bürgermeister/in,
meine sehr geehrten Damen und Herren!

Die besondere Bedeutung dieses Gebäudes steht im Zentrum der Rede

Unter den vielen kommunalen und staatlichen Gebäuden, zu deren Grundsteinlegung oder Einweihung ich eingeladen werde, sind mir schon immer die am liebsten gewesen, die einem kulturellen Zweck dienen. Andere mögen von mehr praktischer Bedeutung sein und sind dann in der Regel um so aufwendiger, je mehr ihnen der geistige Gehalt fehlt. Diese aber aus dem großen Bereich der Kultur sind äußerlich oft um so bescheidener, je größer ihr innerer Wert ist; sie sind obendrein für eine längere Dauer bestimmt, manchmal sogar für die Ewigkeit. Auch diese Stadtbibliothek, die hier entsteht, wird kein Prunkbau werden, ihr Schatz liegt im Inneren.

„Ein Bücherschatz ist wie ein geistiger Baum, der Bestand hat und seine köstlichen Früchte spendet, von Jahr zu Jahr, von Geschlecht zu Geschlecht!" – sagte der englische Kulturphilosoph und Historiker Thomas Carlyle einmal. Ganze Generationen können von diesem Baum zehren und sich innerlich bereichern. Aber auch ein geistiger Baum braucht seinen festen Platz, an dem er gehegt, gepflegt und veredelt werden kann. Und er braucht Gärtner, die sich der Menschen annehmen, denen an seinen Früchten gelegen ist! Ohne diesen festen Platz und ohne die Gärtner wäre der Baum des Geistes nur ein knorriges, wildes Gewächs, das schon bald keine Früchte mehr tragen und verdorren würde.

Der Stein, den Sie, meine Damen und Herren hier vor sich erblicken, ist daher ein Symbol. Ein Symbol dafür, daß der Hunger nach geistiger Bildung auch in unserer technisierten Welt so stark ist wie eh und je und daß dieser Hunger auch heute gestillt wird! Kommende Generationen wird dieser Stein daran erinnern, daß das 20. Jahrhundert nicht nur das Flugzeug, die Radarmeßtechnik, den Kunststoff und die Atombombe hervorgebracht hat, sondern auch

zahlreiche bedeutende Werke der Literatur, der Musik und der bildenden Künste!
(Hier müßte ggf. eingefügt werden: Im Auftrag der ... -Regierung von ... übergebe ich Ihnen, Herr Bürgermeister, diese Kassette, in der sich außer einer Erinnerungsurkunde eine sorgfältig zusammengestellte Sammlung von Münzen dieses Jahres befindet – zum Gedenken an den heutigen Festtag. Diese Kassette soll in den Grundstein mit eingemauert werden.)
Möge das Bauwerk, zu dem heute der Grundstein gelegt wird, allen künftigen Benutzern in ... zur Information, zum Studium oder einfach nur zur Unterhaltung dienen. Und möge es dazu beitragen, daß das gemeinsame Erlebnis des Lesens und die gemeinsame Freundschaft zum Buch auch die übrigen menschlichen Beziehungen der Bürger von ... untereinander noch vertieft – wie jedes gemeinsame Interesse die Menschen einander näherbringt! Mögen die Reihen der Bücher, die bald hier stehen und wirken, zur bindenden Kraft einer Gemeinschaft werden – der Gemeinschaft der ... (z. B. Duisburger oder Kirchdorfer usw.) Bücherfreunde!

Eröffnung eines Pflege- und Altersheimes

Sehr geehrter Kreisdirektor, Herr Bürgermeister,
meine sehr geehrten Damen und Herren!

Vom speziellen Anlaß zum Allgemeineren: die Situation alter Menschen

Wir freuen uns, daß wir mit der Eröffnung unseres neuen Pflege- und Altersheimes wiederum ein gutes Stück auf dem Wege der sozialen Betreuung unserer alten Menschen vorwärts gekommen sind. In enger und vertrauensvoller Zusammenarbeit mit dem Sozialministerium und den Verbänden der Freien Wohlfahrtspflege können wir diese neue und zeitgemäße Einrichtung ihrer Bestimmung übergeben.
Bei aller Freude über das Erreichte lassen Sie mich kurz einige Bemerkungen machen über die Rolle unserer älteren Mitbürger in dieser Gesellschaft. Sie alle wissen, daß der Anteil alter Menschen an der Gesamtbevölkerung ständig wächst. Die Entwicklung der medizinischen und hygieni-

schen Forschung hat dem Menschen von heute im Durchschnitt eine Lebenserwartung von 25 Lebensjahren mehr gesichert, als es noch um 1900 der Fall war. Wir müssen uns aber heute kritisch fragen, ob wir alle diesen enormen Fortschritt nicht dadurch sinnlos werden lassen, daß wir die alten Menschen immer mehr als gesellschaftlichen Ballast ansehen und auch entsprechend behandeln. Es soll nicht verschwiegen werden, daß viel für die älteren Menschen getan wird, von sicheren Renten angefangen, über Altenberatungsstellen, Altentagesstätten, stationäre oder ambulante Mahlzeitendienste und Altenheimeinrichtungen aller Art. Vieles davon wird von staatlichen Stellen erledigt, vieles bleibt karitativen oder anderen gemeinnützigen Vereinen und Verbänden überlassen. Aber damit kann sich unsere Gesellschaft nicht freikaufen.

Berechtigte Forderungen an die Gemeinschaft

Die Sorge für unsere alten Menschen ist nämlich kein sozialer oder karitativer Gnadenakt, sondern ein in einem langen Erwerbsleben selbst erarbeitetes Recht auf menschenwürdige Behandlung auch im hohen Alter. Ein Volk, das seine Alten vergißt, verdient auch seine Zukunft nicht. Viele unserer älteren Mitbürger leben oft ohne Angehörige, fern von ihrer Familie und fern von ihrer Heimat. Nicht nur die alten Kontakte sind weg. Auch viele neue Kontakte werden teilweise einfach wegrationalisiert. Hinzu kommt, daß trotz steigenden allgemeinen Wohlstandes die materielle Situation unserer Alten schlecht ist. Bei vielen liegt das Einkommen unter dem Existenzminimum. Zu der gesellschaftlichen Isolierung kommt dann noch die materielle Not, die ebenfalls aus rein finanziellen Gründen mögliche und notwendige Kontakte verhindert. Viele unserer alten Mitbürgerinnen und Mitbürger sind dadurch nicht selten so tief in ihrer Persönlichkeit, in ihrem Lebensmut und in ihrem Stolz getroffen, daß sie nicht einmal mehr von jenen gesetzlichen Rechten und sozialen Vergünstigungen Gebrauch machen, die ihnen zustehen.

Aus allen diesen Gründen war es nötig, in unserer Gemeinde zusätzlich zu den vorhandenen Einrichtungen ein neues Pflege- und Altersheim zu erstellen. Wir haben bei der

Zurück zum konkreten Anlaß: die Vorzüge des neuen Heims

Planung und der Ausführung Wert darauf gelegt, daß es nicht als Isolierstation oder Verschiebebahnhof von jenen empfunden werden kann, die angeblich in einer dem wirtschaftlichen Erfolg verschriebenen Gesellschaft keinen Platz mehr haben sollen. Deshalb wurde dieses neue Haus auch nicht am Stadtrand gebaut. Es ist ganz bewußt geplant worden im Bereich unserer Fußgängerzone, um so den künftigen Bewohnern dieses Heimes alle Kommunikationspunkte unserer Gemeinde räumlich in die Nähe zu rücken. Nicht nur die künftige Gemeinschaft im Heim, sondern auch der ständige Außenkontakt soll eine volle Integration sicherstellen.

Das Gebäude ist so geplant und gebaut worden, daß die künftigen Bewohner nicht einen krassen Übergang von ihrer früheren Umgebung in ihre neue Heimat zu fürchten haben. Deshalb haben wir vorgesehen, daß auf Wunsch bei der Ausstattung der einzelnen Zimmer liebgewordene Möbel und Gegenstände aus der alten Wohnung mitgebracht werden können. Das Haus ist in seiner Struktur so angelegt, daß man sich in Ruhe in seine eigenen vier Wände zurückziehen kann, in den Gemeinschaftsräumen aber immer dann Kontakt findet, wenn man ihn sucht oder braucht. Wir haben mit diesem Bau, von dem wir hoffen, daß er bald erweitert werden kann, unseren älteren Mitbürgern ein attraktives Angebot unterbreitet, wie sie wirksam mit Gleichgesinnten – aber auch mit uns – gegen die drohende Vereinsamung und Isolierung ankämpfen können. Die Zahl der Anmeldungen beweist, daß dieses Angebot akzeptiert wird. Unser Haus soll seinen künftigen Bewohnern das Gefühl geben, mitten in unserer Gemeinde – und dies meine ich wörtlich – zu leben. Mit meinen besten Wünschen und meinem Dank an alle, die an der Planung und Ausführung dieses Heimes mitgewirkt haben, überreiche ich Ihnen, Herr ... und Ihrer Gattin, die Sie die Leitung dieses Hauses übernehmen werden, den Schlüssel zu unserem schönen Alters- und Pflegeheim. Möge er symbolisch gleichzeitig auch der Schlüssel zum Herzen der künftigen Bewohner sein.

Eröffnung der Kirmes

durch die Bürgermeisterin

Liebe Festgäste!

Wieder einmal ist der Tag gekommen, an dem wir unsere Kirmes feiern. Und wieder einmal obliegt es mir als Ihrer Bürgermeisterin, dieses alljährliche Gemeindefest zu eröffnen. Sie dürfen mir glauben, daß es das ganze Jahr über kaum einen Anlaß gibt, zu dem ich so gerne zu Ihnen spreche wie aus diesem. Es ist jedesmal ein schöner Augenblick, wenn man den Menschen auffordern darf, sich zu freuen. Leider bleibt es Ihrer Gemeindeverwaltung und damit auch mir nicht erspart, Ihnen öfter weniger angenehme Mitteilungen machen zu müssen. Darum freut es mich ganz besonders, hin und wieder die Gelegenheit zu bekommen, Ihnen etwas Positives sagen zu können. Solch eine Gelegenheit bietet unsere Kirmes.

Wer zu einem freudigen Anlaß spricht, darf auch die eigene Freude ausdrücken

Nicht ohne Grund erfreut sie sich in unserer Gegend großer Beliebtheit. Es scheint, als ob die Fröhlichkeit bei uns noch viel höhere Wellen schlagen würde als anderswo. Es freut mich ganz besonders, daß sich auch in diesem Jahr der …-Verein und der …-Club wieder bereiterklärt haben, uns dieses Volksfest mit einigen besonderen Darbietungen zu verschönern. Ich finde, es ist ein sicheres Zeichen für den guten Geist innerhalb einer Gemeinde, wenn die einzelnen Vereine ihren Teil zum Gelingen eines solchen Festes beitragen. Dafür gebührt ihnen Dank und Anerkennung. Ich darf Sie daher alle bitten, den betreffenden Veranstaltungen aufmerksam zu folgen und nicht mit Beifall zu sparen.
Doch wollen wir über all diesen Dingen nicht jenen Anlaß vergessen, dem wir dieses alljährliche Fest eigentlich verdanken. Unsere altehrwürdige …-kirche (Name des Schutzheiligen) wurde heute vor … Jahren eingeweiht. Ihre Geschichte ist Ihnen sicherlich hinreichend bekannt, so daß ich nicht näher darauf einzugehen brauche. Der Tag der Kirchweih ist das alljährliche Erinnerungsfest an jene Einweihung. Allerdings hat er im Laufe der Jahre eine Wandlung erfahren und ist zu einem Volksfest geworden.

Wir haben uns bemüht, alles zu einem guten Gelingen unseres Volksfestes beizutragen. Alle Schätze aus Küche und Keller stehen zu Ihrer Verfügung. Machen Sie regen Gebrauch davon. Das Orchester unseres Musikvereins wird zum Tanz aufspielen, wie gewohnt unter der bewährten Stabführung seines Dirigenten ... (Vorname, Name). Wie in jedem Jahr wird auch heute ein Hammel „ausgetanzt“. Wir sind schon gespannt, wer diesmal der Gewinner des ... (Name des Ortes) Hammeltanzes wird. Wir hoffen auf rege Beteiligung. Dieses Volksfest wollen wir heute beginnen. Die Voraussetzungen sind günstig, sowohl die notwendigen flüssigen als auch alle anderen. Der allgemeinen Fröhlichkeit steht also nichts mehr im Wege als eine winzige Kleinigkeit, die ich jedoch schnell beheben möchte: Ich eröffne hiermit unsere diesjährige Kirmes und wünsche ihr einen harmonischen Verlauf. Ihnen allen wünsche ich von Herzen recht viel Freude und gute Laune!

Rede des Bürgermeisters zum Weinfest

Liebe Festgäste!

Die Schilderung fremden Brauchtums dient als Einleitung

In Griechenland gilt noch heute unter den Landbewohnern der alte Brauch, den letzten Schluck Wein im Glase nicht mehr zu trinken, sondern auf die Erde zu schütten. Man drückt damit zweierlei aus: Einmal gilt es als Dank an die Erde, die dem Menschen den Wein geschenkt hat, und zum anderen ist es die Bitte an sie, auch im kommenden Jahr das Geschenk der Reben nicht zu vergessen.
Wenn dieser Brauch auch hier bei uns nicht bekannt ist, so hat uns Dionysos dennoch nicht im Stich gelassen. Dieser alte Gott des Weines und der weinseligen Freude ist, das glaube ich in Ihrer aller Namen sagen zu dürfen, auch heute noch einer der sympathischsten Bewohner des Olymps. Aber vor allem müssen wir ihm zugestehen, daß er es wie kein anderer Herrscher verstanden hat, sich auf seinem Thron zu halten. Seit mehr als 2000 Jahren lenkt er die Geschicke seiner Untertanen in der ganzen Welt, und er

lenkt sie – so scheint es – zu deren vollen Zufriedenheit. „Der Wein erfreut des Menschen Herz“, dieser Satz aus dem 104. Psalm sagt uns ganz klar, was wir unter jener Freude zu verstehen haben, die uns der Wein vermitteln kann. Er wird sie uns aber nur dann schenken, wenn wir verstehen, ihn zu genießen. Wer ihn trinkt wie Wasser und Bier, dem wird er niemals seinen ganzen Zauber öffenbaren. Es ist so, als ob sich Dionysos von diesen Menschen abwenden und sein köstliches Geschenk in ein Teufelsgetränk umwandeln würde, das den Frevlern einen dicken Kopf und Katzenjammer beschert. Wer im Weine lediglich ein wohlschmeckendes Getränk sieht, mit dem er seinen Durst löschen kann, der verdient es nicht anders, als dafür bestraft zu werden.

Der Lebenszusammenhang zwischen Menschen und Wein wird thematisiert

Hier in unserer Heimat, meine Damen und Herren, wird der Mensch eigentlich mit dem Saft der Reben großgezogen. Wir leben inmitten unserer Weinberge, von unserer frühesten Jugend an bis in unsere alten Tage. Jahr für Jahr erleben wir, wie an den Hängen die Trauben reifen und voll werden, wie wir selbst und unsere Nachbarn hinaufsteigen,. um sie zu lesen, und wie sie heruntergebracht und gekeltert werden. Wir sind dabei, wenn man voll Erwartung die erste Probe nimmt. Unser Leben ist ein Leben mit dem Wein und von dem Wein. Der freundliche Gott mit dem Rebenkranz im Haar hat uns dazu ausersehen, sein Geschenk an die Menschheit zu pflegen und weiterzureichen an all diejenigen, denen es gefällt. Dieser Tag, der dem Wein und den durch ihn hervorgerufenen Freuden geweiht ist, ist gleichzeitig auch der Ehrentag des Weingottes.

Lassen Sie uns ihm dafür dankbar sein, daß er auch in diesem Jahr unsere Reben wieder gesegnet hat, damit sie reif, voll und süß wurden. Wir haben sie geerntet, und er hat ihren Saft wiederum in jenes wunderbare Getränk verwandelt, das für uns alle das sicherste Unterpfand für Freude, Fröhlichkeit und Zufriedenheit ist.

Darum lassen Sie uns den Weingott nicht enttäuschen: Begehen wir diesen Tag, wie schon unsere Vorfahren ihn begingen, froh und dankbar, weil sie etwas hatten, das ihr Herz erfreute: unseren herrlichen Wein.

Beispiel einer berühmten Rede

Ich habe einen Traum (Martin Luther King)

Diese Rede wurde am 28. August 1963 vor dem Lincoln Memorial in Washington, D. C., vor über 200 000 Zuhörern gehalten.

„Ich freue mich, heute mit euch zusammen an einem Ereignis teilzunehmen, das als die größte Demonstration für die Freiheit in die Geschichte unserer Nation eingehen wird.

Vor hundert Jahren unterzeichnete ein großer Amerikaner, in dessen symbolischem Schatten wir heute stehen, die Emanzipationsproklamation. Dieser bedeutende Erlaß war ein großes Leuchtfeuer der Hoffnung für Millionen von Negersklaven, die von den Flammen vernichtender Ungerechtigkeit gebrandmarkt waren. Er kam wie ein freudiger Tagesanbruch nach der langen Nacht ihrer Gefangenschaft. Aber hundert Jahre später ist der Neger immer noch nicht frei.

Beschreibung der augenblicklichen Situation

Hundert Jahre später ist das Leben des Negers immer noch verkrüppelt durch die Fesseln der Rassentrennung und die Ketten der Diskriminierung. Hundert Jahre später lebt der Neger auf einer einsamen Insel der Armut inmitten eines riesigen Ozeans materiellen Reichtums.

Hundert Jahre später schmachtet der Neger immer noch am Rande der amerikanischen Gesellschaft und befindet sich im eigenen Land im Exil. Deshalb sind wir heute hierher gekommen, um eine schändliche Situation zu dramatisieren.

In gewissem Sinne sind wir in die Hauptstadt unseres Landes gekommen, um einen Scheck einzulösen. Als die Architekten unserer Republik die großartigen Worte der Verfassung und der Unabhängigkeitserklärung schrieben, unterzeichneten sie einen Schuldschein, zu dessen Einlösung alle Amerikaner berechtigt sein sollten. Dieser Schein enthielt das Versprechen, daß allen Menschen – ja, schwarzen Menschen ebenso wie weißen – die unveräußerlichen Rech-

te auf Leben, Freiheit und den Anspruch auf Glück garantiert würden.
Es ist heute offenbar, daß Amerika seine Verbindlichkeiten nicht nachgekommen ist, soweit es die schwarzen Bürger betrifft. Statt seine heiligen Verpflichtungen zu erfüllen, hat Amerika den Negern einen Scheck gegeben, der mit dem Vermerk zurückgekommen ist: ‚Keine Deckung vorhanden.'
Aber wir weigern uns zu glauben, daß die Bank der Gerechtigkeit bankrott ist. Wir weigern uns zu glauben, daß es nicht genügend Gelder in den großen Stahlkammern der Gelegenheiten in diesem Land gibt.
So sind wir gekommen, diesen Scheck einzulösen, einen Scheck, der uns auf Verlangen die Reichtümer der Freiheit und die Sicherheit der Gerechtigkeit geben wird.
Wir sind auch zu dieser würdigen Stätte gekommen, um Amerika an die grimmige Notwendigkeit des Jetzt zu erinnern.
Jetzt ist nicht die Zeit, wo man sich den Luxus einer ‚Abkühlungsperiode' leisten oder die Beruhigungsmittel langsamen, schrittweisen Fortschritts einnehmen kann.

Aufforderung zur Veränderung

Jetzt ist es Zeit, die Versprechungen der Demokratie Wirklichkeit werden zu lassen.
Jetzt ist es Zeit, aus dem dunklen und trostlosen Tal der Rassentrennung aufzubrechen und den hellen Weg der Gerechtigkeit für alle Rassen zu beschreiten.
Jetzt ist es Zeit, unsere Nation aus dem Flugsand rassischer Ungerechtigkeiten zu dem festen Felsen der Brüderlichkeit emporzuheben.
Jetzt ist es Zeit, Gerechtigkeit für alle Kinder Gottes Wirklichkeit werden zu lassen.
Es wäre verhängnisvoll für diese Nation, wenn sie nicht die Dringlichkeit der gegenwärtigen Lage wahrnehmen würde. Dieser heiße Sommer der berechtigten Unzufriedenheit des Negers wird nicht zu Ende gehen, solange nicht ein belebender Herbst der Freiheit und Gerechtigkeit begonnen hat. 1963 ist kein Ende, sondern ein Anfang. Wer hofft, der Neger werde jetzt zufrieden sein, nachdem er Dampf abge-

lassen hat, wird ein böses Erwachen haben, wenn die Nation wieder weitermacht wie vorher.

Es wird weder Ruhe noch Rast in Amerika geben, bis dem Neger die vollen Bürgerrechte zugebilligt werden. Die Stürme des Aufruhrs werden weiterhin die Grundfesten unserer Nation erschüttern, bis der helle Tag der Gerechtigkeit anbricht. Und das muß ich meinem Volk sagen, das an der abgenutzten Schwelle der Tür steht, die in den Palast der Gerechtigkeit führt: Während wir versuchen, unseren rechtmäßigen Platz zu gewinnen, dürfen wir uns keiner unrechten Handlung schuldig machen. Laßt uns nicht aus dem Kelch der Bitterkeit und des Hasses trinken, um unseren Durst nach Freiheit zu stillen.

Wie kann die Veränderung erreicht werden?

Wir müssen unseren Kampf stets auf der hohen Ebene der Würde und Disziplin führen. Wir dürfen unseren schöpferischen Protest nicht zu physischer Gewalt herabsinken lassen. Immer wieder müssen wir uns zu jener majestätischen Höhe erheben, auf der wir physischer Gewalt mit der Kraft der Seele entgegentreten. Der wunderbare neue kämpferische Geist, der die Gemeinschaft der Neger erfaßt hat, darf uns nicht verleiten, allen Weißen zu mißtrauen. Denn viele unserer weißen Brüder – das beweist ihre Anwesenheit heute – sind zu der Einsicht gekommen, daß ihre Zukunft mit der unseren untrennbar verbunden ist. Sie sind zu der Einsicht gekommen, daß ihre Freiheit von unserer Freiheit nicht zu lösen ist. Wir können nicht allein marschieren. Und wenn wir marschieren, müssen wir uns verpflichten, stets weiter zu marschieren. Wir können nicht umkehren.

Es gibt Leute, die fragen diejenigen, die sich der Sache der Bürgerrechte verpflichtet fühlen: ‚Wann werdet ihr endlich zufriedengestellt sein?'

Wir können niemals zufriedengestellt sein, solange der Neger das Opfer der unaussprechlichen Schrecken polizeilicher Brutalität ist.

Wir können nicht zufriedengestellt sein, solange unsere müden Leiber nach langer Reise in den Motels an den Landstraßen und den Hotels der großen Städte keine Unterkunft finden.

Wir können nicht zufriedengestellt sein, solange die Bewegungsfreiheit der Neger in erster Linie darin besteht, von einem kleinen Getto in ein größeres zu geraten.
Wir können nicht zufriedengestellt sein, solange noch unsere Kinder ihrer Freiheit und Würde beraubt werden durch Zeichen, auf denen es heißt: ‚Nur für Weiße.'
Wir können nicht zufriedengestellt sein, solange der Neger in Mississippi nicht das Stimmrecht hat und der Neger in New York niemand hat, den er wirklich wählen möchte.
Nein, wir sind nicht zufriedengestellt, und wir werden nicht zufriedengestellt sein, bis das Recht strömt wie Wasser und die Gerechtigkeit wie ein mächtiger Strom.
Ich weiß wohl, daß manche unter euch hierhergekommen sind aus großer Bedrängnis und Trübsal. Einige von euch sind direkt aus engen Gefängniszellen gekommen. Einige von euch sind aus Gegenden gekommen, wo ihr aufgrund eures Verlangens nach Freiheit mitgenommen und erschüttert wurdet von den Stürmen der Verfolgung und polizeilicher Brutalität.
Ihr seit die Veteranen schöpferischen Leidens. Macht weiter und vertraut darauf, daß unverdientes Leiden erlösende Qualität hat. Geht zurück nach Mississippi, geht zurück nach Georgia, geht zurück nach Louisiana, geht zurück in die Slums und Gettos der Großstädte im Norden in dem Wissen, daß die jetzige Situation geändert werden kann und wird. Laßt uns nicht Gefallen finden am Tal der Verzweiflung.

So soll die Zukunft aussehen

Heute sage ich euch, meine Freunde, trotz der Schwierigkeiten von heute und morgen habe ich einen Traum. Es ist ein Traum, der tief verwurzelt ist im amerikanischen Traum.
Ich habe einen Traum, daß eines Tages diese Nation sich erheben wird und der wahren Bedeutung ihres Credos gemäß leben wird:
‚Wir halten diese Wahrheit für selbstverständlich: daß alle Menschen gleich erschaffen sind.'
Ich habe einen Traum, daß eines Tages auf den roten Hügeln von Georgia die Söhne früherer Sklaven und die Söhne

früherer Sklavenhalter miteinander am Tisch der Brüderlichkeit sitzen können.
Ich habe einen Traum, daß sich eines Tages selbst der Staat Mississippi, ein Staat, der in der Hitze der Ungerechtigkeit und Unterdrückung verschmachtet, in eine Oase der Freiheit und Gerechtigkeit verwandelt.
Ich habe einen Traum, daß meine vier kleinen Kinder eines Tages in einer Nation leben werden, in der man sie nicht nach ihrer Hautfarbe, sondern nach ihrem Charakter beurteilen wird.
Ich habe einen Traum ... Ich habe einen Traum, daß eines Tages in Alabama, mit seinen bösartigen Rassisten, mit einem Gouverneur, von dessen Lippen Worte wie ‚Intervention' und ‚Annullierung der Rassenintegration' triefen ..., daß eines Tages genau dort in Alabama kleine schwarze Jungen und Mädchen die Hände schütteln mit kleinen weißen Jungen und Mädchen als Brüder und Schwestern.
Ich habe heute einen Traum ... Ich habe einen Traum, daß eines Tages jedes Tal erhöht und jeder Hügel und Berg erniedrigt wird. Die rauhen Orte werden geglättet und die unebenen Orte begradigt.
Und die Herrlichkeit des Herrn wird offenbar werden, und alles Fleisch wird es sehen. Das ist unsere Hoffnung.

Steigerung vom persönlichen zur Gemeinschaft: vom ich zum wir

Mit dem Glauben kehre ich in den Süden zurück.
Mit diesem Glauben werde ich fähig sein, aus dem Berg der Verzweiflung einen Stein der Hoffnung zu hauen.
Mit diesem Glauben werden wir fähig sein, die schrillen Mißklänge in unserer Nation in eine wunderbare Symphonie der Brüderlichkeit zu verwandeln.
Mit diesem Glauben werden wir fähig sein, zusammen zu arbeiten, zusammen zu beten, zusammen zu kämpfen, zusammen ins Gefängnis zu gehen, zusammen für die Freiheit aufzustehen, in dem Wissen, daß wir eines Tages frei sein werden.
Das wird der Tag sein, an dem alle Kinder Gottes diesem Lied eine neue Bedeutung geben können: ‚Mein Land, von dir, du Land der Freiheit, singe ich. Land, wo meine Väter starben, Stolz der Pilger, von allen Bergen laßt die Freiheit

erschallen.‘ Soll Amerika eine große Nation werden, dann muß dies wahr werden.

So laßt die Freiheit erschallen von den gewaltigen Gipfeln New Hampshires.

Die Wiederholung als Stilmittel steigert den Gehalt der Botschaft

Laßt die Freiheit erschallen von den mächtigen Bergen New Yorks.

Laßt die Freiheit erschallen von den hohen Alleghenies in Pennsylvania.

Laßt die Freiheit erschallen von den schneebedeckten Rokky Mountains in Colorado.

Laßt die Freiheit erschallen von den geschwungenen Hängen Kaliforniens.

Aber nicht nur das, laßt die Freiheit erschallen von Georgias Stone Mountain.

Laßt die Freiheit erschallen von Tennessees Lookout Mountain.

Laßt die Freiheit erschallen von jedem Hügel und Maulwurfshügel Mississippis, von jeder Erhebung.

Laßt die Freiheit erschallen!

Wenn wir die Freiheit erschallen lassen – wenn wir sie erschallen lassen von jeder Stadt und jedem Weiler, von jedem Staat und jeder Großstadt, dann werden wir den Tag beschleunigen können, an dem alle Kinder Gottes – schwarze und weiße Menschen, Juden und Heiden, Protestanten und Katholiken – sich die Hände reichen und die Worte des alten Negro Spiritual singen können:

‚Endlich frei! Endlich frei! Großer allmächtiger Gott, wir sind endlich frei!‘“

(Aus: Hofmeister, Roman, Rhetorik-Handbuch der Redekunst, Weltbild Bücherdienst, Augsburg, 1990)

Die Rede von Martin Luther King besticht durch die einfache und klare Sprache. Die treffend gewählten Wörter und die verständlichen Satzstrukturen erleichtern das Lesen beziehungsweise das Zuhören.

Die häufige Wiederholung, hier bewußt als Stilmittel eingesetzt, bewirkt Eindringlichkeit. Die gleichartigen Satzanfänge, die sich wiederholenden gleichen Wörter unterstreichen

die Wichtigkeit, die diese Aussagen für die betroffene schwarze Bevölkerung der Vereinigten Staaten haben und die Dringlichkeit des Anliegens.
Der Aufbau ist im Sinne einer konsequenten Steigerung bis zum Höhepunkt angelegt.
Abstrakte Begriffe wie „Freiheit“ sind anhand nacherlebbarer Beispiele konkreter beschrieben. Dies weckt mit einer starken emotionalen Ansprache (Traum) Hoffnungen. Es weckt auch den Glauben an die Zukunft. Emotional stark besetzte Wörter wie „Neger“ und „schwarze Menschen“ wurden sehr bewußt gewählt. Martin Luther Kings Traum wurde als Vision dargestellt.
Der große Redner ist nie primitiv, nie drohend und nie einfältig geworden. Er blieb immer sehr differenziert und abwägend.

Vorbereitete Redegliederungen

Geburtstagsfeier eines Freundes

Rednerin: eingeladene Kollegin
Publikum: Festgesellschaft am Geburtstag
Redeziel: gratulieren, ehren
Stichwörter:

- herzlicher Glückwunsch im Namen aller Gäste
- gemeinsame Erlebnisse
  - Sommerreise vor 5 Jahren (erste Begegnung)
  - Autoreparatur vorgestern (letzte Begegnung)
  - dazwischen?
- wir freuen uns immer auf das Wiedersehen
- hoffentlich vor dem nächsten runden Geburtstag wieder ein Fest!
- auf Dein Wohl, Jean-Pierre

Rede zum eigenen 50. Geburtstag

Redner: Jubilar
Publikum: Festgesellschaft am Geburtstag
Redeziel: Stimmung heben, Denkimpulse geben
Stichwörter:

- herzliche Begrüßung
- Freude über Ihre Teilnahme am Fest
- was bedeuten 50 Jahre?
- besinnlich: Lebensmitte wohl überschritten
  - Vergangenheit klar, aber nicht mehr veränderbar
  - Zukunft unklar, aber veränderbar
- Dank für Begleitung im Leben
- insbesondere Dank an meine Frau
- laßt uns heute fröhlich feiern

Festessen eröffnen

Redner: Festveranstalter
Publikum: Gäste
Redeziel: eröffnen, Hebung der Stimmung
Stichwörter:
- herzlich willkommen
- wie kam es zum Fest?
- wer ist da? Gäste
- Ablauf, Programm
- Helfer im Hintergrund – danken
- ein wunderschönes Fest

Hochzeit

Redner: Vater der Braut
Publikum: Hochzeitsgäste
Redeziel: feiern, Stimmung heben
Stichwörter:
- Bezug zum Anlaß
- Verlust der Tochter
  Gewinn eines Schwiegersohnes
  (lachendes und weinendes Auge)
- Sinn der Ehe, was passiert da?
- viel Glück
- laßt uns anstoßen auf das Paar

Familienfest

Redner: ein Mitorganisator
Publikum: Familienangehörige
Redeziel: begrüßen, Ausdruck der Freude
Stichwörter:
- freudige Begrüßung
- nach 5 Jahren wieder ein Familientreffen
- fast alle sind gekommen (nicht selbstverständlich)
- nur ... konnte nicht kommen (im Krankenhaus; Brief verlesen)
- Ablauf
- Dank den Mitorganisatoren

Nachruf

Redner: Firmenvertreter
Publikum: Trauergemeinde
Redeziel: Trauer um einen tödlich verunglückten Mitarbeiter
Stichwörter:

- fassungslos
- was bedeutet dies für uns alle?
- Werdegang des Mitarbeiters
- seine menschlichen Qualitäten
- sein Einsatz und seine Loyalität
- Tragik des Unfalls
- der große Verlust – großer Schmerz
- wenigstens materiell können wir der Familie beistehen
- wir trauern
- wir werden ihn in ehrender Erinnerung behalten

Richtfest auf der Baustelle

Redner: Bauherr
Publikum: Handwerker, Planer, Architekt, Familie
Redeziel: Danksagung
Stichwörter:

- Begrüßung
- Wie kam ich auf die Idee, hier und so zu bauen?
- Planungsphase
- Beginn auf der Baustelle
- Schwierigkeiten des Bauherren
- der Schweiß hat sich gelohnt – schöner Rohbau
- herzlichen Dank für Ihre Arbeit
- Dank auch der Familie für Verständnis (– bauen war nicht nur Hobby, sondern fast Vollzeitstelle)
- fröhliches Fest wünschen

Grillparty in der Wohnsiedlung

Redner: Organisator
Publikum: Nachbarinnen und Nachbarn
Redeziel: feiern, gute Nachbarschaft vertiefen
Stichwörter:

- Begrüßung
- 2. Fest – bereits Tradition?
- Tradition soll unsere gute Nachbarschaft haben
- Traditionen muß man pflegen
- Sinn der Grillparty
- Episoden aus dem vergangenen Jahr
- Dank an das Festkomitee
- auf eine weiterhin gute Nachbarschaft

Eröffnung der Vereinsversammlung

Redner: Präsident
Publikum: Vereinsmitglieder
Redeziel: einstimmen und eröffnen
Stichwörter:

- Begrüßung
- Freude: 15 Neumitglieder heute da, über 80 bisherige Mitglieder
- Grund, warum wir uns genau hier treffen
- Tagesordnung – Abänderungsanträge?
- Dank für die rege Teilnahme
- gute Heimkehr

Austritt aus dem Vereinsvorstand

Rednerin: Vorstandsmitglied
Publikum: Vereinsmitglieder bei der Versammlung
Redeziel: Dank und Verabschiedung
Stichwörter:

- Begrüßung
- Dank für das erwiesene Vertrauen
- heute starke berufliche Belastung – Rücktritt

- Rückschau auf schwere und schöne Zeiten
- gute Erinnerungen überwiegen
- Freude, daß eine Nachfolgerin gefunden wurde
- Verabschiedung

Mitgliederwerbung

Redner: Vorstandsmitglied
Publikum: Teilnehmerinnen und Teilnehmer einer Vereinsveranstaltung
Redeziel: gewinnen für eine Mitgliedschaft
Stichwörter:
- Begrüßung
- Ihr Besuch zeigt Interesse
- wer informiert sein will, muß dabei sein
- wer mitgestalten will, muß dabei sein
- wer mitentscheiden will, muß dabei sein
- eine Mitgliedschaft ist nötig
- Ihr Nutzen der Mitgliedschaft
- melden Sie sich an
- bisherige Mitglieder: Guter Entscheid
- werben Sie Neumitglieder: Zusammen sind wir stark

Preis übergeben an eine Kommission

Redner: Vertreter des Vereinsvorstandes
Publikum: Vereinsmitglieder
Redeziel: ehren, danken, Preis übergeben
Stichwörter:
- Auftrag an die Kommission
- Ergebnis der Arbeiten
- Würdigung der Resultate
- bereits erste Wirkungen/Erfolge
- begründen, warum der Vorstand einen Preis verleiht
- Preis überreichen

Eine Veranstaltung eröffnen

Redner: Veranstaltungsleiter
Publikum: Teilnehmerinnen und Teilnehmer der Veranstaltung
Redeziel: einstimmen auf den Abend
Stichwörter:
- Begrüßung
- Nutzen des Abends
- Ablauf und Organisatorisches
- wer referiert?
- laßt uns beginnen
- viel Spaß

Eröffnung einer lokalen Ausstellung

Redner: Präsident des Organisationskomitees
Publikum: Ausstellerfirmen, Pressevertreter
Redeziel: begrüßen, informieren, eröffnen
Stichwörter:
- Begrüßung
- Bedeutung der Herbstausstellung
- wer ist vertreten?
- Highlights
- Rahmenprogramm
- Zunahme gegenüber dem Vorjahr (plus 12 Prozent!)
- Tendenz erfreulich
- Aussteller: richtig, daß Sie präsent sind
- Wunsch: viel Erfolg und zahlreiche Besucher
- ich eröffne hiermit die fünfte Herbstmesse

Begrüßung einer neuen Mitarbeiterin

Redner: Direktvorgesetzter
Publikum: Mitarbeiterinnen und Mitarbeiter der Abteilung
Redeziel: begrüßen, gegenseitig kennenlernen
Stichwörter:
- herzlich willkommen, Frau Roth
- Freude und „wir warten auf Sie“

- Aufgabe und Funktion von Frau Roth
- wer sind Ihre neuen Kolleginnen und Kollegen
- Frau Roth: Ihnen ist sicher ein wenig flau zumute?
- wir unterstützen Sie
- viel Erfolg und Glück
- packen wir die Aufgaben an

Die neue Chefin stellt sich vor

Rednerin: Abteilungsleiterin
Publikum: Mitarbeiterinnen und Mitarbeiter
Redeziel: positive Grundstimmung schaffen, bekanntmachen
Stichwörter:

- Begrüßung
- Freude, bei Ihnen aufgenommen zu werden
- wer bin ich (privat)?
- mein beruflicher Werdegang
- unsere gemeinsamen Aufgaben
- welches Umfeld stelle ich mir vor (Team)?
- was können Sie tun?
- was trage ich bei?
- Freude auf gemeinsame Erfolge

Quartalsergebnis präsentieren

Redner: Abteilungsleiter
Publikum: Geschäftsleitung
Redeziel: informieren
Stichwörter:

- heutige Situation darstellen
- personell
- finanziell
- Produkte
- herausragende Verbesserungen
- Problempunkte
- Gesamtwürdigung
- Ausblick

Rede zur Jahresabschlußfeier

Redner: Geschäftsinhaber

Publikum: Mitarbeiterinnen und Mitarbeiter

Redeziel: danken für den Einsatz, motivieren

Stichwörter:

- wie war das laufende Jahr?
- Finanzresultate
- Qualitätsverbesserung der Produkte
- Neuorganisation Verkauf
- Administration: Neues EDV-System
- Daher: Jahresergebnis ist die Leistung aller!
- Dank dafür
- nächstes Jahr schwieriger (Konkurrenzsituation)
- wir haben gute Mitarbeiterinnen und Mitarbeiter sowie gute Produkte
- stellen wir uns den neuen Herausforderungen
- stoßen wir auf das neue Geschäftsjahr an

Einweihung eines neuen Produktionsgebäudes

Redner: Geschäftsführer

Publikum: Mitarbeiterinnen und Mitarbeiter der Firma, geladene Gäste

Redeziel: danken, motivieren

Stichwörter:

- Begrüßung insbesondere der Gäste
- Ausgangssituation vor 5 Jahren
- Unternehmensentwicklung
- Gründe für den Neubau
- die Idee und anschließende Euphorie
- die Umsetzung
- einige Zahlen
- Nutzen: Arbeitsplätze, Infrastruktur
- Zukunftsaussichten
- danken
- feierliche Eröffnung mit Schlüsselübergabe

Der 1 000. Diplomand

Rednerin: Schulungsleiterin eines Seminarveranstalters

Publikum: Kursteilnehmer, Pressevertreter, eigene Mitarbeiterinnen und Mitarbeiter

Redeziel: informieren, feiern, werben

Stichwörter:
- Grund der Zusammenkunft
- Feier verdient: harte Ausbildung
- heute 1 000. Absolvent
- zeigt Anerkennung im Markt
- wie kam es zur Ausbildung?
- anfängliche Widerstände und Schwierigkeiten (Episoden)
- und heute?
- wo sind ehemalige Diplomandinnen und Diplomanden tätig?
- Stolz auf das Erreichte
- Herausforderung an die Zukunft
- Einladung zum Aperitif und anschließenden Essen

Erfolgreicher Lehrabschluß

Redner: Lehrmeister

Publikum: Personen mit bestandener Lehre, übrige Mitarbeiterinnen und Mitarbeiter

Redeziel: informieren, feiern

Stichwörter:
- Grund der Zusammenkunft
- bereits bei der ersten Vorstellung gesehen: ein tüchtiger und fähiger Mitarbeiter
- Werdegang, Stationen schildern
- Zukunftsaussichten
- Freude über hervorragendes Prüfungsresultat
- Freude, daß er bei uns bleiben will/kann
- nächste Arbeitsstationen für ihn
- Anstoßen auf sein Wohl

Jubiläum einer lokalen Firma

Redner: geladener Lokalpolitiker
Publikum: eingeladene Gäste zum Jubiläum
Redeziel: gratulieren, Wohlwollen schaffen
Stichwörter:

- Gratulation im Namen der Gemeinde
- warum bin ich da?
- Art der Zusammenarbeit/Berührungspunkte
- Bedeutung für die Region
- Weltprodukte
- lokale Arbeitsplätze (speziell auch Ausbildung)
- Steuereinnahmen
- im Betrieb ist Erfolg spürbar
- umsichtige Leitung durch die Führung
- kleines Präsent übergeben

Gründung eines Hortes für Kleinkinder

Redner: eine der Initiatorinnen für einen Kleinkinderhort
Publikum interessierte Mütter
Redeziel informieren, zur Anmeldung des eigenen Kindes in den Hort motivieren
Stichwörter:

- Probleme der berufstätigen Mutter
- bisher keine Tageshorte für Kleinkinder
- Neu: Hort „Kinderburg"
- Initiatorinnen vorstellen
- Organisation
- die Vorteile für Sie als Mutter
- Ihre Beteiligung (Mithilfe, Geld)
- Handlungsaufforderung

Zitate, Sprichwörter und Redensarten

Was nützt eine eigene Sammlung?

Gut ausgewählte Zitate würzen eine Rede

Ein gutes Zitatenhandbuch, das auch Sprichwörter und Redensarten enthält, oder eine eigene Sammlung gehört in die Bibliothek eines jeden Redners. Wenn Sie selbst aus Zeitungen, Vorträgen oder Gesprächen kernige Aussagen sammeln, können diese auf kleinen Karteikarten notiert und in einem Karteikasten thematisch abgelegt werden. Wer einen Computer besitzt, kann dies selbstverständlich auch hier eintippen und hat damit später einen schnelleren Zugriff auf seine gesamte Sammlung. Wählen Sie Themenkreise, über die Sie später auch sprechen werden.
Die Zitate, Sprichwörter oder Redensarten können später in Ihren Vortrag eingebaut werden. Seien Sie allerdings sparsam in der Verwendung, denn die Zuhörer wollen Sie hören. Die Zuhörer wollen, daß Sie denken, und nicht, daß Sie denken lassen. Schmücken Sie sich auch nicht mit fremden Federn, wenn Sie Zitate verwenden, sondern nennen Sie die Autoren.

Die Politik im Spiegel von Persönlichkeiten

Gerade Politiker müssen agieren, sich behaupten, überzeugen und durchsetzen. Es wundert daher nicht, daß über Politiker und die Politik zahlreiche Zitate existieren. Eine große Zahl von humoristischen bis äußerst abschätzigen Zitaten wurde dabei von Politikern über „den Politiker" geschrieben. Nachfolgend eine kleine Sammlung:

- Regieren ist keine Sache für Leute von Charakter und Erziehung. (Aristophanes)
- Keine Politik ist besser als die Ziele, die sie sich setzt. (Henry Kissinger)

So viele Menschen, so viele Meinungen zu Politik und Politikern

- Politik ist ein Gespräch, kein logischer Disput. (Michael Oakeshott)
- Der gerade Weg in der Politik ist der meistens unpassierbare. (Harold MacMillan)
- Jeder Arzt und jeder Politiker hat seine Lieblingsdiagnose. (Benjamin Disraeli)
- Es ist ein Unsinn, Türen zuzuschlagen, wenn man sie angelehnt lassen kann. (J. William Fulbright)
- In der Politik bleibt nichts geheim, außer dem, was öffentlich gesagt wird. (Dean Rusk)
- Die Gründe der Regierung kenne ich nicht, aber ich muß sie mißbilligen. (Julius Kell, sächsischer Abgeordneter 1849)
- Der Politiker denkt an die nächsten Wahlen, der Staatsmann an die nächste Generation. (William Gladstone)
- Es kann sein, daß ein Politiker manchmal seine Meinung ändern muß, aber dann bleiben ihm auch die Rückwirkungen nicht erspart. (Franz Josef Strauß)
- Ein Politiker ist ein Mensch, der das in Ordnung zu bringen versucht, was ohne ihn gar nicht erst in Unordnung geraten wäre. (Dr. Dr. Dresbach)
- Minister fallen wie Butterbrote: gewöhnlich auf die gute Seite. (Ludwig Börne)
- Am schwersten verdaulich sind meistens die Sätze, die man selbst einmal gesagt hat. (Harold Macmillan)
- Politiker sind die einzigen Menschen auf der Welt, die soviel reden und dabei soviel verschweigen können. (Michael Pfleghaar)
- Was manche Politiker nicht im Kopf haben, haben sie im Kehlkopf. (Peter Handke)
- Erstaunlich viele Politiker suchen den besten Kopf ihres Landes vor dem Spiegel. (Saul Seinberg)
- Wer dem politischen Gegner eine Sympathie für Schweinerei andichten will, ist selbst ein Schwein. (Willy Brandt)
- Semper aliquid haeret – Irgendwas bleibt immer hängen. (Plutarch?)
- Politiker sollten so ehrliche Leute sein, daß man jederzeit ein gebrauchtes Auto von ihnen kaufen könnte. (Thornton Wilder)

Manches ist ernstgemeint, manches wohl nicht

- Der größte Staatsmann ist derjenige, welcher der humanste ist. (Anselm Feuerbach)
- Wer in der Politik seinen Charme einsetzt, nimmt anderen die Möglichkeit, ihren Verstand zu gebrauchen. (Hermann Höcherl)
- Ein kluger Politiker begnügt sich mit dem Erfolg und verzichtet auf den Triumph. (Pietro Quaroni)
- Medio tutissimus ibis – In der Mitte wirst du am sichersten gehen. (Ovid)
- Die Politik ist eine Bühne, auf der die Souffleure manchmal lauter sprechen als die Darsteller. (Ignazio Silone)
- Unter Politik verstehen manche Leute die Kunst, Brände zu löschen, die sie selbst gelegt haben. (Lawrence Durrell)
- Jedes Volk hat diejenige Regierung, die es verdient. (Joseph de Maistre)
- Nur in der Politik ist es möglich, arglistig und gut zugleich zu sein. (André Malraux)
- Die Politik ist keine exakte Wissenschaft. (Otto von Bismarck)
- Es gibt welche, die für die Politik leben, und solche, die von ihr leben. (Max Weber)
- Je höher der Mensch steht, um so stärkere Schranken hat er nötig, welche die Willkür seines Wesens bändigen. (Gustav Freytag)
- In der Politik sollte man weniger versuchen, neue Gelegenheiten zu schaffen, als die sich bietenden zu nützen. (François VI., Duc de La Rochefoucauld)
- In der Politik können nicht alle Probleme gelöst werden. Manchmal reicht es aus, wenn man sie zerredet. (Roger Peyrefitte)
- Ich weiß, daß man sich in der Politik die Hände nicht aussuchen kann, die man schütteln muß. (Franz Josef Strauß)
- Politik verdirbt den Charakter. (Bernhard Brigl, 1881, in der „Täglichen Rundschau“)
- Der Minister des Äußern/Kann sich nicht äußern;
Der Minister des Innern/Kann sich nicht erinnern;
Der Minister des Krieges/Ist nicht der des Sieges;

Nach dem Minister der Finanzen/Muß alles tanzen.
(Franz Grillparzer)

- Politiker werden nach ihrer Standfestigkeit beurteilt; leider beharren sie deshalb auf ihren Irrtümern.
(Oscar Wilde)

Zitate und Sprichwörter

Haben Sie Ihre Zitate, Sprichwörter und Redensarten auf dem Computer in einer Datenbank gespeichert, können Sie später auf jedes beliebige Stichwort zugreifen und so die treffende Aussage finden. Die nachfolgenden Beispiele sind alphabetisch geordnet.

Alle Dinge ...

- Alle Dinge werden zu einer Quelle der Lust, wenn man sie liebt. (Thomas von Aquin)
- Alle Sprache ist Bezeichnung der Gedanken.
(Immanuel Kant)
- Allem kann ich widerstehen, nur der Versuchung nicht.
(Oscar Wilde)
- Alles wanket, wo der Glaube fehlt.
(aus Schillers Schauspiel „Wallensteins Tod")
- Also lautet der Beschluß: daß der Mensch was lernen muß. (Wilhelm Busch, „Max und Moritz")
- Älter werde ich stets, niemals doch lerne ich aus.
(Solon, athenischer Dichter und Staatsmann)
- Andere Zeiten, andere Sitten. (Sprichwort)
- Anfangen ist leicht, beharren ist Kunst. (Sprichwort)
- Böse Zungen schneiden schärfer als Schwerter.
(Sprichwort)
- Angenehm ist am Gegenwärtigen die Tätigkeit, am Künftigen die Hoffnung und am Vergangenen die Erinnerung.
(Aristoteles)
- Auch ist ein Mann von Geschmack noch lange kein Kunstrichter. (Gotthold Ephraim Lessing)
- Auf den Bergen ist Freiheit.
(Friedrich von Schiller, „Die Braut von Messina")

- Auf vielen Grabsteinen sollte stehen: Gestorben mit 30, begraben mit 60.
(Herbert N. Cassons; Gründer Efficiency Club)
- Aus nichts wird nichts, das merke wohl, wenn aus dir was werden soll. (Matthias Claudius)

Beredsamkeit ...

- Beredsamkeit ist die Kunst, so von Dingen zu sprechen, daß jedermann gern zuhört. (Blaise Pascal)
- Besonnenheit ist die seidene Schnur, die durch die Perlenkette aller Tugenden läuft.
(Thomas Fuller, englischer Geistlicher)
- Besser ist's, man hat in der Jugend zu kämpfen, als im Alter. (Gottfried Keller)
- Bester Beweis einer guten Erziehung ist die Pünktlichkeit. (Gotthold Ephraim Lessing)
- Bildung ist das, was übrig bleibt, wenn wir vergessen, was wir gelernt haben. (George Savile Marquess of Halifax, englischer Staatsmann)
- Blicke in dich. In deinem Inneren ist eine Quelle, die nie versiegt, wenn du nur zu graben verstehst. (Marc Aurel)

Dankbarkeit ...

- Dankbarkeit ist das Gedächtnis des Herzens.
(Jean Baptiste Massieu, französischer Geistlicher)
- Das Gesetz ist der Freund des Schwachen.
(Friedrich von Schiller, „Die Braut von Messina“)
- Das größte Bedürfnis eines Staates ist das einer mutigen Obrigkeit. (Johann Wolfgang von Goethe, „Wilhelm Meister“)
- Das größte Vergnügen im Leben besteht darin, das zu tun, von dem die Leute sagen, du könntest es nicht. (Walter Bagehot, englischer Jurist und Wirtschaftsfachmann)
- Das Gute – dieser Satz steht fest – ist stets das Böse, das man läßt. (Wilhelm Busch, „Die fromme Helene“)
- Das Leben ist ein dorniger Rosenstock und die Kunst seine Blüte. (Georg Ebers, deutscher Ägyptologe)
- Das Leben läßt sich ohne Heiterkeit nicht denken. (Johann Wolfgang von Goethe, „Italienische Reise“)
- Das Publikum beklatscht ein Feuerwerk, aber keinen Sonnenaufgang. (Friedrich Hebbel)

- Das schönste an einem Feiertag ist die Aussicht auf einen zweiten. Daher ist der letzte stets ein Aschermittwoch. (Jean Paul)
- Das Träumen ist der Sonntag des Denkens. (Henri-Frédéric Amiel, Schweizer Philosoph)
- Das Vergnügen ist so nötig als die Arbeit. (Gotthold Ephraim Lessing)
- Das wird kein ganzer Kerl, der nie ein Rüpel war. (Otto Julius Bierbaum, deutscher Schriftsteller)
- De mortuis nil nisi bene – Über die Toten rede man nur Gutes! (Lateinische Grabinschrift)
- Dem Glücklichen schlägt keine Stunde. (Friedrich von Schiller)
- Dem grauen Scheitel fällt das Lernen schwer. (Emanuel Geibel)
- Dem Menschen fehlt es nicht an Stärke, sondern an Willensstärke. (Victor Hugo)
- Den Leib können sie töten, die Seele nicht. (Ulrich Zwingli, Schweizer Reformator)
- Denn es muß von Herzen gehen, was auf Herzen wirken soll. (Johann Wolfgang von Goethe)
- Denn was man schwarz auf weiß besitzt, kann man getrost nach Hause tragen. (Johann Wolfgang von Goethe)
- Der auf halbem Wege umkehrt, irrt nur um die Hälfte. (Sprichwort)
- Der Besitz macht uns nicht halb so glücklich, wie uns der Verlust unglücklich macht. (Jean Paul)
- Der bessere Teil der Tapferkeit ist Vorsicht. (William Shakespeare)
- Der Bürokrat tut seine Pflicht von neun bis eins. Mehr tut er nicht. (Karl Zeller, österreichischer Komponist, Operette „Der Obersteiger“)
- Der dich betrügt, ist nahe bei dir. (Sprichwort aus Zentralafrika)
- Der Handel ist die Schule des Betrugs. (Luc de Clapiers, Marquis de Vauvenargues, französischer Schriftsteller)
- Der hat keinen Geist, welcher den Geist sucht. (Friedrich Nietzsche)

- Der Hauptfehler eines Menschen bleibt, daß er so viele kleine hat. (Jean Paul)
- Der Langsamste, der sein Ziel nur nicht aus den Augen verliert, geht immer noch geschwinder als der, der ohne Ziel herumirrt. (Gotthold Ephraim Lessing)
- Der Mensch ist auch ein Federvieh, denn gar mancher zeigt, sobald er eine Feder in die Hand nimmt, was für ein Viech er ist. (Johann Nepomuk Nestroy)
- Der Mensch ist das Modell der Welt. (Leonardo da Vinci)
- Der Mensch ist die Medizin des Menschen. (Afrikanisches Sprichwort)
- Der Mensch muß das Gute und Große wollen. (Alexander von Humboldt)
- Der Mensch will brutto geliebt werden, nicht netto. (Friedrich Hebbel)
- Des Menschen Wille, das ist sein Glück. (Friedrich von Schiller, „Wallensteins Lager“)
- Der Tod ist der Beginn der Unsterblichkeit. (Maximilien de Robespierre)
- Der Wein erfindet nichts, er schwatzt's nur aus. (Friedrich von Schiller, „Die Piccolomini“)
- Des Schülers Kraft entzündet sich am Meister; doch schürt sein jugendlicher Hauch zum Dank des Meisters Feuer auch. (Emanuel Geibel)
- Die Aufmerksamkeit ist der Meißel des Gedächtnisses. (Gaston Duc de Lévis, französischer Aphoristiker)
- Die besten Ärzte der Welt sind: Dr. Diät, Dr. Ruhe und Dr. Fröhlich. (Jonathan Swift)
- Die Bürokratie ist es, an der wir alle kranken. (Otto von Bismarck)
- Die Eitelkeit ist die größte aller Schmeichlerinnen. (François VI., Duc de La Rochefoucauld)
- Die Familie ist das Vaterland des Herzens. (Giuseppe Mazzini, italienischer Freiheitskämpfer)
- Die Feder ist die Zunge des Geistes. (Miguel de Cervantes)
- Die gute Ehe ist ein ewiger Brautstand. (Theodor Körner)

- Diejenigen, die gehen, fühlen nicht den Schmerz des Abschieds. Der Zurückbleibende leidet. (Henry Wadsworth Longfellow, amerikanischer Schriftsteller)
- Die Liebe lebt von liebenswürdigen Kleinigkeiten, und wer sich eines Frauenherzens dauernd versichern will, der muß immer neu darum werben, der muß die Reihe der Aufmerksamkeiten allstündlich wie einen Rosenkranz abbeten. Und ist er fertig damit, so muß er von neuen anfangen. (Theodor Fontane)
- Die meisten Menschen benötigen mehr Liebe, als sie verdienen.
  (Marie von Ebner-Eschenbach, „Aphorismen")
- Die Menschen glauben den Augen mehr als den Ohren. Lehren sind ein langweiliger Weg, Vorbilder ein kurzer, der schnell zum Ziel führt. (Seneca)
- Die Menschen sind nicht immer, was sie scheinen.
  (Gotthold Ephraim Lessing, „Nathan der Weise")
- Die Muttersprache zugleich reinigen und bereichern ist das Geschäft der besten Köpfe.
  (Johann Wolfgang von Goethe)
- Die Musik drückt das aus, was nicht gesagt werden kann und worüber es unmöglich ist zu schweigen.
  (Victor Hugo)
- Die Natur des Geistes ist so geartet, daß uns der Wechsel meist mehr Erholung schafft als die Ruhe. (Ernst Freiherr von Feuchtersleben, österreichischer Schriftsteller)
- Die Sprache ist die Kleidung der Gedanken.
  (Samuel Johnson, englischer Schriftsteller)
- Die Wahrheit soll man sagen und dabei nicht viel Worte machen. (Demokrit, griechischer Philosoph)
- Die Welt will betrogen sein. (Sebastian Brant, elsässischer Dichter, „Das Narrenschiff")
- Die Zahl ist das Wesen aller Dinge. (Pythagoras)
- Die Zeit ist kurz, die Kunst ist lang.
  (Johann Wolfgang von Goethe, „Faust I")
- Die Zensur ist die jüngere von zwei schändlichen Schwestern, die ältere heißt Inquisition.
  (Johann Nepomuk Nestroy)

- Die Zunge ist das beste und böseste Glied zugleich. (Mittelhochdeutsches Sprichwort)
- Drei halten gut Freundschaft, wenn zwei nicht daheim sind. (Mittelhochdeutsche Volksweisheit)

Egoist ...

- Egoist: ein unfeiner Mensch, der für sich mehr Interesse hat als für mich. (Ambrose Bierce, amerikanischer Satiriker und Erzähler)
- Ein Ball ist eine Gesellschaft von Füßen, ein Gastmahl eine Gesellschaft von Mägen. Es gibt nicht viele Gesellschaften von Köpfen und noch weniger von Herzen. (Abraham Gotthelf Kästner, deutscher Mathematiker und Dichter, „Zweierlei Paroxysmen“)
- Ein ehrlich Handwerk hat einen gewissen Zins und ist ein Quellbrunn, da alle Tage etwas herausquillet. (Mittelhochdeutsche Volksweisheit)
- Ein einfacher Zweig ist dem Vogel lieber als ein goldener Käfig. (Chinesisches Sprichwort)
- Ein guter Rat in spaßiger Form ist besser als ernste Belehrung. (Baltasar Gracián y Morales, spanischer Schriftsteller und Philosoph)
- Ein gutes Benehmen ist wie ein vollendeter Faltenwurf. (Japanisches Sprichwort)
- Ein Hauptzug aller Pädagogen: unbemerkt führen. (Christian Morgenstern)
- Ein ganz klein wenig Süßes kann viel Bitteres verschwinden machen. (Francesco Petrarca)
- Ein jeder Wunsch, wenn er erfüllt, kriegt augenblicklich Junge. (Wilhelm Busch, „Schein und Sein“)
- Ein Kind ist eine sichtbar gewordene Liebe. (Novalis)
- Ein Leben ohne Feste ist wie ein langer Tag ohne Einkehr. (Demokrit, griechischer Philosoph)
- Ein Lehrer auf Schulen und Universitäten kann keine Individuen erziehen. Er erzieht bloß Gattungen. (Georg Christoph Lichtenberg)
- Ein Maitag ist ein kategorischer Imperativ der Freude. (Friedrich Hebbel)

- Ein Mensch kann nicht alles wissen, aber etwas muß jeder haben, was er ordentlich versteht. (Gustav Freytag)
- Ein Onkel, der Gutes mitbringt, ist besser als eine Tante, die bloß Klavier spielt. (Wilhelm Busch)
- Ein Sprichwort ist ein kurzer Satz, der sich auf lange Erfahrung gründet. (Miguel de Cervantes)
- Eine kleine Stelle, die du ganz erfüllst, ist ein Ehrenplatz, die größte, der du nicht genügst, ein Pranger.
  (Otto von Leixner, deutscher Dichter)
- Einen Menschen lieben heißt, ihn so zu sehen, wie Gott ihn gemeint hat. (Fjodor Michailowitsch Dostojewski, russischer Schriftsteller)
- Er hatte gar keinen Charakter, sondern wenn er einen haben wollte, mußte er immer erst einen annehmen. (Georg Christoph Lichtenberg)
- Erlaubt ist, was gefällt. (Johann Wolfgang von Goethe)
- Erobern ist leichter als regieren.
  (Jean-Jacques Rousseau)
- Erziehen heißt natürliche Anlagen entwickeln.
  (Fernando Galiani, italienischer Schriftsteller)
- Es bildet ein Talent sich in der Stille, sich ein Charakter in dem Strom der Welt. (Johann Wolfgang von Goethe)
- Es gibt Dinge, worin die Mittelmäßigkeit unerträglich ist: Dichtkunst, Tonkunst, Malerei und öffentliche Rede. (Jean de La Bruyère, französischer Schriftsteller)
- Es gibt keine andere vernünftige Erziehung, als Vorbild zu sein, wenn es nicht anders geht, ein abschreckendes. (Albert Einstein)
- Es gibt Leute, die halten den Unternehmer für einen räudigen Wolf, den man totschlagen müsse ...
  andere meinen, der Unternehmer sei eine Kuh, die man ununterbrochen melken kann.
  Nur ganz wenige sehen in ihm das Pferd, das den Karren zieht. (Winston Churchill)
- Es gibt Menschen, die begreifen jeden Widerspruch als einen Angriff auf ihre intellektuellen Fähigkeiten.
  (Fritz Kramer, deutscher Politiker)

- Es gibt Menschen, die sich immer angegriffen fühlen, wenn jemand eine Meinung ausspricht. (Christian Morgenstern)
- Es heißt nicht sterben, lebt man in den Herzen der Menschen fort, die man verlassen muß. (Samuel Smiles, englischer Schriftsteller)
- Es ist etwas anderes um eine erfahrene und geübte als alleine um eine gelesene Kunst. (Mittelhochdeutsche Volksweisheit)
- Es ist kein Kaufmann, der nicht Mäusedreck für indischen Pfeffer verkaufen kann. (Mittelhochdeutsches Sprichwort)
- Es ist kein Weg zu weit, wenn die Liebe treibt. (Sprichwort)
- Es ist mit der Liebe wie mit den Pflanzen: Wer Liebe ernten will, muß Liebe säen. (Jeremias Gotthelf)
- Es ist nicht Aufgabe der Kunst, die Natur zu kopieren, sondern sie auszudrücken. (Honoré de Balzac)
- Es ist nicht gut, daß der Mensch alleine sei; und besonders nicht, daß er alleine arbeite; vielmehr bedarf er der Teilnahme und Anregung, wenn etwas gelingen soll. (Johann Wolfgang von Goethe)
- Es kommt alles zutage, was man unter dem Schnee verbirgt. (Mittelhochdeutsche Volksweisheit
- Es kommt für alle Menschen eine Zeit, wo sie sich vor nichts mehr fürchten, als vor dem, was man in der Welt Vergnügen zu nennen pflegt. (Wilhelm Raabe)
- Es werden mehr Menschen durch Übung tüchtig als durch Naturanlagen. (Demokrit, griechischer Philosoph)

Feiner Spott ...

- Feiner Spott ist ein Dorn, der etwas von dem Duft der Blume konserviert hat. (Alfred d'Houdetôt, französischer Schriftsteller)
- Fische fängt man mit Angeln, Leute mit Worten. (Sprichwort)
- Fremde Fehler beurteilen wir als Staatsanwälte, die eigenen als Verteidiger. (Sprichwort aus Brasilien)
- Früh übt sich, was ein Meister werden will. (Friedrich von Schillers, „Wilhelm Tell")

- Für das Können gibt es nur einen Beweis: das Tun. (Marie von Ebner-Eschenbach)
- Fürchte den Bock von vorn, das Pferd von hinten und den Menschen von allen Seiten. (Russisches Sprichwort)

Gedanken ...

- Gedanken sind nicht stets parat, man schreibt auch, wenn man keine hat. (Wilhelm Busch)
- Gefühl ist alles. (Johann Wolfgang von Goethe, „Faust I“)
- Geizig in einem so zarten Alter! Andere Laster kann man verringern, dieses wächst. (Sophie Charlotte von Preußen über ihren 14jährigen Sohn Friedrich Wilhelm)
- Gescheite Leute sind immer das beste Konversationslexikon. (Johann Wolfgang von Goethe)
- Getretener Quark wird breit, nicht stark. (Johann Wolfgang von Goethe)
- Glück hat auf Dauer nur der Tüchtige. (Helmuth Graf von Moltke)
- Gott sei Dank, daß der Spaß nicht tot zu kriegen ist in dieser mürrischen Welt. (Wilhelm Raabe)

Hast du ...

- Hast du nicht Pfeile im Köcher, so mische dich nicht unter die Schützen wie der Roßdreck unter die Äpfel. (Mittelhochdeutsches Sprichwort)
- Hier wendet sich der Gast mit Grausen. (Friedrich von Schiller, „Der Ring des Polykrates“)

Ich bin bereit ...

- Ich bin bereit, überallhin zu gehen, wenn es nur vorwärts ist. (David Livingston, britischer Forschungsreisender)
- Ich wüßte nicht, wessen Geist ausgebreiteter wäre, ausgebreiteter sein müßte als der Geist eines echten Handelsmannes. (Johann Wolfgang von Goethe, „Wilhelm Meisters Lehrjahre“)
- Im Leben lernt der Mensch zuerst gehen und sprechen. Später lernt er dann, still zu sitzen und den Mund zu halten. (Marcel Pagnol, französischer Schriftsteller)
- Im neuen Jahre Glück und Heil,
Auf Weh und Wunden gute Salbe!
Auf groben Klotz ein grober Keil,

Auf einen Schelmen anderthalbe! (Johann Wolfgang von Goethe, „Sprüche in Reimen“)

- In dem Maße, wie der Wille und die Fähigkeit zur Selbstkritik steigen, hebt sich auch das Niveau der Kritik am anderen. (Christian Morgenstern, „Stufen“)
- Ist Geld die Braut, wird die Ehe selten gut. (Mittelhochdeutsche Volksweisheit)

Jammern ...

- Jammern ist der Gruß der Kaufleute. (Aus dem Phönizischen)
- Je älter man wird, je hastiger tritt sie einem auf die Hacken, die Zeit, die sogenannte. (Wilhelm Busch)
- Je mehr wir unsere Kinder lieben, desto weniger kann uns das genügen, daß sie nur in unsere Fußstapfen treten; sondern die Kinder sollten besser werden, als die Eltern waren, und so ein jedes heranwachsende Geschlecht sein erziehendes überragen zu seiner Zeit. (Friedrich Ernst Daniel Schleiermacher, deutscher Theologe und Philosoph)
- Je zahlreicher die Beamten sind, desto schwächer ist die Regierung. (Jean-Jacques Rousseau)
- Jemandem große Verbindlichkeiten schuldig sein, hat nichts Unangenehmes; denn die Dankbarkeit ist eine süße Pflicht. Nur kleine Verpflichtungen sind quälend. (Franz Grillparzer, „Aphorismen“)
- Jugend ist eine wunderbare Sache. Wie schade, daß sie an die Kinder verschwendet wird. (Georg Bernard Shaw)
- Jugend ist die Trunkenheit ohne Wein. (Johann Wolfgang von Goethe, „West-östlicher Divan“)

Kein Geist ...

- Kein Geist ist in Ordnung, dem der Sinn für Humor fehlt. (Samuel Taylor Coleridge, englischer Dichter)
- Kein Mensch darf sagen: Solches trifft mich nie. (Menander, griechischer Dichter)
- Kein Mensch ist unersetzbar in Geschäften. (Wilhelm von Humboldt)
- Kein tolleres Verseh’n kann sein, gibst einem ein Fest und lädst ihn nicht ein. (Johann Wolfgang von Goethe)

- Kinder und Narren reden die Wahrheit. (Sprichwort)
- Klug fragen können ist die halbe Weisheit. (Francis Bacon)
- Kraft ist die Materie der Stoffe. (Novalis)

Lachen ...

- Lachen ist ein Ausdruck relativer Behaglichkeit. (Wilhelm Busch)
- Laß die Zunge nicht schneller als die Gedanken sein! (Sprichwort)
- Leere Tonnen geben großen Schall. (Sprichwort)
- Lernen muß man mit dem ganzen Körper. (Johann Friedrich Oberlin, elsässischer Philanthrop)
- Lernst du wohl, wirst du gebratener Hühner voll, lernst du übel, mußt du mit der Sau zum Kübel. (Martin Luther, „Tischreden“)
- Leute, die sich die Finger verbrennen, verstehen nichts vom Spiel mit dem Feuer. (Oscar Wilde)
- Leute machen noch kein Volk. (Friedrich von Sallet)
- Liebe deinen Nachbarn, reiße aber den Zaun nicht ein. (Mittelhochdeutsche Volksweisheit)
- Liebe ist ein Glas, das zerbricht, wenn man es zu unsicher oder zu fest anfaßt. (Russisches Sprichwort)
- Liebe ist kein Solo. Liebe ist ein Duett. Schwindet sie bei einem, verstummt das Lied. (Albert von Chamisso)
- Liebe geht durch den Magen. (Sprichwort)
- Lieber der Erste hier als der Zweite in Rom. (nach dem römischen Schriftsteller Plutarch ein Wahlspruch Caesars)

Man bleibt ...

- Man bleibt jung, solange man noch lernen, neue Gewohnheiten annehmen und Widerspruch ertragen kann. (Marie von Ebner-Eschenbach)
- Man hat immer Trieb und Lust, vor fremden Türen zu kehren. (Johann Wolfgang von Goethe)
- Man lobt im Tode manchen Mann, der Lob im Leben nie gewann. (Freidank, mittelhochdeutscher Dichter)
- Man muß die Feste feiern, wie sie fallen. (Sprichwort)
- Man muß oft etwas Tolles unternehmen, um nur wieder eine Zeitlang leben zu können. (Johann Wolfgang von Goethe)

- Manchen Menschen fehlen nur einige Laster, um vollkommen zu sein. (Marie Marquise de Sévigné, französische Schriftstellerin)
- Manchmal muß man, um sich Gehör zu verschaffen, den Mund halten. (Stanislaw Jerzylec)
- Mehr Inhalt, weniger Kunst!
  (William Shakespeare, „Hamlet“)
- Melancholie ist das Vergnügen, traurig zu sein.
  (Victor Hugo)
- Mitwollende gibt's wenig, Mißwollende viel.
  (Johann Wolfgang von Goethe)
- Morgen, morgen! Nur nicht heute! Sprechen alle faulen Leute. (Christian Felix Weiße)

Nicht nur ...

- Nicht nur einen Tod gibt es. Der uns dahinrafft, ist nur der letzte. (Seneca)
- Nicht was schön ist, ist Mode, sondern was Mode ist, ist schön. (Sprichwort)
- Nichts ist so elend wie ein Mann,
  der alles will und nichts kann.
  (Matthias Claudius)
- Nie habe ich gefunden, daß der Mann, der das Spiel der Ebbe und Flut seiner Laune war, ein Mann von großem Geist gewesen wäre.
  (Karl Julius Weber, deutscher Jurist und Feuilletonist)
- Niemand kann mit Schlägen die Erziehung eines Kindes erzwingen. Den man zum ehrenwerten Menschen bilden kann, für den hat ein Wort dieselbe Wirkung wie ein Schlag. (Walther von der Vogelweide)
- Nirgends strapaziert sich der Mensch mehr als bei der Jagd nach Erholung.
  (Laurence Sterne, englischer Schriftsteller)
- Nur der ist wirklich tot, der keinen guten Namen hinterläßt. (Persisches Sprichwort)
- Nur die Wahrheit beleidigt. (Französisches Sprichwort)
- Nur wer wesentlich schweigen kann, kann wesentlich reden.
  (Sören Kierkegaard)

Pflicht ...

- Pflicht: Wo man liebt, was man sich selbst befiehlt. (Johann Wolfgang von Goethe, „Maximen und Reflexionen“)
- Pünktlichkeit ist die Kunst, richtig abzuschätzen, um wieviel sich der andere verspäten wird. (Moderne deutsche Erkenntnis)

Rasch tritt ...

- Rasch tritt der Tod den Menschen an; es ist ihm keine Frist gegeben. (Friedrich von Schiller, „Wilhelm Tell“)
- Regieren ist eine Kunst, keine Wissenschaft. (Ludwig Börne, deutscher Schriftsteller)
- Rotwein ist für alte Knaben eine von den besten Gaben. (Wilhelm Busch, „Abenteuer eines Junggesellen“)

Saure Wochen ...

- Saure Wochen, frohe Feste. (Johann Wolfgang von Goethe, „Der Schatzgräber“)
- Schlauheit ist die Kunst, eigene Fehler zu bergen und die Schwächen anderer bloßzulegen. (William Hazlitt, englischer Essayist)
- Schmeichelei ist eine falsche Münze, die ihren Kurswert nur durch unsere Eitelkeit erhält. (François VI., Duc de La Rochefoucauld)
- Schön ist eigentlich alles, was man mit Liebe betrachtet. (Christian Morgenstern)
- Schwatzen lernt man früher als zuhören. (Deutsches Sprichwort)
- Sei deines Willens Herr und deines Gewissens Knecht. (Marie von Ebner-Eschenbach, „Aphorismen“)
- So komme, was da kommen mag! Solange du lebest, ist es Tag. (Liebesgedicht von Theodor Storm)
- So mancher meint, ein gutes Herz zu haben, und hat nur schwache Nerven. (Marie Ebner-Eschenbach, „Aphorismen“)
- Spott ist der Dunst kleiner Herzen. (Alfred Lord Tennyson, englischer Dichter)
- Staunen ist der erste Schritt zu einer Erkenntnis. (Louis Pasteur, französischer Chemiker und Biologe)

Tadeln ...

- Tadeln ist leicht, deshalb tun es so viele. Mit Verstand loben ist schwer. (Anselm Feuerbach, deutscher Maler)
- Tätigkeit ist der wahre Genuß des Lebens, ja das Leben selbst. (August Wilhelm Schlegel)
- Tausend Dinge bewegen sich vorwärts, neunhundertneunundneunzig zurück; das ist der Fortschritt. (Henri-Frédéric Amiel, Schweizer Philosoph)
- Temperament ist ein vorzüglicher Diener, doch ein gefährlicher Herrscher. (Sprichwort)
- Tränen sind wie Perlen. Man weiß nie, ob sie echt sind. (Indonesische Volksweisheit)

Unsere Prinzipien ...

- Unsere Prinzipien dauern gerade so lange, bis sie mit unseren Leidenschaften oder Eitelkeiten in Konflikt kommen, und ziehen dann jedesmal den kürzeren. (Theodor Fontane)
- Unter den drei Lastern: Faulheit, Feigheit und Falschheit scheint das erste das verächtlichste zu sein. (Immanuel Kant)

Vaters Selbstbeherrschung ...

- Vaters Selbstbeherrschung ist für die Kinder die wirksamste Ermahnung. (Demokrit, griechischer Philosoph)
- Vernünftige Leute können viel tun. (Johann Wolfgang von Goethe, „Egmont“)
- Versprechen und halten ist zweierlei. (Sprichwort)
- Viele Spötter meinen, reich an Geist zu sein, und sind nur arm an Takt. (Georg Christoph Lichtenberg)
- Vom Leben muß man wie vom Mahle fortspazieren, dem Wirte danken und sein Bündel schnüren. (Voltaire)
- Vom Standpunkt der Jugend aus gesehen, ist das Leben eine unendliche lange Zukunft. (Arthur Schopenhauer)

Von Luft kann man nicht leben. (Sprichwort)

Was du ererbt ...

- Was du ererbt von deinem Vätern hast, Erwirb es, um es zu besitzen. (Johann Wolfgang von Goethe, „Faust I“)
- Was hilft mir die Weite des Weltalls, wenn meine Schuhe zu eng sind? (Amerikanisches Sprichwort)

- Was man ernst meint, sagt man am besten im Spaß. (Wilhelm Busch)
- Was nicht zusammen kann bestehen, tut am besten, sich zu lösen. (Friedrich von Schiller, „Die Jungfrau von Orléans“)
- Was nun andererseits die Menschen gesellig macht, ist ihre Unfähigkeit, die Einsamkeit, und in dieser sich selbst, zu ertragen. Innere Leere und Überdruß sind es, von denen sie sowohl in die Gesellschaft, wie in die Fremde und auf Reisen getrieben werden.
(Arthur Schopenhauer)
- Wenige Dinge auf Erden sind lästiger als die stumme Mahnung, die von einem guten Beispiel ausgeht.
(Mark Twain)
- Wenn du redest, dann muß deine Rede besser sein als dein Schweigen gewesen wäre. (Arabisches Sprichwort)
- Wenn ein Buch und ein Kopf zusammenstoßen, und es klingt hohl, ist das allemal im Buch?
(Georg Christoph Lichtenberg)
- Wer Butter vom Amt will, muß Milch auf den Dienstweg schicken. (Moderne deutsche Volksweisheit)
- Wer darf sagen, daß er an der Freude verzweifele, solang noch Arbeiten lohnen und Hoffnungen einschlagen? (Friedrich von Schiller)
- Wer die Jugend hat, hat die Zukunft.
(Napoleon I. bei der Geburt seines Sohnes)
- Wer einen ebenbürtigen Gegner überlebt, wird entdecken, daß ihm etwas fehlt. (Otto von Bismarck)
- Wer im Dienst des Staates reich wird, kann kein Mann von Charakter sein. Jeder Staat belohnt seine Diener so, daß sie anständig leben und höchstens einen Sicherheitspfennig sparen können, aber zu Reichtum kann es auf ehrenvolle Weise niemand bringen.
(Johann Gottfried Seume, deutscher Schriftsteller)
- Wer in Gegenwart von Kindern spottet oder lügt, begeht ein Verbrechen.
(Marie von Ebner-Eschenbach, „Aphorismen“)
- Wer Menschen beurteilt, hüte sich vor billigem Tadel und vor billigem Lob. (Konfuzius)

- Wer nicht Meister sein will, muß eben Gesell bleiben und Vorgesetzte haben sein Leben lang. (Gottfried Keller)
- Wer rastet, der rostet. (Sprichwort)
- Wer seiner eigenen Jugend nachläuft, wird sie nie einholen. (André Maureis, französischer Schriftsteller)
- Wer sein eigener Lehrmeister sein will, hat einen Narren zum Schüler. (Sprichwort)
- Wer sich auf die Fußspitzen stellt, steht nicht fest. (Lao-tse)
- Wer sich nicht selbst helfen will, dem kann niemand helfen. (Johann Heinrich Pestalozzi, Schweizer Pädagoge)
- Wer Urteilskraft in Geschäften zeigt, ist gescheit. Hat er dabei zugleich Witz, so heißt er klug. (Immanuel Kant)
- Wie fruchtbar ist der kleinste Kreis, wenn man ihn wohl zu pflegen weiß.
  (Johann Wolfgang von Goethe, „Xenien")
- Wie klein ist das, was einer ist, wenn man's mit seinem Dünkel mißt. (Wilhelm Busch)
- Wir können die Kinder nach unserem Sinn nicht formen. So wie Gott sie uns gab, so muß man sie haben und lieben; sie erziehen aufs beste und jeglichen lassen gewähren. (Johann Wolfgang von Goethe, „Thalia")
- Wo die Regenten schlecht sind, kommt schwerlich eine Nation in die Höhe, es mag soviel Tugendprediger geben als möglich.
  (Karl Ludwig von Knebel, deutscher Dichter)
- Wo Kinder sind, da ist ein goldenes Zeitalter. (Novalis)

Zeichnung ist ...

- Zeichnung ist Sprache für die Augen, Sprache Malerei für das Ohr. (Joseph Joubert, französischer Moralist)
- Zu weit ist ebenso falsch wie zu kurz. (Konfuzius)
- Zu wissen, wie man anregt, ist die Kunst des Lehrens. (Henri-Frédéric Amiel, Schweizer Philosoph)
- Zufall ist ein Wort ohne Sinn; nichts kann ohne Ursache existieren. (Voltaire)
- Zwei können wohl miteinander singen, aber nicht zugleich reden. (Mittelhochdeutsche Volksweisheit)
- Zynismus: ein Ding zu betrachten, wie es wirklich ist, nicht wie es sein sollte. (Oscar Wilde)

Redensarten

Redensarten sind sprachliche Bilder mit festliegender Bedeutung

Redensarten umschreiben ein Bild, blumig, wie der Volksmund etwas ausdrückt. Wenn Sie eine Vielzahl von Redensarten kennen, können Sie diese in Ihr Votum einflechten. Die nachfolgende Liste zeigt Ihnen, wie vertraut uns solche Redensarten sind – und wie wenig wir diese kraftvolle Sprache doch einsetzen. Ein Meister kraftvoller Ausdrücke seiner damaligen Zeit war der Schweizer Dichter Jeremias Gotthelf.

Redensart	Bedeutung
auf der Stelle treten	nicht vorwärts kommen
Bäume ausreißen können	sehr stark sein
Berge versetzen	Übermenschliches leisten
das ganze Theater	Beiwerk, unnötige Umstände
das Maul vollnehmen	angeben
Das wäre ja gelacht!	natürlich geht das!
Der Amtsschimmel wiehert	eine Behörde geht zu bürokratisch vor
einen Schnitzer machen	einen Fehler machen
ins Haus platzen	unerwartet kommen
etwas links liegen lassen	es nicht beachten
Ich rieche den Speck!	Ich erahne das Geheimnis.
in eine Zwickmühle geraten	aus einer Situation keinen Ausweg sehen
jemanden um den Finger wickeln	leicht beeinflussen können
jemanden vor den Kopf stoßen	jemanden kränken
klein beigeben	nachgeben
dicke Fische	große Verbrecher
leeres Stroh dreschen	Längstbekanntes wiederholen/ blabla reden
mit jemandem Pferde stehlen können	verläßlicher Kumpel sein

mit den Säbeln rasseln	mit Gewalt drohen
reinen Tisch machen	etwas aufräumen/abschließen
schöne Augen machen	flirten
Schwamm drüber	vergessen wir es
Sei kein Frosch!	Mach mit!
sich das Maul verbrennen	unüberlegt reden
sich die Finger verbrennen	zu weit gehen/sich schaden
sich aufs Ohr legen	sich schlafen legen
von langer Hand vorbereiten	sorgfältig/rechtzeitig vorbereiten
von sich reden machen	auf sich aufmerksam machen
vor die Hunde gehen	zuschanden werden/krepieren
vor Geld stinken	sehr reich sein
weiter im Text	wir wollen fortfahren
wer A sagt, muß auch B sagen	etwas fortsetzen/beenden
wie die Faust aufs Auge	nicht zusammenpassen
wie die Wilden	unbändig sein

Das Bild ist oft einprägsamer als die „Übersetzung“

Weitere Themen für das Selbsttraining

Wer noch immer zweifelt, daß gerade in der heutigen Zeit rhetorische Fertigkeiten eine viel größere Bedeutung erlangen, denke nur an folgende Situationen:

Gute Gründe, das Reden zu beherrschen

- Die heutigen komplexen Sachfragen in Betrieben und Staat können nur in enger Zusammenarbeit verschiedener Fachleute gelöst werden.
- Wir verfügen über immer mehr freie Zeit, Kommunikationszeit in der Ehe, Partnerschaft, Familie, Verein, Sportclub und anderen mehr.
- Die Produkte passen sich immer mehr unserer Konsum- und Überflußgesellschaft an. Die Kommunikation (Werbung, PR, Verkauf) nimmt daher an Bedeutung zu.
- Die hierarchische Autorität tritt im Geschäft, Staat, dem Verein, ja selbst im Militär immer mehr in den Hintergrund. Je länger und je öfter müssen Untergebene durch Gespräche überzeugt und motiviert werden.
- Bei Sitzungen und Besprechungen, Schulungen, Verhandlungen mit Kunden und Lieferanten und geselligen Reden wird kommuniziert.
- Die Wissenschaft und Forschung muß ihre neuesten Erkenntnisse in eine dem Bürger verständliche Sprache umsetzen können (Beispiele sind die Kernenergie, Gentechnologie).

Die nachfolgende Liste nennt einige Situationen, die rhetorisches Können verlangen. Die Themen eignen sich auch für ein Selbsttraining. Stellen Sie sich eine Aufgabe, indem Sie in einem Kurzvortrag das Thema vorstellen und prägnant dafür oder dagegen Stellung beziehen.

Firmenjubiläum

Ihre Firma feiert ein Betriebsjubiläum. Sie halten eine festliche Ansprache vor der Belegschaft.

Jubiläum des Fußballclubs

Der FC Schienbein besteht seit 15 Jahren. Sie nehmen an der Feier teil. Unerwartet fehlt der Präsident, und Sie sollen als Vizepräsident die Anwesenden begrüßen.

Feier im Schwimmbad

Das neue Wettkampfbecken im Schwimmbad der Gemeinde ist fertiggestellt worden. Sie halten eine kurze feierliche Ansprache vor den versammelten Badegästen.

Steuerliche Vergünstigung für Katalysatorautos

Sagen Sie uns, warum Sie für oder gegen die steuerliche Begünstigung der Katalysatorautos sind.

Wahlrechtsalter 16

Halten Sie bitte eine kurze Meinungsrede für oder gegen die Herabsetzung des Stimm- und Wahlrechtes auf 16 Jahre.

Nutzung der Wasserkraft – Naturschutz

Zahlreiche Leute sind gegen eine weitere Nutzung der Wasserkraft. Sie haben Angst, schützenswerte Landschaften würden zerstört. Erklären Sie uns, warum Sie für oder gegen den Bau weiterer Wasserkraftwerke sind.

Verschiebung der Polizeistunde um eine Stunde

Soll in (einzelnen) Restaurants Ihrer Gemeinde die Polizeistunde während der Sommermonate generell um eine Stunde verlegt werden?

Kürzung der landwirtschaftlichen Subventionen

Sollen die landwirtschaftlichen Subventionen gestrafft und gekürzt werden?

Fristlose Kündigung des Fußballtrainers

Nach zahlreichen internen Ungereimtheiten beschließt der Vorstand, dem Trainer fristlos zu kündigen. Anläßlich der GV, die abschließend urteilen muß, vertreten Sie die Meinung des Vorstandes. Argumentieren Sie.

Straffreiheit für weiche Drogen

Sollen Konsumenten weicher Drogen (vorher definieren) straffrei bleiben?

Vorgeschlagen als Präsident des Ortsvereins

Sie wurden überraschend an der Generalversammlung des Ortsvereins als Präsident vorgeschlagen. Der offizielle Kandidat ist äußerst umstritten, daher werden Sie spontan vorgeschlagen. Nehmen Sie Stellung zu diesem Vorschlag im zustimmenden oder ablehnenden Sinn.

Danksagung

Die Frau eines zurücktretenden Geschäftsleitungsmitgliedes soll gewürdigt werden.

Hochzeit

Ihr bester Freund (beziehungsweise Ihre Freundin) heiratet. Im Rahmen der Begrüßung sollen sich alle Gäste selbst kurz vorstellen und sagen, wie sie zum Brautpaar stehen oder woher sie es kennen (maximal eine Minute).

Die Eröffnung einer Brücke

Über den Bach in Ihrem Ort wird ein Steg für die Fußgänger eröffnet. Sie sollten vor dem Durchschneiden des Bandes einige Worte an die anwesenden Festbesucher und Journalisten richten.

Dank für die Betriebstreue

Anläßlich eines Firmenfestes kommen fünf Mitarbeiter auf die Bühne, die je über 30 Jahre im Betrieb gearbeitet haben. Danken Sie ihnen im Namen der Geschäftsleitung für die Betriebstreue.

Turnhallenerweiterung

Die örtliche Turnhalle ist erweitert worden. Als Behördemitglied fällt die Ansprache in Ihr Ressort. Die Besucher erwarten von Ihnen eine kurze Ansprache.

Ausstellung

In Ihrer Ortschaft ist eine Ausstellung zum Thema X eröffnet worden. Heißen Sie die Teilnehmer im Namen des Veranstalters willkommen, und geben Sie eine kurze Einführung in die Ausstellung.

Beförderung
In Ihrem Kleinbetrieb wird ein Mitarbeiter zum Prokuristen befördert. Im Rahmen eines kleinen Aperitifs sprechen Sie einige Worte.

Klassentreffen
Sie haben nach Jahren ein Klassentreffen organisiert. Vor dem Abendessen sprechen Sie als Organisator der Veranstaltung zu Ihren ehemaligen Mitschülerinnen und Mitschülern.

Verbesserungsvorschlag
Anläßlich einer Betriebsratssitzung tragen Sie einen konkreten Verbesserungsvorschlag vor.

Selbständigkeit
Ein Arbeitskollege macht sich selbständig. Anläßlich des Abschiedsaperitifs würdigen Sie den bisherigen Einsatz für die Firma.

Grundsteinlegung
Für das neue Schulhaus erfolgt heute der erste Spatenstich. Vor Pressevertretern und Besuchern sprechen Sie als Bürgermeister einige Worte über die Bedeutung dieses Anlasses für Ihre Gemeinde.

Geburtstag
Ihre Tochter feiert ihren zwanzigsten Geburtstag. Sie halten eine kleine Ansprache.

Silvester
Bald ist es Mitternacht. Als Gastgeber des Silvesterballes sagen Sie etwas.

Abschlußprüfung
Ihr Sohn hat eine Prüfung bestanden und zur Feier einige Freunde zum Essen eingeladen. Sie bedanken sich.

Betriebsausflug
Sie sind Chef einer kleinen Firma und begrüßen die Mitarbeiter vor dem Reisebus zum Betriebsausflug ins Blaue.

Taufe
Sie sind Pate/Patin geworden. Anläßlich des Taufessens sprechen Sie einige Worte zu den Anwesenden.

Turnverein-Grillfest
Ihr Turnverein feiert das jährliche Grillfest. Als TV-Präsident begrüßen Sie die Anwesenden.

Internationale Konferenz
Sie begrüßen die Konferenzteilnehmer Ihrer Organisation.

Pressekonferenz
Ihre Firma hat eine maßgebliche Erweiterung vollzogen. Die anwesenden Presseleute begrüßen Sie zu einem Betriebsrundgang.

Ist der heutige Strafvollzug reformbedürftig?
Welches ist der Auftrag der Strafvollzugsbehörde? Nimmt sie ihn genügend wahr? Wenn nein, wie könnte dies verbessert werden?

Sind politische Parteien nötig?
Welches ist der Sinn und die Existenzberechtigung der Parteien? Wo findet beziehungsweise sollte die Willensbildung stattfinden?

Entvölkerung der Berggebiete
Noch immer hält die Entvölkerung der Berggebiete an. Welches könnten die Ursachen sein, und welche Bekämpfungsmöglichkeiten würden sich gegebenenfalls bieten?

0,0 Promille
Das Blaue Kreuz hat Sie als Gastreferenten eingeladen, um über das Problem der Promillegrenze zu sprechen. Äußern Sie kurz Ihre grundsätzlichen Überlegungen.

Vorbilder
Sie werden von einem Lehrling in einer Diskussion plötzlich gefragt, was eigentlich Vorbilder seien. Welche Funktion hätten sie zu übernehmen? Was sehen Sie positiv, was negativ?

Fünf-Tage-Woche in der Schule

Anläßlich einer Elternversammlung wird in der anschließenden Diskussion die Frage nach der Fünf-Tage-Woche gestellt. Pro und Contra sind bereits diskutiert worden. Sie nehmen, da Sie persönlich angesprochen wurden, Stellung.

Kirchenaustritt

„Warum trittst du (nicht) aus der Kirche aus?" werden Sie von Ihrem Patenkind, das kurz vor der Konfirmation steht, gefragt. Nehmen Sie Stellung.

Spitzensport = Spritzensport

Ist der heutige Leistungssport schädlich und ungesund? Hat er den Vorbildcharakter für die Jugend verloren?

Kirche

Soll sich die Kirche politisch engagieren? Engagiert sich die Kirche bereits politisch? Wenn ja, wo und wie?

Eigener Geburtstag

An Ihrem eigenen Geburtstag überreichen Ihnen Kollegen ein Geschenk, für das sie sich bedanken.

Versammlung der Wohnungseigentümer

Sie halten in der Versammlung ein Plädoyer für/gegen den geplanten gemeinsamen Kinderspielplatz.

Abteilungssitzung

Sie präsentieren die neuen Budgetzahlen für das kommende Geschäftsjahr auf der Abteilungssitzung.

Geburtstag der Großmutter

Ihre Mutter wird 70. Anläßlich der Feier halten Sie als Tochter/Sohn eine Laudatio.

„Wir amüsieren uns zu Tode"

Stimmt dieser Buchtitel, der den Fernsehkonsum kritisch beleuchtet? Wenn ja, inwiefern? Warum nicht?

Politik in der Schule?

Soll im Schulunterricht ein Fach „Politik" eingeführt werden. Erläutern Sie Ihre Meinung.

Könnten Museen attraktiver gestaltet werden?
Zahlreiche Museen klagen über schwindende Besucherzahlen. Was könnten Ursachen und Bekämpfungsmaßnahmen sein?

Ist der Höhepunkt des Wohlstandes überschritten?
Wer den Prognosen des Club of Rome glauben will, wird dem zustimmen. Tun Sie dies auch? Argumentieren Sie.

Groß-/Kleinschreibung
Sie sind Schulpfleger und machen einen Schulbesuch. Die Schüler schreiben während der Stunde ein Diktat. Anschließend kommt es zu einem Gespräch zwischen Ihnen und den etwa 16jährigen Schülern, und Sie werden nach Ihrer Meinung zur Groß- und Kleinschreibung gefragt.

Ist das Pensionierungsalter richtig gesetzt?
Im Moment wird die Pensionsgrenze wieder diskutiert. Anläßlich einer Parteiversammlung werden Sie gefragt, wie Sie überhaupt zu diesem ganzen Fragenkomplex stehen.

Mein Verhalten gegenüber Invaliden
Ist unsere Gesellschaft invalidenfeindlich? Behandeln Sie das Thema aus Ihrer persönlichen Sicht.

Ist die Schweiz noch eine Demokratie?
Nach dem Mittagessen mit Kollegen kommt dieses Gesprächsthema. Begründen Sie Ihre Meinung.

Alte Menschen – einsame Menschen?
Sind Alter und Einsamkeit siamesische Zwillinge? Anläßlich eines Veranstaltungszyklus des lokalen Frauenvereines werden Sie als Zuhörer in einer Diskussionsrunde plötzlich um Ihre Ansicht gefragt. Nehmen Sie konkret Stellung.

Was braucht der Mensch, um glücklich zu sein?
Erläutern Sie rezeptartig die für Sie wichtigsten Punkte.

Horoskope – alles Bluff ?!
Was taugen Horoskope? Wer kann Sie erstellen und interpretieren? Diese Fragen stellt Ihnen Ihr schulpflichtiges Patenkind.

Literaturverzeichnis und Kopiervorlagen

Literaturverzeichnis

Ammelburg, Gerd: Die Rednerschule, Econ Taschenbuch Verlag GmbH, Düsseldorf, 1985

Bauer, Georg: Rhetorik. Eine Anleitung für Rede, Gespräch, Verhandlung und Diskussion, Friedrich Kiehl Verlag GmbH, Ludwigshafen, 1982

Bertschi, J. J.: Erfolgreich reden, Verlag für Sprache und Wort, Wettswil, 1980

Beyer, Horst & Annelie: Sprichwörterlexikon, C.H. Beck, München, 1985

Blum, Karl: Rhetorik für Führungskräfte, Verlag Moderne Industrie, Landsberg am Lech, 1991

Boylan, Bob: Bring's auf den Punkt!, mvg verlag, München, 1988

Bredemeier, Karsten: Fernsehtraining. Erfolg vor der Kamera, Orell Füssli Verlag, Zürich, 1993

Breitenstein, Rolf: Die wirksame Rede, Wilhelm Heyne Verlag, München, 1983

Bulitta, Erich & Hildegard: Wörterbuch der Synonyme & Antonyme, Krüger Verlag, Frankfurt am Main, 1983

Dachrodt, Heinz-Günther: Erfolgreiche Reden und Ansprachen, Bund-Verlag GmbH, Köln, 1992

Ebel, Hans F.: Vortragen in Naturwissenschaft, Technik und Medizin, VCH Verlagsgesellschaft, Weinheim, 1992

Ebeling, Peter: Das große Buch der Rhetorik, Verlag Buch und Wissen GmbH, o.O., 1988

Fast, Julius: Körpersprache, Rowohlt Taschenbuch Verlag GmbH, Reinbek bei Hamburg, 1979

Häberlin, Susanne/Schmid, Rachel/Wyss, Eva Lisa: Übung macht die Meisterin, Verlag Frauenoffensive, München, 1992

Hartig, Wilfried: Moderne Rhetorik, I. H. Sauer-Verlag GmbH, Heidelberg, 1988

Hennenhofer, Gerd/Heil, Klaus D.: Angst überwinden, Rowohlt Taschenbuch Verlag GmbH, Reinbek bei Hamburg, 1975

Hinsch, Gerhard: Wegweiser zum richtigen Sprechen und Reden, Sauer-Verlag, Heidelberg, 1973

Hofmeister, Roman: Handbuch der Redekunst, Weltbild Verlag, Augsburg, 1990, Bd. 1 u. 2

Langer/Schulz von Thun/Tausch: Sich verständlich ausdrücken, Ernst Reinhardt Verlag, München, 1981

Lay, Rupert: Dialektik für Manager, Wirtschaftsverlag Langen Müller Herbig, München, 1985

Lay, Rupert: Führen durch das Wort, Rowohlt Taschenbuch Verlag GmbH, Reinbek bei Hamburg, 1981

Lay, Rupert: Manipulation durch die Sprache, Rowohlt Taschenbuch-Verlag GmbH, Reinbek bei Hamburg, 1980

Lemmermann, Heinz: Lehrbuch der Rhetorik, Günter Olzog Verlag GmbH, München, 1986

Mackensen, Lutz: Zitate, Redensarten, Sprichwörter, Verlag Walter Dausien, Hanau, 1985

Mohler, Alfred: Cicero für Manager. Wege zur vollendeten Redekunst, Oesch Verlag AG, Thalwil, 1981

Molcho, Samy: Körpersprache, Mosaik Verlag GmbH, München, 1983

Müller, Ulrich Friederich: Französische Reden von Mirabeau bis de Gaulle, Deutscher Taschenbuch Verlag, München, 1980

Naef, Regula P.: Rationeller lernen lernen, Beltz Verlag, Weinheim und Basel, 1983

Pelzer, Karl / von Normann, Reinhard: Das treffende Wort, Ott Verlag, Thun, 1988

Reiners, Ludwig: Stilfibel, Deutscher Taschenbuch Verlag, München, 1983

Reiners, Ludwig: Stilkunst, C.H. Beck Verlag, München, 1988

Rellstab, Felix: Sprechtechnik-Übungen, Verlag Stutz + Co., Wädenswil, 1982

Rüddenauer, Manfred/Stöhlker, Klaus J.: Erfolgreiche Musterreden für Führungskräfte, WEKA-Verlag AG, Zürich, 1986

Ruhleder, Rolf H.: Rhetorik, Kinesik, Dialektik, Verlag für Wissenschaft, Wirtschaft und Technik, Bad Harzburg, 1986

Ruhleder, Rolf H.: Rhetorik von A bis Z – die Fibel, Verlag Beste Unternehmensführung, Bonn, 1989

Scheerer, Harald: Erfolgreich führen durch Überzeugen, Die neue Generation der Führungspraxis, Wirtschaftsverlag Langen Müller Herbig, München, 1986

Schlüchter, Barbara: Rhetorik für Frauen, Ullstein Verlag, Frankfurt am Main, 1992

Schlüter, Hermann: Grundkurs der Rhetorik, Deutscher Taschenbuch Verlag, München, 1974

Schmidt, Lothar: Schlagfertige Definitionen, Rowohlt Taschenbuch Verlag GmbH, Reinbek bei Hamburg, 1974

Schneider, Detlef/Rechtien, Wolfgang W.: Argumentieren, formulieren, überzeugen, Mosaik Verlag GmbH, München, 1993

Schulz von Thun, Friedemann: Miteinander reden. Störungen und Klärungen, Rowohlt Taschenbuch Verlag GmbH, Reinbek bei Hamburg, 1981

Sicker, Frank: Moderne Reden und Ansprachen, Falken Verlag, Niedernhausen/Ts., 1993

Steiger, Rudolf: Vortragstechnik, Verlag Huber, Frauenfeld, 1981

Textor, A. M.: Sag es treffender, Rowohlt Taschenbuch Verlag GmbH, Reinbek bei Hamburg

Thiel, Erhard: Die Körpersprache verrät mehr als tausend Worte, Ariston Verlag, Genf, 1986

Ullmann, Frank/Bierbaum, Georg: Nichts vergessen – mehr behalten. Ein Trainingsprogramm. Universitas Verlag, München, 1984

Kopiervorlagen
(Original, daher nicht beschriften)

Bewertungsraster

Bewerten Sie, je nach Ausprägung, mit sehr gut (++) bis zu sehr schlecht (–):

Bewertung	++	+	0	–	– –
Erster Eindruck und Abgang					
Inhalt					
Aufbau und Gliederung					
Äußeres, Sprache, Auftreten, Nonverbales					
Kommunikations-gesichtspunkt					
Hilfsmitteleinsatz					

Selbstanalyse nach der Rede

Meine Rede vom: ....

Anlaß: ....

Selbstbeurteilung	Ja genügend	Nein ungenügend
■ Kannte ich die Zuhörer genügend?		
■ War ich entsprechend vorbereitet?		
■ War ein logischer Aufbau erkenntlich?		
■ Hielt ich Augenkontakt?		
■ Setzte ich sinnvolle Gesten ein?		
■ Kontrollierte ich meine Haltung?		
■ Ging ich auf die Zuhörer ein?		
■ Wirkten die Zuhörer interessiert?		
■ Habe ich die Zeit eingehalten?		
■ Hat mir das Votum Spaß gemacht?		
■ Wirkte ich menschlich?		
■ Tempo- und Pausentechnik o.k.?		
■ Kannte ich die Thematik genügend?		
■ Sprach ich einfach und zur Sache?		
■ Waren meine Visualisierungen optimal?		
■ Gab es Höhepunkte, spezielle Schlußappelle?		
■ Konnte ich den Vortrag <u>nicht</u> auswendig?		
■ Ging ich auf die Zuhörer ein?		
■ Gelang die Rede?		
■ Fühlte ich mich insgesamt gut und zufrieden?		
■ Bereitete ich den Schlußsatz vor?		
■ Wurden Mängel der letzten Rede verbessert?		

Formular als Vorbereitungsraster

Thema/Titel: .... Beginn: ....
Datum: .... Ende: ....
Ort: .... Dauer: ....
Anlaß: ....

Publikum:

Meine Redeziele:

Inhaltsdisposition:

Form und Taktik:

Organisatorisches:

(Dieses Formular kann auch als Kopiervorlage verwendet werden.)